MERCI, KARL! • ARNAUD MAILLARD

ARNAUD MAILLARD

MERCI, KARL!

Meine 15 Jahre an der Seite des Modezaren

AUS DEM FRANZÖSISCHEN ÜBERSETZT
VON URSULA HELD

PLASSEN
VERLAG

Die Originalausgabe erschien unter dem Titel
Merci Karl! bei Calmann-Lévy.
ISBN 978-2-702-14616-3

4. Auflage 2021

Übersetzung: Ursula Held
Gestaltung Cover: Holger Schiffelholz
Gestaltung, Satz und Herstellung: Daniela Freitag
Lektorat: Sebastian Politz
Druck: CPI books GmbH, Leck, Germany

ISBN 978-3-86470-659-2

Bibliografische Information der Deutschen Nationalbibliothek:
Die Deutsche Nationalbibliothek verzeichnet diese Publikation in der
Deutschen Nationalbibliografie; detaillierte bibliografische Daten
sind im Internet über <http://dnb.d-nb.de> abrufbar.

BÖRSEN MEDIEN
AKTIENGESELLSCHAFT
Postfach 1449 • 95305 Kulmbach
Tel: +49 9221 9051-0 • Fax: +49 9221 9051-4444
E-Mail: buecher@boersenmedien.de
www.plassen.de
www.facebook.com/plassenbuchverlage
www.instagram.com/plassen_buchverlage

FÜR ANITA UND IHR ATELIER.

FÜR MEINE KOLLEGEN CAROLINE, SOFIA, ALVARO,
BELÉN, KARIN UND GABRIELA.

INHALT

Lieber Karl,

Sie waren immer Ziel meines Ansporns. Fünfzehn Jahre lang habe ich gewissenhaft und entschlossen an Ihrer Seite gearbeitet. Ich hätte keinen besseren Lehrmeister finden können. Die Schule habe ich immer gehasst, aber mit Ihnen hatte ich immer Freude daran, mich weiterzubilden.
Ich habe viel gelernt. Ein Handwerk, das tief in mir verankert ist und durch unsere Begeisterung für Mode belebt wird. Aber auch die Kunst, ein Team zu dirigieren, es zu begleiten und durch Gunstbeweise in die gewünschte Richtung zu bewegen.
Lieber Karl, Sie haben die Gabe, Menschen glücklich zu machen, indem Sie sie an sich binden. Ihre engsten Mitarbeiter werden von Ihnen gewürdigt, gelobt und gehätschelt … und manchmal auch entlassen. So ist nun einmal das Gesetz der Branche. »Bei mir steht niemals etwas fest.« Also immer unbeirrt voran, wenn man nicht von der Bildfläche verschwinden will. Das ist die einzige Chance.
Diese Strenge ist Ihr Markenzeichen. Strenge in der Arbeit, Strenge in der künstlerischen Linie und in der grafischen Gestaltung Ihrer Entwürfe – Strenge nicht zuletzt in den Diäten, die Sie sich verordnen. »Ich bin ein Roboter. Schlimmer noch: eine Marionette.« Für die Medien verstecken Sie sich hinter einer Hampelmannfigur, die Sie mit eisernem Willen gezimmert haben. Ein wahrer Geniestreich, der Sie zu einer der bedeutendsten Ikonen des 21. Jahrhunderts gemacht hat.

Und was ist Ihre Wahrheit? Sie sind Karl – extrem, liebevoll und tragisch. Extrem kreativ, liebevoll, großherzig, offen für die Welt, aufmerksam gegenüber anderen … und unweigerlich allein.
Ich beginne einen neuen Lebensabschnitt und erinnere mich doch an jeden zurückliegenden Moment. An die verschiedenen Kollektionen, an die Anspannung, das Lachen mit Tränen, die Shootings, Castings und Fittings, das Augenzwinkern und die Nervenzusammenbrüche – an all diese Szenen der Modebranche, die ich mir als Jugendlicher erträumte. Ich wusste immer, dass ich eines Tages an Ihrer Seite arbeiten würde … und dass diese Zeit irgendwann zu Ende gehen musste.
Für all das, was Sie mir gegeben, übertragen oder abgeändert haben, bleibt mir nur ein Wort:

Danke!

PROLOG

PARIS, IM DEZEMBER 1988

Es ist so weit. Ich bin da. Ich atme tief durch und steige aus dem Auto. Mitternacht ist vorüber, und die Rue Cambon liegt verlassen da. Die Chanel-Boutique in der Nummer 29 und 31 ist geschlossen. Ich nähere mich vorsichtig. Die Schaufenster unter dem weißen Vordach glänzen im Licht der Straßenlaternen. Mein Herz klopft wie verrückt. Andächtig lege ich meine Hände auf die Glasscheibe. Dort sind Karl Lagerfelds Silhouetten, direkt vor meinen Augen. Die schwarzen Kleider mit ihren strengen, fast scharfen Schnitten, deren Härte durch goldene Halsketten abgemildert wird. Diese Kleider sind perfekt. Nein, mehr als das, sie sind umwerfend. Plötzlich möchte ich lachen, tanzen und springen. Ich heiße Arnaud Maillard, bin sechzehn Jahre alt und werde bald in Paris wohnen ... und all meine Träume wahrmachen!

»Arnaud, nun komm, ich bin todmüde!« Der zerzauste Schopf meines Bruders Morgan taucht über der Autotür auf. Der Motor unserer Audi-Familienkutsche läuft weiter. Ich werfe einen letzten Blick auf das Allerheiligste von Coco Chanel und steige schließlich hinten ein. Im obersten Stock des Hauses, unter dem Dach, brennt noch Licht. Ich stelle mir vor, wie Monsieur Lagerfeld dort oben sitzt und seine nächste Kollektion entwirft. Zu gerne hätte ich ihn gerufen, aber ich halte mich zurück. Das gehört sich nicht. Mir wird etwas Besseres einfallen. Und dann folgt eine gute Idee der anderen, bis ...

Bis mich der große Meister der Couture eines Tages fragen wird, ob ich nicht für ihn arbeiten möchte.

Mein Vater fährt los, und mein Traum entgleitet mir. Wir fahren zurück nach Versailles, wo wir gerade unser neues Zuhause bezogen haben. Morgen gehe ich auf ein neues Gymnasium und werde dort bestimmt vor Langeweile versauern. Auf das Deckblatt meines Aufgabenhefts habe ich einen Artikel aus dem *Figaro* geklebt, in dem davon berichtet wird, wie Karl Lagerfeld im vergangenen Jahr mit dem Dé d'or geehrt wurde – dem französischen Oscar für die beste Haute-Couture-Kollektion der Saison. Auf dem Foto sieht man den Preisträger mit schwarzer Sonnenbrille, Fächer und Cadogan[1]. Imposant und mysteriös steht er da und neben ihm seine elegante und kluge Muse Inès de la Fressange. In das Heft zeichne ich mit einem Bic-Kugelschreiber Entwürfe für Frauenkleider, bis kein Platz mehr auf den Seiten ist. Das ist mein neuester Tick. Oder eher gesagt mein Lebensinhalt.

1 Haarzopf.

KAPITEL 1
MEIN EINZUG IN DIE ARENA

VERSAILLES, JANUAR 1989

Ich liege auf meinem Bett, blättere im Pariser Telefonbuch und bin ratlos. Mehr als zwanzig Modedesignschulen haben in den Gelben Seiten annonciert. Wie soll ich mich da entscheiden? Schließlich schreibe ich einfach die Adressen von allen Einrichtungen auf, deren Namen ich irgendwo schon einmal gehört habe: Studio Berçot, Atelier Fleuri-Delaporte, Esmod, Duperré, Chardon Savard ... Ich kann nicht länger auf dem Gymnasium vor mich hinvegetieren. Mein Schicksal ist beschlossen: Ich werde Modeschöpfer, daran gibt es für mich keinen Zweifel. Ich muss in die Welt der Mode finden, ohne noch mehr Zeit zu verlieren. Meine Eltern wissen nichts von meinen Plänen. Ich werde monatelang einen Haufen Ausreden erfinden, damit ich jeden Mittwoch nach Paris entfliehen kann. Sämtliche Schulen werden unter die Lupe genommen. Anforderung der Einschreibeunterlagen, Termin mit dem Rektor, Besichtigung der Räume, vergleichendes Studium der Lehrpläne – ich werde dieses Projekt ernsthaft und genau angehen. Außerdem schicke ich meine Entwürfe an alle wichtigen Couture-Häuser der Hauptstadt, zusammen mit der Bitte um ein Bewerbungsgespräch. Meine Briefe sind naiv und unbeholfen, aber bei manchen weichen Seelen kann ich Mitleid erregen.

Mein Treffen mit dem Direktor eines angesehenen Studios gerät zur Quintessenz dessen, was ich einmal an der Modewelt hassen sollte. Der aus Asien stammende Mann tritt sehr gepflegt und ziemlich herablassend auf. Ich werde in seinem riesigen, makellosen Büro empfangen. Zuerst versucht er, mich mit seinem dozierenden und ernsten Ton zu beeindrucken. Dann wird er zweideutig. Tut so, als interessiere er sich für meinen Berufswunsch, stellt mir Fragen zu meinen Vorlieben und Neigungen, lächelt mich unentwegt an ... Ich gebe ihm zu verstehen, dass ich minderjährig bin und meine Eltern zu Hause in Versailles auf mich warten. Er macht sich über mich lustig und meint, ich könnte mich ruhig ein wenig den Pariser Gepflogenheiten anpassen. Schließlich verspricht er mir einen Praktikumsplatz, wenn ich bei einem Tête-à-tête mit ihm essen gehe. Ich lehne höflich ab. Der Modedesigner wird wütend und wirft mich raus.

Ich bin etwas verwirrt, aber auf keinen Fall entmutigt.

Mein zweites Gespräch wird unvergesslich. Bei Nino Cerruti werde ich von der Leiterin der Designabteilung Brigitte Fresnel empfangen. Diese erfahrene Frau hört mir aufmerksam zu und erklärt, dass alles von einer guten Ausbildung abhängt, die durch ein entsprechendes Praktikum abgerundet wird. Ihrer Ansicht nach ist und bleibt das Chambre syndicale de la couture parisienne die beste Modeschule Frankreichs. Ich gehe mit dem Gefühl aus dem Gespräch, dass ich nun verstanden habe, worum es in der Welt der Mode geht. Ich schwebe auf einer kleinen Wolke zur École de la Chambre. Dort werden Modeschöpfer gemacht, hat mir Brigitte Fresnel versichert. Courrèges, Valentino und Yves Saint Laurent waren dort. Und ich? Ich gehe auch dorthin. Ich könnte schreien vor Freude.

PARIS, ENDE JANUAR 1989

Ich musste mich eine Woche gedulden, bis ich zurück nach Paris fahren konnte, ohne das Misstrauen meiner Eltern zu wecken. Sieben Tage lang ausharren und von der Rue Saint-Roch träumen, deren Nummer 45 die berühmte Schule der großen Modeschöpfer beherbergt. Doch als ich dann endlich die Eingangshalle betrete, stoße ich mich an den harten Fakten.

»Unsere Schüler werden nach den Bewerbungen ausgewählt. Man muss volljährig sein und bis zum 15. Mai ein selbst geschneidertes Kleidungsstück und eine Mappe mit mindestens zwanzig Skizzen abgeben.« Ich stütze mich auf die Empfangstheke und versuche, all diese Informationen zu notieren, die dort mit monotoner Stimme unsortiert heruntergeleiert werden. Die Dame hat ihren Sermon bestens einstudiert. Anscheinend stellen sich täglich mehrere Bewerber für den Titel des Modeschöpfers bei ihr vor. »Falls Sie zugelassen werden, erhalten Sie eine Einladung der Schulleiterin. Der Unterricht beginnt im September.« Aha? Ich fluche im Stillen vor mich hin. Ich muss sofort loslegen, verehrte Dame, nicht erst in einem halben Jahr. Ich habe keine Zeit zu verlieren. Ich muss mir eine Karriere aufbauen, die Mode revolutionieren, Karl Lagerfeld überzeugen! Insgeheim flehe ich die Dame an, sie möge doch eine Ausnahme machen. Aber mein Gegenüber fährt unbeeindruckt fort. »Jedes Jahr gehen hier ungefähr tausend Bewerbungen aus aller Welt ein, aber pro Jahrgang werden nur sechzig Bewerber zugelassen, auf drei Klassen aufgeteilt. Nur knapp ein Drittel der Schüler sind Franzosen. Die Studiengebühr beträgt dreißigtausend Francs und dazu kommen ungefähr zehntausend Francs für Material[1]. Haben Sie noch Fragen?« Nein. Keine Fragen. Undenkbar, dass ich meine Eltern bitte, jedes Jahr eine solche Summe für mich aufzubringen. Mein ganzer Elan wird niedergemäht. Mir fällt absolut nichts mehr ein.

VERSAILLES, FEBRUAR 1989

Während ich darauf warte, dass ich es endlich mit der Modewelt aufnehmen kann, besuche ich bis auf Weiteres das Gymnasium …

»Ich habe das Beste für den Schluss aufgehoben. Monsieur Maillard.«

1 Das sind 4.573 Euro und dann noch einmal 1.524 Euro.

Unsere Biologielehrerin wedelt vor der versammelten Klasse mit meiner Arbeit. »Sie haben sich selbst übertroffen, mein lieber Arnaud! Es steht nichts darin, absolut nichts. Was unser Thema angeht, meine ich. Ihre Kritzeleien sind gar nicht schlecht!« Wie immer habe ich kein einziges Buch aufgeschlagen, um mich auf den schriftlichen Test vorzubereiten. Aber anstatt ein weißes Blatt Papier abzugeben, habe ich großspurig auf vier Seiten eine Kollektion entworfen. Etwa dreißig Modelle für die Herbst/Winter-Saison, in zwei Stunden. Nicht übel. Ich bin recht stolz auf mich. Hoffentlich zerreißt die Lehrerin meine Arbeit nicht ...

»Ich habe lange hin und her überlegt und Ihnen schließlich vier von zwanzig Punkten gegeben. Einen für jede bemalte Seite, um Ihr künstlerisches Talent ein wenig zu honorieren. Ich habe eigentlich keine Skizzen erwartet, Arnaud. Aber vielleicht können Sie das besser?« Was sie da sagt, berührt mich. Die Jungen aus der Klasse kichern leise, und die Mädchen versuchen, einen Blick auf meine Skizzen zu werfen. Ich bin nicht verärgert, sondern verstehe das Ganze eher als Ermutigung. Meine Lehrerin hat recht. Ich habe etwas Besseres zu tun. Und zwar sofort. An diesem Morgen beschließe ich, mich an der ersten Modeschule einzuschreiben, die bereit ist, mich mitten im Semester aufzunehmen. Ich kann doch nicht tatenlos zusehen, wie meine Träume an mir vorbeiziehen!

VERSAILLES, MÄRZ 1989

Wie soll ich das nur meinen Eltern erklären? Zum einen werde ich von der Schule verwiesen, weil ich mich einer Lehrperson gegenüber respektlos verhalten habe, zum anderen hat das Atelier Fleuri-Delaporte mir sofort einen Studienplatz angeboten. Ich bin perplex. Die beiden Nachrichten habe ich erst am Morgen erhalten – die eine per Post, die andere im Büro des Schulleiters. Ein großer Tag!

»Kommt essen!« Meine Mutter kann es nicht leiden, wenn wir sie mit ihrem Bœuf Bourguignon warten lassen, das sie mit Liebe zubereitet hat. Ich setze mich wortlos auf meinen Platz. Mein Bruder klopft mir im Vorübergehen anerkennend auf die Schulter. Morgan ist meine Schullaufbahn genauso egal wie seine eigene, aber was ich mir habe einfallen lassen, um vom Gymnasium zu fliegen, hat ihn schon beeindruckt. Mein Coup hat unter den Schülern in Windeseile die Runde gemacht. Am Morgen habe ich meiner Geschichtslehrerin ein schön verpacktes Geschenk mitgebracht. Die Arme hat arge Probleme mit ihrem Atem. Dummerweise hat sie das Paket dann auch noch vor den Augen der Klasse geöffnet und eine Designerzahnbürste und zwei Tuben Dreifachzahncreme hervorgeholt.

Muss man sich darüber so aufregen? Trotzdem wurde ich mit Pauken und Trompeten zum Direktor gejagt, der mir genussvoll mitteilte, dass ich vor die Schulkonferenz geladen würde. Genau darauf hatte ich gehofft. Mein erster Sieg elektrisierte mich dermaßen, dass ich auch noch einen Streit anfing. Sofortiger Schulverweis. Erleichtert verbrachte ich den Rest des Tages im Kino.

Meine Eltern schweigen. Dabei habe ich ihnen zuerst die gute Nachricht verkündet. »Die Leiterin der Modeschule hat gemeint, ich habe eine gute Hand beim Zeichnen. Deshalb will sie für mich eine Ausnahme machen und mich mitten im Semester aufnehmen. Das ist eine unglaubliche Chance! Ich muss sie ergreifen, sonst werde ich es ein Leben lang bereuen ...«

Meine Eltern zeigen keine Reaktion, also drehe ich erst richtig auf. Irgendwann fehlen mir die Worte. Ich habe von meiner Zukunft gesprochen, von meinen enttäuschenden Leistungen in der Schule, von der Notwendigkeit, so früh wie möglich in ein Modeatelier zu gelangen, denn »nach zwanzig Jahren ist es vorbei, dann ist man zu alt, und es will einen keiner mehr«. Sämtliche Zahlen, die ich ihnen herunterbete, habe ich frei erfunden, vom Anfangsgehalt eines Modedesigners bis zur Zahl der Stellenangebote für Absolventen. Die Einschreibegebühr am Atelier Fleuri-Delaporte reduziere ich kurzerhand um die Hälfte, um meinen Eltern keinen Schrecken einzujagen.

Nichts. Sie sagen nichts. Nach einer langen Pause kommt mein Vater aus der Reserve. »Und Mode ist also das, was dich wirklich interessiert, Arnaud? Nun, in deinem Alter wollte ich unbedingt Kunst studieren. Mein Vater ließ mich nach Paris gehen. Im Nachhinein war es eine gute Erfahrung ...« Meine Mutter unterbricht ihn: »Du hast jedenfalls immer gemacht, was du wolltest, Junge. Genau wie dein Großvater Maximilien. Wahrscheinlich hast du schon alles geregelt, oder?« Natürlich. Vor allem habe ich mein Sparbuch aufgelöst, um die Einschreibegebühr bezahlen zu können. Jetzt muss ich den beiden noch erklären, warum ich auf keinen Fall zurück zur Schule gehen kann.

Meine Eltern schimpfen der Form halber. Sie hassen die Vorstellung, dass ich meine Lehrerin respektlos behandelt habe, und im Grunde sind sie tief enttäuscht, weil ich so kurz vor dem Abitur alles hinschmeiße. Außerdem ahnen sie, dass die Sache nicht so einfach sein wird, wie ich ihnen weismachen will. Ich werde mich durchbeißen müssen ... Ich will ihnen unbedingt beweisen, dass ich es kann!

Am nächsten Tag verlasse ich offiziell die Schule und komme so dem Verweis zuvor.

PARIS, JUNI 1989

Das Studio Fleuri-Delaporte war nur eine kurze Station, an der ich vorbeigerast bin. Innerhalb von sechs Monaten habe ich alle Zeichenkurse verschlungen und ohne Pause geschuftet, damit ich meine Technik verfeinere. Ich brauche neue Ideen und außergewöhnlich kreative Entwürfe. Mein einziges Ziel dabei ist, möglichst schnell eine überwältigend gute Bewerbungsmappe zusammenzubekommen. Mithilfe eines Kredits von einem verständnisvollen Bankangestellten sehe ich mich ab September auf der Schule der großen Couturiers.

Dieses Mal habe ich ganz ordnungsgemäß einen Termin mit der Direktorin der École de la Chambre syndicale de la couture vereinbart. Völlig außer Atem betrete ich die Eingangshalle an der Rue Saint-Roch 45. Mit wild entschlossener Miene drücke ich meine in grünes Leder gebundene Mappe an mich.

Olga Saurat hat den Ruf, ihre Schule mit eiserner Hand zu führen, ohne es dabei an Fürsorge für ihre Schüler fehlen zu lassen. Ich sitze kerzengerade auf meinem Stuhl und beobachte sie heimlich, während sie in besagter Mappe blättert. Ihr strenges Kostüm sitzt genauso perfekt wie ihre Frisur mit den dezenten Strähnchen. Sie trägt schwarze Pumps und goldene Ohrringe, passend zur Brosche am Revers. Zum Spaß sage ich mir im Kopf alle Farben und Formen auf, die diese Frau in Szene setzen würden.

Als sie wieder aufschaut, lächelt sie mich freundlich an. »Jetzt bleibt noch das selbst geschneiderte Kleidungsstück, Arnaud. Sie können doch nähen, oder?« Schöne Bescherung. Ich kann nicht einmal eine Nadel einfädeln. Also antworte ich irgendwas. »Eigentlich nicht, Madame. Aber bei meiner Großmutter habe ich mal eine Nähmaschine gesehen, da könnte ich vielleicht ...« Madame Saurat legt die Stirn in Falten. »Hm ... Ich weiß ja nicht ... Was ist denn das für ein Fabrikat?« Da muss ich passen. Sie will mich nicht länger quälen und meint lachend: »Das können Sie mir dann zu Studienbeginn sagen. Bis dahin rede ich mit Ihren Lehrern. Wir werden schon eine Lösung finden.«

PARIS, SEPTEMBER 1989

Am ersten Tag stehe ich eine Stunde zu früh vor den Toren der École de la Chambre syndicale. Wie sollte es auch anders sein. Zwei Monate lang habe ich auf diesen Moment gewartet. Von der Ausbildung, die auch Monsieur Saint Laurent genossen hat, will ich keine Minute verpassen. Endlich öffnen sich an der Rue Saint-Roch die Türen. Mit klopfendem Herzen lasse ich mich vom Strom der Studenten hineintragen.

Madame Viau tritt vor die Klasse. Zweiundzwanzig neugierige Augenpaare sind auf sie gerichtet. Madame Viau leitet den Zuschneidekurs und besitzt eine starke Persönlichkeit. Sie stellt ihre Tasche auf den Tisch, nimmt sich ein Stück Kreide und schaut uns eine ganze Weile mit mütterlichem Blick an. Dann beginnt sie mit der

Einführung. »Meine lieben Kinder. Ihr habt sicher schon mitbekommen, dass der richtige Zuschnitt das Rückgrat unserer Ausbildung, das wesentliche Element unserer Kunst und der eigentliche Grund für unser Ansehen in aller Welt ist! Wir werden hier sechzehn Stunden in der Woche zusammenarbeiten, bis zum Umfallen. Ich hoffe, ihr habt genug Durchhaltevermögen.«

Schweigen. Ich werfe einen Blick auf meine Schicksalsgenossen. Sie stehen wahrscheinlich unter Schock. Aber das Gegenteil ist der Fall. Außer den wenigen Französisch sprechenden Studenten hat niemand auch nur ein Wort verstanden. Die Japaner befragen eifrig ihre Mini-Wörterbücher. Die Italiener versuchen, die Dinge leise unter sich zu klären, und auch die Spanier schalten sich ein. Die Orientalen bemühen sich, das Gesagte zu übersetzen, und die Deutschen schreiben blind auf, was ihnen die Englischsprachigen diktieren. Madame Viau fährt unbeeindruckt fort. »Hier ist eine Liste mit allen Dingen, die ihr in diesem Jahr braucht. Ich rate euch, gleich in eine gute Schere zu investieren ...« Meine Sitznachbarin stößt mich an. Das schöne, rassige Mädchen mit den braunen Haaren hat etwas Besonderes. Ein unwiderstehliches Lächeln. »Ich heiße Mia. Was machst du nachher?«

Man nennt uns nur »den Fünferclub«. Im Rückblick wäre »die schrecklichen Fünf« wahrscheinlich passender gewesen. Neben Mia, der Monegassin mit libanesisch-brasilianischen Eltern, sind da noch Ghyslaine, direkt aus Casablanca eingeflogen, Florence mit ihrem reizenden südwestlichen Akzent, Ronan, der Grufti aus Aurillac, und ich, Burgunder aus Überzeugung.

In unserem Jahrgang säen wir systematisch Terror, wobei wir aber ein besonderes Auge auf jene geworfen haben, die kein Französisch können. Wir haben die Nase voll davon, dass jedes Mal Unruhe in der Klasse entsteht, wenn die ausländischen Studenten etwas nicht verstanden haben. Zuerst raten wir ihnen, sich Diktiergeräte anzuschaffen, dann ahnden wir jede Äußerung mit einem fünfmaligen *»Shutup!«,* »Schnauze!« oder »Maul halten!«. Anschließend traut sich niemand mehr, etwas zu sagen. Wir sind ziemlich stolz auf unsere Methode, auch wenn unsere Lehrer sich eher zurückhaltend geben.

Wir mögen vielleicht aus der Ferne wie die Musterschüler aussehen, haben aber eindeutig eine Schwäche: Süßes. Jede Woche verschlingen wir kiloweise Karamellbonbons, Lakritz und Schokoriegel.

Morgens treffen wir uns um Punkt 8:45 Uhr vor der Schule. Wir stopfen uns die Taschen mit süßem Zeug voll, damit wir den ganzen Morgen ausreichend versorgt sind. Anschließend hat jeder seine eigene Technik: Ronan schiebt sich alles mit den Fingern in den Mund, Florence knabbert pausenlos daran herum, Ghyslaine kaut drauflos und Mia lutscht. Ich selbst klebe mir Lakritz auf die Zähne und versuche dann, es mit der Zunge wieder loszubekommen. Ein wahrer Genuss, der ab der 11-Uhr-Pause für leichte Übelkeit sorgt.

Nur einer Lehrerin ersparen wir unser Geschmatze: der wunderbaren Madame Viau. Nicht wegen ihrer unbestrittenen pädagogischen Fähigkeiten, sondern weil wir schnell gemerkt haben, dass man mit klebrigen Händen keine Toiles anfassen kann. Toiles sind dreidimensionale Stoffmodelle. Wir schneiden weißen Baumwollstoff zurecht und stecken ihn am Stockman fest, einer einbeinigen Holzpuppe, an der man mit dem Volumen herumexperimentieren kann. Unsere Lehrerin erklärt uns alle Rituale, die zur Herstellung eines Kleidungsstücks notwendig sind: Bevor man zu Nadel oder Schere greift, muss man zunächst einmal beobachten. Wir studieren die Skizzen, schauen auf jedes Detail und analysieren jede Bewegung des gezeichneten Kleidungsstücks, um es dann detailgenau wiedergeben zu können. Dann schaut man auf den Stockman und markiert Orientierungslinien, die aus sorgsam mit Nadeln festgestecktem roten Nähband bestehen. Anschließend betrachten wir eingehend den Stoff, bis wir uns die exakten Maße des Modells vorstellen können. Erst wenn das Kleidungsstück real geworden ist, darf man zuschneiden.

Wenn Madame Viau es uns erklärt, scheint es ganz einfach. Sie begleitet ihre Worte mit Gesten und reiht sie mit einer Leichtigkeit aneinander, die uns nur staunen lässt. Aber sobald es an die Arbeit geht, sieht es ganz anders aus ... Ich begreife langsam, dass ich Jahre brauchen werde, um mir die richtige Technik anzueignen und echtes Können zu erlangen. Also höre ich aufmerksam zu und übe, bis ich einen Wutanfall bekomme. Meine Ungeduld ist genauso groß wie mein Verlangen, endlich weiterzukommen. Mich interessiert die Arbeit mit dem Stoff: die Kunst, ihn geradlinig zu zerreißen, indem man auf seine Webstruktur achtet, oder die Kunst, ihn richtig in Falten zu legen, damit er sich an die Körperform schmiegt, oder auch die Kunst des Biais, des Schrägschnitts diagonal zum Fadenlauf. Aber was mir wirklich liegt, ist das Lesen eines Stoffs, wenn ich mir am einfachen Modell vorstelle, wie das fertige Kleidungsstück aussehen wird. Ich sehe es sofort. Nein, mehr noch: Ich spüre es, ohne große Mühe oder Erfahrung. Wie eine Tatsache, die sich mir aufdrängt.

PARIS, OKTOBER 1989

In diesem Jahr hat sich mein Leben komplett verändert. In der Schule läuft alles gut, aber ich weiß, dass es nicht ausreicht, ein Musterschüler zu sein, wenn ich Karriere machen möchte. Ich bin nach wie vor von der Idee besessen, irgendwann dem Team von Karl Lagerfeld anzugehören. Um das zu erreichen, brauche ich eine gute Portion Wagemut und Einfallsreichtum. Ich beschließe, mein Rückgrat unter Beweis zu stellen, indem ich einen anderen Traum verwirkliche: Ich möchte mich für eine karitative Organisation einsetzen. Enfance & Partage steht unter der Schirmherrschaft der berühmten Carole Bouquet, der einstigen Muse für das Parfum No. 5 von Chanel.

Mein Projekt ist ein wenig wahnwitzig: Ich möchte eine private Modenschau organisieren, im Anschluss an die Präsentation der Haute-Couture-Kollektionen im Januar 1990. Die Einnahmen aus der Veranstaltung sollen misshandelten Kindern zugutekommen. Und tatsächlich schenkt mir Enfance & Partage Vertrauen und lässt mich die Sache in die Hand nehmen.

Zuerst einmal schicke ich an alle Pressestellen der Modehäuser ein wohlformuliertes Schreiben mit dem Briefkopf meiner Schule. Ich bitte darin um zweierlei: Zum einen möchte ich, dass jeder Modedesigner mir für einen Abend acht Modelle seiner neuesten Prêt-à-porter-Kollektion leiht. Zudem bin ich darauf angewiesen, dass die Modehäuser einige Sitzplätze für die Veranstaltung finanzieren und so eine großzügige Spende für meine Patenorganisation leisten.

Zu meiner großen Überraschung rufen mich die Pressesprecher zurück. Die Idee, dass ein junger Spund ein so ehrgeiziges Projekt anpacken will, gefällt ihnen, und sie wollen mir gerne unter die Arme greifen.

PARIS, NOVEMBER 1989

»Arnaud Maillard! Telefon!« »Schon wieder?« Madame Viau zwinkert mir zu. Ich verlasse leise den Kursraum und gehe zur Sekretärin der Schulleiterin im oberen Stock. Madame Lejeune reicht mir seufzend den Hörer. Zehnmal am Tag muss sie mich aus dem Unterricht rufen, weil mich Couture-Häuser, Modelagenturen und Journalisten sprechen wollen. Ich versuche, so unauffällig wie möglich zu agieren. Vergeblich. Die Schule ist in Aufruhr. Einige Schüler sehen mich schief an, denn sie befürchten, dass ich sie in den Schatten stellen will.

Zwei Wochen zuvor hat mich die Direktorin zu sich bestellt und mich ein wenig skeptisch zu meinem Engagement und meinen Absichten befragt. Madame Saurat bekommt nämlich ebenfalls Anrufe von Modeschaffenden, die sich vergewissern wollen, ob ich seriös bin – oder ob es mich überhaupt gibt. Jedenfalls hat Olga Saurat mir nach unserer Unterredung ein kleines Büro auf der Etage der Schulleitung eingerichtet, damit ich ungestört arbeiten kann. Inzwischen ist aus dem Projekt Ernst geworden: Alle großen Modelabels unterstützen mich. Chanel, Christian Dior, Yves Saint Laurent, Christian Lacroix, Balmain, Sonia Rykiel, Lanvin, Louis Féraud, Emanuel Ungaro, Guy Laroche und Jean-Louis Scherrer haben mir ihre schriftliche Zusage gegeben. Anschließend sind Presse und Models aufgesprungen, und auch die Sponsoren beginnen, sich zu regen.

Ich ergreife den Hörer. »Hallo?« »Ist da Monsieur Maillard?« »Ja.« »Hier spricht das Sekretariat von Monsieur Mouclier. Wir würden Sie gerne morgen früh um Punkt neun hier in der Rue du Faubourg Saint-Honoré 100 sehen. Vergessen Sie nicht, Ihre Unterlagen mitzubringen.« Ich bin sprachlos. Jacques Mouclier ist der Vorsitzende der Fédération française de la couture. Der Herr über die französische Modewelt hat also von meinem Vorhaben gehört? Ich fühle mich wie David vor Goliath. Winzig klein. Aber wild entschlossen.

PARIS, DEZEMBER 1989

Ich lasse mich vom Erfolg des Projekts tragen und organisiere mit Begeisterung. Ohne Unterbrechung jongliere ich Termine, erledige den notwendigen Papierkram und stelle endlose Merklisten auf. Ich schwebe über dem Boden. Die Couture-Häuser haben massenhaft Plätze für die Schau reserviert. Im Hintergrund unterstützt Monsieur Mouclier die Veranstaltung, und der Abend kündigt sich als krönender Abschluss der Haute-Couture-Woche im Frühjahr/Sommer 1990 an. Zudem soll natürlich Kindern in Not geholfen werden.

Dann fällt mir ein, dass ich vergessen habe, mich um einen geeigneten Raum zu kümmern. Bei sechshundert Personen kommt der ursprünglich vorgesehene kleine Gesellschaftsraum des Grand Hôtel nicht mehr infrage. Ich brauche einen riesigen Saal, in dem die großen Modemarken sich einem angesehenen Publikum präsentieren können. Am liebsten hätte ich einen symbolträchtigen, historischen und unvergleichlichen Ort. Mit anderen Worten: einen unbezahlbaren Ort. Das Problem ist nur, dass für den Raum kein Budget vorhanden ist. Ich muss mir etwas einfallen lassen.

Die Antwort auf mein Problem kommt schließlich nicht von mir, sondern vom Kultusministerium. Ich weiß nicht, welche rätselhafte

Verkettung von Umständen mich in dieses kleine Büro in der Rue Valois geführt hat. Jedenfalls muss ich mich dort vor einem Mitarbeiter des Kultusministeriums, der für den Bereich Mode verantwortlich ist, ein letztes Mal für mein Projekt einsetzen.

Mein Gegenüber ist sichtlich beeindruckt von der Zahl der Modeschöpfer, die mir zugesagt haben.

Und er findet prompt eine Lösung: Die Veranstaltung soll im großen Theaterfoyer des Palais de Chaillot stattfinden. Der Saal ist riesig und seine überdimensionalen Eingänge umrahmen den Eiffelturm. Ein Traum. Aber es gibt eine Bedingung: Da die Modenschau zugunsten von Enfance & Partage gegeben wird, benötigt das Ministerium die letzten drei Bilanzen der Organisation, damit klar ist, dass es sich um einen nicht-kommerziellen Verein handelt. Reine Formsache. Ich hinterlasse sofort eine Nachricht bei Enfance & Partage, um ihnen die unerwartete Neuigkeit mitzuteilen.

Jetzt ist das Projekt endgültig in trockenen Tüchern. Ich kann es kaum glauben. Ich bin erschöpft, aber sehr glücklich.

Ich erfahre es am Telefon. Wir bekommen keine Bilanzen. Enfance & Partage weigert sich, seine Finanzen offenzulegen. Ich fasse es nicht. Ich versuche, ihnen zu erklären, dass es sich um eine banale Angelegenheit handelt, die diskret abgewickelt wird. Ich rede gegen eine Wand. Die Organisation kündigt mir die Zusammenarbeit auf. Es gibt keinen Saal und keine Modenschau. Mein Traum bricht zusammen.

PARIS, JANUAR 1990

Ich habe all meinen Helfern Briefe geschickt, in denen ich mein Scheitern erkläre und für die angebotene Unterstützung danke. Von den Couture-Häusern habe ich daraufhin unglaublich freundliche, aufrichtende Worte und Einladungen zu ihren Modenschauen erhalten. Diese Schreiben habe ich sorgsam aufbewahrt – neben vielen anderen kleinen Lichtsignalen, die ich im Laufe der Jahre empfangen habe.

Ein Jahr später, am 20. März 1991, veranstaltete die Organisation Rayon Vert mit großem Erfolg eine Modenschau zugunsten von kranken Kindern. Da begriff ich, dass mein gescheitertes Projekt auch sinnvoll gewesen war, denn es entstand zum ersten Mal eine kleine Brücke zwischen der Modewelt und dem Engagement für Kinder. Natürlich habe ich diese Idee weiterverfolgt und unterstützt – auch in dem Couture-Haus, in dem ich einige Wochen zuvor ein Praktikum ergattern konnte ... unter ziemlich ungewöhnlichen Umständen.

KAPITEL 2
DEN FUSS IN DER TÜR

PARIS, JULI 1990

Es ist Tradition, dass das Chambre syndicale seinen Schülern vor jeder Saison vorschlägt, sich hinter die Kulissen der Prêt-à-porter-Schauen zu begeben, um dort den Ankleidefrauen der Couture-Häuser behilflich zu sein.

Nach einem trübsinnigen Semesterende, das ich damit verbrachte, mein Scheitern bei der Modenschau für Enfance & Partage zu verdauen, wollte ich mir diese Portion Frischluft nicht entgehen lassen. Auch die Schulleitung war bemüht, mich aus meiner Frustration herauszuholen, und vermittelte mich prompt an zwei der renommiertesten Modehäuser: Dior Homme, damals noch Christian Dior Monsieur, und Lanvin.

PARIS, 5. JULI 1990, 14 UHR

Die Gäste drängen sich vor der Tür zum Salle Suffren am Quai Branly. Dominique Morlotti, der künstlerische Direktor von Christian Dior, wird von Moderedakteurinnen umschwärmt. Er ist ein sehr genauer, eleganter und urbaner Mensch. Seine musterhaften und zeitlosen Präsentationen sorgen seit acht Jahren für Reichtum bei Dior – und für Ratlosigkeit bei den Journalisten. Es gibt nichts, worüber sie berichten könnten. Kein Skandal, keine Provokation, kein Ausrutscher im Geschmack. Dieser passionierte Designer ist durch und durch professionell, und zudem ist er ein guter Organist. Die Musik für seine Modenschauen komponiert er selbst.

Ich bin fasziniert. Am Vortag hat mich ein Mitarbeiter des Couturiers zusammen mit etwa zwanzig anderen Helfern empfangen, die für dieses Ereignis angeheuert wurden. Eingewiesen werden wir von dem Südamerikaner und Modenschauprofi Odilon. Er erklärt uns den Ablauf in vier Punkten. Auf sein Startzeichen sollen wir uns vor unserem Kleiderständer postieren und den Models das richtige Kleidungsstück reichen. Wir nehmen das gerade getragene Stück zurück und halten schon das nächste hin, bevor wir dann Knöpfe und andere Verschlüsse kontrollieren. Die Abfolge der Modelle und Accessoires können wir mithilfe von Polaroidfotos nachvollziehen, die auf einem Pappschild am Kleiderständer hängen. Diese Choreografie verlangt ein Minimum an Konzentration und ein Maximum an Schnelligkeit. Wenn das Model zur nächsten Runde in Richtung Laufsteg verschwindet, kann ich kurz Luft holen, bis das nächste Kleidungsstück an der Reihe ist.

Auf diese Weise habe ich zwei Proben hindurch keinen Moment stillgestanden, zusammen mit etwa hundert anderen Personen, die hinter den Kulissen arbeiten. Ich habe den Eindruck, mich in einem riesigen Ameisenhaufen zu bewegen. Trotz der eifrigen Betriebsamkeit ist es erstaunlich ruhig. Die beiden Assistenten von Monsieur Morlotti beten pausenlos eine Liste mit Vornamen herunter und rufen so die Models auf. Bevor diese auf den Laufsteg geschickt werden, wird ihr Look bis ins kleinste Detail überprüft. Das scheinbar wilde Durcheinander ist in Wahrheit Millimeterarbeit. Ohne Hysterie und ohne Zwischenfälle. Es ist schließlich nicht die erste Modenschau für das Haus Dior.

Am nächsten Tag trifft sich das gesamte Team zur Mittagszeit hinter den Kulissen. Die Julisonne brennt. Es ist heiß und feucht. Die Journalisten, Kunden und anderen Gäste müssen die Hitze wohl oder übel ertragen, wenn sie die Show sehen möchten. Die Fotografen drängen sich am Ende der Bühne vor den Scheinwerfern und werden langsam unruhig.

Stille.

Dominique Morlotti gibt den Startschuss für die Kollektion und verschwindet hinter einem Monitor. Dann folgt eine Runde der nächsten. Ich sehe nicht weiter als bis zu meinem Kleiderständer. Ich bewege mich mechanisch, helfe in den Ärmel, knöpfe einen Mantel oder eine lange Smok-Bluse zu. Die Stoffe sind schön und geschmeidig, die Kleider gleiten durch meine Hände. Ein wahres Glücksgefühl. Da höre ich auf einmal den Saal beben. »Seht mal, das Finale!«, ruft uns Odilon zu. Ich schaue nach oben. Auf dem Monitor sieht man Dominique Morlotti auf die Bühne springen, umringt von seinen Models, die lächelnd in die Hände klatschen. Im Saal erhebt sich ein tosender Beifallssturm. Ich bin überwältigt und weiß im ersten Moment gar nicht, warum.

Meine erste richtige Modenschau. Mein Gefühl sagt mir, dass ich noch viele weitere erleben werde ...

Am nächsten Tag habe ich einen Termin bei Lanvin Homme. Die Schau des hauseigenen Modeschöpfers Patrick Lavoix soll geprobt werden. Ich fühle mich schon wie ein erfahrener Garderobier. Ohne weitere Erklärungen zu benötigen, begebe ich mich zu meinem Kleiderständer und überprüfe »meine« Kleider. Dieses Mal hängt das Schild mit der richtigen Abfolge nicht gleich daneben. Ich muss es aus einem großen, unordentlichen Stapel heraussuchen und ahne nichts Gutes.

Schließlich müssen wir den ganzen Abend warten, bis die letzten Kleider eintreffen. Die Techniker sind nervös, und es fehlen immer noch Models. Ich drängle mich vorsichtig bis zum Büfett durch, wo ich einige Gesprächsfetzen aufschnappe und zu verstehen versuche, was eigentlich los ist.

Die Modelagenturen haben auf den Anruf mit Erstaunen reagiert: Ihre Schützlinge sind nicht erschienen, weil niemand die Buchung bestätigt hat. Langsam werden die Studiomitarbeiter nervös, der Ton wird lauter, Arme heben sich, die Hysterie steigt ...

Ich rette mich hinter meinen Kleiderständer, schaue auf die Uhr und überlege mir schon eine Notlösung, falls ich den letzten Zug verpasse und in Paris übernachten muss. Endlich beginnt die Probe. Ich bin beeindruckt von der Arbeit dieses Ateliers, von den seidenen Jacquard-Westen mit eingewebten Goldfäden. Die Mannequins tragen neu aufgelegte Panama-Hüte aus dem berühmten Haus Gelot und dazu Seidenschals, die den dunklen Tönen der Kostüme Dynamik verleihen. Sämtliche Accessoires sind aus seltenen Lederarten gefertigt: Krokodil-, Schlangen-, Frosch- und Rochenleder. Die gewagten Kombinationen erstaunen mich. Ich vergesse, wie spät es ist ...

Als Entschädigung für den endlosen Probenabend übergibt die Pressestelle von Lanvin allen Beteiligten eine Schatulle mit dem Logo des Hauses. Darin befindet sich eine schlichte, sorgsam gearbeitete Brieftasche aus schwarzem Leder. Diese umsichtige Geste berührt mich.

Bei den beiden Modenschauen habe ich viel über Organisation gelernt – beziehungsweise über fehlende Organisation. Ich werde diese Ereignisse nie vergessen.

PARIS, SEPTEMBER 1990

Sobald das Schuljahr an der École de la Chambre syndicale wieder beginnt, formiert sich der Fünferclub erneut. Unser Zusammenhalt ist so stark wie nie, und unsere Taschen sind voller Bonbons. Die Lehrer versuchen zwar, uns auf Diät zu setzen, aber meine Freunde und ich übertreffen uns darin, immer neue Strategien des heimlichen Süßigkeitenkonsums zu erfinden.

Colette Viau scheint unsere Kindereien zu ignorieren und freut sich stattdessen über die motivierten Schüler in ihrem Kurs. Im Gegenzug bin ich unserem Lehrer für Zeugdruck schnell ein Gräuel geworden. Man muss dazu sagen, dass ich Stoffe mit Motiven nicht ausstehen kann. Ich habe mir geschworen, sie niemals zu verwenden, und missachte absichtlich unseren Lehrer. Ein großer Fehler!

Während er uns überzeugend darlegt, welche Kunst es ist, den Druck richtig zu platzieren, träume ich vor mich hin. Es erscheint mir selbstverständlich, wie man ein Motiv auf dem Kleidungsstück positioniert. Aber was bei großen Blumen einfach scheinen mag, ist es bei provenzalischen Mustern ganz und gar nicht. Soll das Kleidungsstück einen geradlinigen Eindruck machen, gilt es, tausend Regeln zu beachten. Wenn man den Stoff schräg zum Schnittmuster ausrichtet, erhält das Modell eine unglaubliche Dynamik und einen besonderen Schwung. Aber diese Kunst ist einigen Modeschöpfern vorbehalten, die Meister darin sind, die Stoffmuster auf besondere Weise zu drehen und zu wenden.

Neben meinen Kursen am Chambre syndicale habe ich einen kleinen Job gefunden. Mit dem Lohn will ich meinen Studienkredit abbezahlen. Ich bin Verkäufer im Parly 2, einem riesigen Einkaufszentrum am Stadtrand von Paris. Dreimal in der Woche kümmere ich mich um die Kundinnen von Eugénie Saskine, einer Edelboutique mit Prêt-à-porter-Mode. Ich schaue sie an, ich höre ihnen zu, ich berate sie. Dominique, die Ladeninhaberin, fasst schnell Vertrauen in meine Fähigkeiten und überlässt mir schließlich die Gestaltung der Schaufenster. Ich suche Kleider aus und ersinne neue Silhouetten. So hocke ich dann mit Nadeln im Mund vor der Scheibe und bekleide die hölzernen Puppen. Dabei überlege ich mir, wie ich am besten der Schule entfliehen kann. Ich möchte gerne noch vor Weihnachten ein Praktikum in einem großen Couture-Haus beginnen. Ich denke mir verschiedene Strategien aus, um an die richtigen Leute zu gelangen. Bis zu dem Tag, als ...

»Guten Tag, ich würde gerne mit Caroline Lebar sprechen, bitte. [...] Ich bin Arnaud Maillard vom Chambre syndicale. [...] Ja, wir wurden unterbrochen ...« Ich habe meinen Text zwanzigmal wiederholt, bevor ich zum Hörer greife. Auf meinen Knien liegt eine aufgeschlagene Ausgabe von *Madame Figaro,* in der Karl Lagerfeld sein Team vorstellt. So habe ich die Assistentin ausfindig gemacht, die sich bei dem Couturier um die Pressearbeit kümmert. Caroline Lebar ist mein Sesam-öffne-dich zu einem Praktikum. Es ist September, und in gut einem Monat finden die Modenschauen für die Frühjahr/Sommer-Kollektion 1991 statt. Das heißt, man muss jetzt Einladungen verschicken. Jedes Couture-Haus, das etwas auf sich hält, lässt die Briefumschläge per Hand beschriften. Und wer könnte für diese Arbeit besser geeignet sein als ein paar Praktikanten? Ich spüre einen dicken Kloß im Magen. Dieser Anruf erscheint mir auf einmal wie das wichtigste Ereignis in meinem Leben.

»Hallo? Könnte ich bitte mit Madame Lebar sprechen?« Meine Stimme zittert ein wenig. Ich werde die Sache noch vermasseln ... »Ich verbinde.« Wie, so schnell? Darauf bin ich nicht gefasst ... »Caroline Lebar. Bitte sehr?« Ich atme tief durch und lege los. Ich versuche, ihr alles im höflichen Ton zu erklären, und gebe ihr keine Chance, mich zu unterbrechen. Ich spreche von meinem dringlichen und starken Wunsch, als Praktikant bei Karl Lagerfeld zu arbeiten, von meinem übersprudelnden Eifer, meiner eisernen Disziplin, meiner uneingeschränkten Verfügbarkeit und meinem unerschütterlichen Engagement. Mir ist klar, dass ich Allgemeinplätze aneinanderreihe, aber was soll's, mehr als schiefgehen kann es nicht ... »Sie rufen zur richtigen Zeit an. Kommen Sie doch morgen um 18:30 Uhr in mein Büro an der Champs-Élysées 144.«

Ich habe mich extra schick gemacht: graue Flanellhose, weißes Hemd mit feinen schwarzen Streifen, Mokassins von Church's. Jetzt sehe ich tatsächlich aus wie ein Musterschüler. Es ist 18:10 Uhr, als ich aus der Metro steige. Ich zwinge mich, langsam zu gehen und tief durchzuatmen. Die Champs-Élysées ist in strahlende Herbstsonne getaucht. Ein wunderbarer Tag.

Am Ende der Passage bei Nummer 144 ist ein Kino. Ich drängle mich durch die Warteschlange für *Goodfellas,* dem neuesten Film von Martin Scorsese. Schließlich finde ich die Eingangstür zu den Büros von Karl Lagerfeld. Ich laufe über die große Steintreppe hinauf zur vierten Etage und läute. Die Tür öffnet sich zu einer riesigen Bürgerwohnung mit dicken Teppichen, schmalen bunten Fenstern und hohen Stuckdecken. Wie ich später herausfinde, wurde die gesamte Einrichtung von der Designerin Andrée Putman gestaltet, die sich dabei an Karl Lagerfelds Farben orientierte. Die hohe Empfangstheke, die Sessel aus Edelholz mit ihren fächerförmigen Lehnen, die beleuchteten Wände mit Fotos verschiedener Werbekampagnen – alles ist grau. Ein tiefes, leuchtendes Grau. Man spürt förmlich die Anwesenheit von Monsieur Lagerfeld.

Ich merke, wie das Adrenalin in meine Adern schießt. Die Empfangsdame zeigt mir das Büro von Caroline Lebar, das am Anfang eines langen Flurs liegt. Ich klopfe an die offene Tür. Als sie mich sieht, beendet die junge Frau ihr Telefongespräch und steht auf. »Guten Tag, Arnaud.« Sie reicht mir ihre schmale, nervöse Hand. Caroline hat braune, kurze Haare. Die schlanke, hochgewachsene Frau wirkt fast androgyn und ist das absolute Ebenbild von Inès de la Fressange. Sie trägt eine schwarze Marlene-Dietrich-Hose und einen schwarzen Strickpullover. Ihr fein geschnittenes Gesicht ist kaum geschminkt. »Gehen wir in den Showroom[3], hier sind zu viele Leute.« Etwas weiter hinten im Büro entdecke ich eine schöne Frau mit lockigen braunen Haaren, die sich am Telefon vor Lachen schüttelt. Ich erkenne sie sofort wieder, denn schließlich habe ich das Foto in *Madame Figaro* lange genug studiert. Sie heißt Sophie de Langlade und hat als Moderedakteurin bei der *Vogue* gearbeitet, bis sie Karl Lagerfelds persönliche Pressesprecherin wurde.

»Tut mir leid, Arnaud, aber ich kann Ihnen kein Praktikum anbieten.« Ich werde bleich. »Ich suche einen Studenten, der mir bei der Pressearbeit hilft. Man hat Sie falsch informiert!« Ich versuche, gegenzuhalten, und erkläre ihr, was ich bisher gemacht habe und wie groß meine Begeisterung für Karl Lagerfelds Schaffen ist. Caroline Lebar fährt fort, ohne mir zuzuhören. »Es ist mir unangenehm, einen angehenden Modedesigner dafür anzuheuern, Einladungskarten zu beschriften. Sie sind immerhin Schüler des Chambre syndicale. Diese Aufgabe wird Ihnen nicht gerecht, verstehen Sie?« Nein, das verstehe ich ganz und gar nicht. Ein Praktikum in der

3 Raum, in dem die Kollektionen aufbewahrt werden, um sie Journalisten und Einkäufern zu zeigen.

Pressestelle ist genau das, was ich will. Ich lenke ab und zeige ihr meine Mappe. Caroline schlägt sie auf, lächelt mir wohlwollend zu und holt schließlich einen Papierblock. »Wir werden jetzt einen kleinen Test machen. Wenn Sie eine schöne Handschrift haben, soll mir das genügen. Für die kommenden drei Wochen müssen Sie keine anderen Fähigkeiten mitbringen. Könnten Sie bitte Ihren Namen und Ihre Adresse aufschreiben?« Na schön, meine Mappe interessiert also nicht. Ich lasse mich nicht aus der Fassung bringen, hole einen Stift heraus und beginne mit der Aufgabe. Caroline beugt sich erstaunt über das Blatt Papier. »Nicht schlecht. Gar nicht schlecht.«

Die Tür geht auf. »Caro? Hast du schwarze Pumps in 39?« Eine etwas unwirkliche weibliche Erscheinung betritt den Showroom. »Ich habe hier eine 41 und fühle mich, als hätte ich Schleppkähne an den Füßen ...« Caroline Lebar hüstelt und schaut die Dame eindringlich an. »Oh, Entschuldigung, ich habe nicht gesehen, dass du in einer Besprechung bist ... Bin schon weg.« Sie verlässt den Raum und schlägt die Tür hinter sich zu. »Sind Sie fertig?« Ich schaue schnell wieder auf das Blatt und widme mich meiner Schönschrift.

»Caroline, Caroline, lahme Trine! Apropos, ich habe gehört, du suchst mich?« Im Türrahmen steht eine junge Frau und grinst – bis sie meine Anwesenheit bemerkt. »Oh ... Tut mir leid!« Im nächsten Augenblick schließt sich die Tür. Ich unterdrücke ein Lächeln. Caroline Lebar scheint das Ganze ein wenig peinlich zu sein. »Wissen Sie, diese Freitage außerhalb der Kollektion sind eine Ausnahme. Normalerweise ist es hier ... « Sie wird von einem jungen Mann unterbrochen, der taumelnd in den Raum platzt. Er hat Schulterpolster unter seine schwarze Jacke geschoben und sieht aus wie ein intergalaktischer Krieger. Als Laserschwert dient ihm eine leere Stoffrolle. »Na, wie findest du mich, Caro?« Plötzlich bemerkt Goldorak den Eindringling und bleibt erschrocken stehen. Stille. Ich beiße mir in die Wange. Caroline schaut mich an, schaut den Assistenten an, schaut wieder mich an ... und bricht in Lachen aus. Goldorak strahlt. Er entfleucht kichernd zu seiner nächsten Mission. Jetzt lachen wir beide. Caroline Lebar kann gar nicht mehr aufhören und schnappt schon nach Luft. Zwischen zwei Zuckungen spricht sie die magischen Worte: »Gut. Sie können am Montag anfangen.«

PARIS, 1. OKTOBER 1990

Ich habe heute mit meinem Praktikum begonnen. Ich möchte nicht wissen, was bei meinem Treffen mit Caroline den Ausschlag für ihre Zusage gegeben hat. Das ist jetzt auch nebensächlich. Ich bin knapp einen Monat im Hause Lagerfeld und will das Beste daraus machen. Meine Taktik lautet: perfekt sein. Ich tue alles, worum man mich bittet, und zwar so gut wie möglich und mit einem freundlichen Lächeln. Die Leiterin der Pressestelle setzt mich zwischen mehrere andere Helfer an einen riesigen Tisch im Showroom und stellt uns vier große Kisten vor die Nase. Unsere Aufgabe ist denkbar einfach: Wir sollen Adressen auf die Lagerfeld-Umschläge schreiben, bis sämtliche Vorräte und alle Praktikanten erschöpft sind.

Jede der tausendzweihundert Einladungen wird von der gewissenhaften Caroline einzeln überprüft. Ich bewege mich kaum von meinem Schreibtisch fort. Ich schreibe. Und ich höre zu. Aus dem Showroom ist jeden Tag neuer Tratsch zu vernehmen.

Am Ende der ersten Woche weiß ich auswendig, wer wo wie viel zu sagen hat. Ganz oben in der Hierarchie steht Céline Engel, die Leiterin des Studios. Die Effizienz in Person. Sie ist groß, schlank, hat eine Körperhaltung wie eine Königin und trägt schwarze Leggings zu eng taillierten Jacken. Sie ist kalt, stets hellwach und durchsetzungsstark. Ich laufe ihr fast nie über den Weg. Sie schließt sich ins Studio ein und arbeitet ohne Pause. Céline eignet sich hervorragend als Karls rechte Hand, denn der Couturier stützt sich gern auf zuverlässige und gewissenhafte Leute.

Um mein theoretisches Wissen zu vertiefen, muss ich auch ein wenig Praxisluft schnuppern. Zwischen zwei Stapeln mit Umschlägen gönne ich mir winzige Kaffeepausen an der Maschine im Flur. Dort treffe ich des Öfteren Pascal, den jungen Mann mit den

Goldorak-Schulterpolstern. Der gelernte Modedesigner arbeitet als Assistent im Studio und kümmert sich um die Lizenzen. Er erklärt mir die Marketingstrategie eines großen Modekonzerns wie Karl Lagerfeld. Man verankert sich in zwei Phasen in der Öffentlichkeit: Zunächst einmal muss man seiner Kernmarke ein Image und einen bestimmten Bekanntheitsgrad verschaffen. Anschließend kann man seinen Namen nutzen und Lizenzen vergeben, sogenannte Zweitmarken, über die dann vereinfachte Stücke zu geringeren Preisen im Ausland verkauft werden. KL by Karl Lagerfeld zum Beispiel wird nur in Deutschland und Asien vermarktet. Ich kann nur staunen. Davon habe ich noch nie gehört. »Ist doch klar«, meint Pascal lachend. »Damit geht hier niemand hausieren. Das sind Canada-Dry[4]- Kollektionen. Die Sachen sehen aus wie von Karl, haben den Geschmack von Karl, aber sie sind nicht von Karl!«

Und dann treffe ich auch Antoinette wieder, die quirlige, braunhaarige Spezialistin für Knöpfe, die »Caroline« auf »Trine« reimte. Und Françoise, die für die Auswahl der Stoffe verantwortlich ist und so verzweifelt nach einem passenden Paar Schuhe suchte ... Die beiden sind ständig auf der Suche nach den neuesten Trends. In ihrem Büro empfangen sie Vertreter der größten Kurzwaren- und Stoffhersteller aus ganz Europa, die mit großen Rollkoffern voller Warenproben aufschlagen. Die Stoffe und Accessoires werden gewissenhaft geprüft und ausgewählt und schließlich Karl vorgestellt, der in einigen Sekunden über ihr Schicksal entscheidet. Auf diese Rohmaterialien stützt sich schließlich die kommende Kollektion. Sie werden durch den Stift des Couturiers und die Nadeln der Schneidermeisterinnen geformt, verwandelt und veredelt.

Ich nutze die Pausen, um durch das Atelier zu streifen – unter der Leitung und Obhut von Anita Briey. Diese kleine Frau ist eine ganz

4 Canada Dry warb während der 1980er-Jahre mit dem Slogan: »Sieht aus wie Bier, schmeckt wie Bier, ist aber kein Bier!«.

außergewöhnliche Chefschneiderin[5]. Sie hat ihre Laufbahn bei Mademoiselle Chanel begonnen. Anita ist stets picobello gekleidet und kombiniert edle Blusen mit passender Strickjacke. Um ihren Hals hängt ein kleines Etui aus glattem braunem Leder, in dem sie Schere, Fingerhut, Nähband und Stecknadeln griffbereit bei sich trägt. Die Ateliercheﬁn von Monsieur Lagerfeld hat mich schnell adoptiert. Ich darf zusehen, wenn sie die Stoffentwürfe zu Karls Skizzen anfertigt. Sie mustert mich dann und amüsiert sich über meine Vorschläge. »Du bist ziemlich aufgeweckt, Junge. Du hast den richtigen Blick. Glaub mir, du bleibst nicht lange bei der Presse!« Im Moment reicht es mir vollkommen, nur dem Rattern der Nähmaschinen zu lauschen – so überglücklich bin ich, endlich hier zu sein.

Jeden Nachmittag begleitet ein sagenhaftes Kampfgetümmel die Ankunft von Monsieur Lagerfeld. Die Tür der Studioleiterin Céline Engel wird in Windeseile aufgerissen: »Er kommt!« Das ist das Signal. Alle stürmen zum Spiegel, und es wird sich nach allen Regeln der Kunst aufgedonnert. Puder, Lippenstift, Parfum – alles kommt zum Einsatz. Eilig werden noch Haarbürsten gezückt, die Hände gewaschen, Kleider glattgestrichen, Socken und Strümpfe hochgezogen ... und die Büros von allem befreit, das einen nachlässigen Eindruck machen könnte.

Draußen auf dem Treppenabsatz kommt der Aufzug ächzend zum Stehen. Die Flügel der Eingangstür werden weit geöffnet. »Guten Tag!« Der Couturier schreitet mit einem Lächeln herein, gefolgt von seinem Chauffeur und Privatsekretär. Eric Wright, der erste Assistent des Studios, eilt herbei, um Karl Lagerfeld von den Einkaufstüten zu befreien, die ihn ständig begleiten und in denen er neben Einkäufen immer auch Geschenke und sein Necessaire mit sich herumträgt. Der große Afroamerikaner gibt sich als der größte Fan des Modeschöpfers. Seit fast sechs Jahren folgt er ihm wie ein Schatten und besingt Karl mit immer neuen Lobeshymnen. Eric ist

5 Die Chefschneiderin leitet sämtliche Mitarbeiter des Schneiderateliers an und hat als Einzige Zugang zum Studio, der Ideenwerkstatt des Couture-Hauses.

der Spezialist für Accessoires, und seine Aufgabe besteht darin, dem Couturier Schmuck, Taschen, Handschuhe, Hüte, Schuhe und andere dekorative Elemente vorzuschlagen, die einer Silhouette seinen Stil verleihen. Sein scharfes Auge irrt sich nie – auch wenn Eric der Ruf vorauseilt, hier und dort über das Maß hinauszugehen.

»Guten Tag, Karl!« Das gesamte Team antwortet im freudigen Chor.

Der Modezar geht auf uns zu und begrüßt jeden. Seine gräulichen Haare sind sorgfältig zu einem Zopf nach hinten gebunden. Er trägt eine große, eckige Sonnenbrille, hinter der seine Augen verschwinden. Der schwarze Anzug von Yamamoto ist locker und formlos geschnitten, und darunter sieht man ein maßgeschneidertes weißes Hemd von Hilditch & Key mit schwarz-weiß gestreiftem Brusteinsatz. Um den gestärkten Kragen ist eine schwarze Krawatte gebunden. Die handgenähten Halbstiefel mit Absatz stammen von dem Pariser Schuhmagier Raymond Massaro. Karl Lagerfeld hat für jeden ein freundliches Wort, einen amüsanten Scherz oder eine geistvolle Bemerkung.

Ich drücke mich in eine Ecke des Flurs, um ihm nicht im Weg zu stehen. »Guten Tag, Monsieur.« – »Guten Tag, Arnaud. Und, werden Sie auch nicht zu arg gequält in der Pressestelle?« Ich stammle ein paar Worte. Der Couturier entfernt sich zum Zeichentisch in der Mitte des Studios. Als Eric Wright an mir vorbeigeht, zwinkert er mir wissend zu. Ich bin außer mir vor Freude. Mein Idol kennt meinen Vornamen!

»Wer kann für Karl Cola kaufen gehen?« Eric betritt den Showroom und schaut mich eindringlich an. »Ich, wenn Sie möchten!« – »Dann hör mal gut zu, kleiner Arnaud: Du kaufst fünf Cola light mit fünf Strohhalmen und Eiswürfeln. Aber pass auf, dass sie nicht zu viel Eiswürfel nehmen, sonst ist so widerlich viel Wasser im Becher …« Obwohl er seit zehn Jahren in Europa lebt, hat Eric einen starken amerikanischen Akzent behalten. Er kaut die Worte wie Kaugummi und reißt den Mund weit auf. »Hier, kleiner Arnaud, das wird doch reichen, oder?« Der Modedesigner hält mir einen Hundertfrancschein[6] entgegen – mit einer erhabenen und leicht gleichgültigen Miene. »Bestimmt, Eric. Es ist sogar zu viel. Möchten Sie vielleicht noch Pommes frites?« Sein Gesicht erhellt sich bei dem Gedanken an heiße und fettige *»french fries«*, die er für sein Leben gern isst. »Gute Idee, kleiner Arnaud, nimm vier oder fünf Portionen, irgendjemand freut sich immer darüber ...«

Das Spiel wiederholt sich jeden Tag aufs Neue. Für Eric Wright ist es Ehrensache, eine Cola für Karl bereitzuhalten – ganz gleich, zu welcher Zeit der Modeschöpfer ins Büro kommt. Monsieur Lagerfeld hat eine Schwäche für die Cola light von McDonald's, die in großen Bechern mit Deckel und Strohhalm verkauft wird. Aus Mangel an Freiwilligen werde ich schnell zum neuen Getränkeboten. Ich flitze die Stufen hinunter und freue mich, an die frische Luft zu kommen. Die Fast-Food-Kette ist gleich neben unserem Büro. Ich muss also nur hinunterlaufen ... und mich anstellen. Genau da liegt das Problem. Es hängt davon ab, zu welcher Zeit mich Eric mit dem täglichen Cola-Service beauftragt. Außerhalb der Stoßzeiten ist alles in fünf Minuten erledigt. Aber wenn Karls Assistent zwischen 13 und 15 Uhr beschließt, dass unser Vorrat an Kaltgetränken sofort erneuert werden muss, ist es die reinste Qual. »Arnaud, in der Cola ist keine Kohlensäure mehr! Wirf die Becher weg, aber vorher tu mir bitte den Gefallen und hol neue. Aber lass dir nicht zu viel Eis geben! Lauf lieber sofort los, ich glaube, Karl ist bald da.« Die Leute stehen bis auf den Bürgersteig. Ich muss mich eine gute Viertelstunde gedulden, bis ich endlich an der Reihe bin.

Bei meiner Rückkehr ist Eric natürlich auf hundertachtzig. »Das hat aber lange gedauert, kleiner Arnaud. Ich hab schon gedacht, sie hätten dich gekidnappt. Du darfst mir nicht noch einmal solche Angst einjagen. Jetzt stell schnell die Cola in den Eisschrank, sonst geht die Kohlensäure raus und das Eis schmilzt, und du musst wieder los.« Recht bald kann ich die verschiedenen Servicekräfte bei McDonald's für mich einnehmen und so das Blatt wenden. Sobald

6 Das entspricht etwa 15 Euro.

sie mich sehen, geben sie mir ein Zeichen, und ich zeige mit den Fingern an, wie viele Maxi Cola light ich haben möchte. Dann warte ich ein wenig abseits und stets diskret auf meine Bestellung.

Es funktioniert! Von nun an bekomme ich meine Cola, ohne mich anstellen zu müssen. Auf dem Weg zurück habe ich sogar Zeit, schnell noch ein Zitronentörtchen vom Maison du Danemark zu erhaschen. Ich esse oder vielmehr verschlinge es immer schon im Aufzug, damit ich nicht auffalle. So kann ich Erics Panikattacken minimieren, denn er sorgt sich immer lautstark wegen meiner Ernährung, sobald er mich dabei erwischt, wie ich Süßes in mich hineinstopfe. Wenn ich zurückkomme, begnügt er sich damit, mir lächelnd seine Pommes frites abzunehmen. Bestimmt ist das die bessere Lösung. Die Mädchen von der Pressestelle sind begeistert. Ich gelte als fleißigster und pünktlichster Praktikant des Hauses.

Caroline und Sophie vertrauen mir inzwischen dankbarere Aufgaben an, und sie verraten mir sogar ihre kleinen Geheimnisse. Strategisch besonders wichtig ist die feine Kunst des richtigen *»seating«*. Die Sitzordnung bei den Modenschauen ist ein ungeheuer schwieriges Problem. Wer soll wo Platz nehmen? Diese Frage ist von entscheidender Bedeutung. Es gilt, feste Rangordnungen, bestimmte unumstößliche Traditionen und die Anforderungen des Moments zu beachten. Dabei darf man auf keinen Fall gewisse Kunden, Käufer oder Journalisten zusammensetzen, die sich zerstritten haben. Alle Gäste hoffen natürlich, dass sie in der ersten Reihe sitzen und sich darüber freuen können, dass ihre Feinde ganz nach hinten verbannt wurden. Man muss also diplomatisch vorgehen …

PARIS, 17. OKTOBER 1990

Wir stehen kurz vor der Präsentation. Fast drei Wochen sind vergangen, seit ich zu Karl Lagerfeld gekommen bin. Nachdem ich Adressen von schier endlosen Listen fein säuberlich abgeschrieben habe, lerne ich nun, wie man lügt. Oh, Entschuldigung, vielleicht ist das nicht das richtige Wort. Bei Karl Lagerfeld wird nicht gelogen.

Im Grunde bringt man uns nur bei, wie wir am Telefon leere Phrasen dreschen, um aufdringliche Anrufer abzuwimmeln. Wir wollen natürlich niemanden kränken.

Jeden Tag versuchen die unterschiedlichsten Leute, bei der Pressestelle einen Passierschein für die Modenschau zu bekommen. Die üblichste Methode besteht darin, direkt im Studio anzurufen und sich im spitzen Ton darüber zu wundern, dass man keine Einladung erhalten hat. Wenn das nicht funktioniert, probieren es die Schmarotzer auf die flehentliche Tour, unter großem Einsatz von Tremolo. Ich schlage dann meinen dicken Aktenordner auf, suche nach dem Namen und versichere ihnen, dass ihnen eine Einladung zugeschickt wurde. Was aber nie stimmt. Entweder steht der Name nicht auf meiner Liste oder Sophie hat ihn kurzerhand ausgestrichen, weil sie aus verschiedenen Gründen der Ansicht ist, dass diese Person auf den Modenschauen von Karl Lagerfeld nichts mehr zu suchen hat. In beiden Fällen empfehle ich den Anrufern scheinheilig, sich doch noch ein paar Tage zu gedulden, und notiere ihre Namen. Am Abend überprüft dann Caroline meine Liste, um sicherzugehen, dass wir nicht ins Fettnäpfchen getreten sind.

Diese Vorgehensweise ist geschickt. Man muss nur die richtigen Worte wählen, um peinliche Situationen zu umschiffen. Eine gute Geschichte erfinden, ein schönes Lügenmärchen auftischen und die Leute mit seinem Palaver einlullen – so kann man eine Bitte abwehren oder eine Entscheidung vertagen. Diese Methode ist ein Markenzeichen der Luxus- und Modewelt. Bei uns werden Todesurteile mit einem Lächeln gefällt, eilfertig und freundlich. Mit der Naivität eines Neulings habe ich in jenem Jahr vergnügt über diese Kriegslist hinweggesehen.

Es ist 20 Uhr, und ich will gerade das Büro verlassen, als mir am Empfang Eric Wright entgegenkommt. »Übrigens, kleiner Arnaud, ich möchte, dass du während der Show bei mir bleibst. Du kannst uns bei den Accessoires helfen, okay?« Ich bin sprachlos. »Ich weiß nicht, Eric, da muss ich Caroline und Sophie fragen …« Eric ist schon weg. Ich bin wie vor den Kopf geschlagen. Sophie de Langlade hat alles mitangehört. »Arnaud, das ist wunderbar! Sie müssen sofort zusagen! Das ist das erste Mal, dass Eric einem Praktikanten so etwas anbietet! Sie stehen dann mit Karl hinter den Kulissen, ist Ihnen das klar?« Nein. Ganz und gar nicht. Ich kann nicht erkennen, dass man mir damit eine Gunst erweist. Ich bin sogar ein wenig enttäuscht, weil ich die Modenschau dann nicht im Saal mitverfolgen kann ... Unglaublich!

PARIS, 19. OKTOBER 1990

Ich habe nicht zu Hause geschlafen. Keine Zeit. Ein Mädchen, das ebenfalls ein Praktikum in der Pressestelle macht, hat mich in dieser Nacht vor der großen Modenschau mit zu ihren Eltern genommen. Sie heißt Florence, ist zwanzig Jahre alt und es ist ihr drittes Praktikum bei einem großen Couturier. In ihrer riesigen Wohnung schlafe ich auf dem Sofa ein, während sie sich auf lustige Art über die Macken der Modejournalisten auslässt. Florence ist geistvoll und sarkastisch, aber vor allem stammt sie aus Dijon. Diese zufällige Gemeinsamkeit und unser Status als »Saisonarbeiter der Pariser Couture« haben uns letztendlich zusammengeschweißt.

Kurz vor 6 Uhr morgens betreten wir Arm in Arm den Hof des Louvre. Ich habe das Jackett aus khakifarbenem Wollstoff mit gerader Knopfleiste angezogen, das Caroline mir am Vorabend leihweise überlassen hat. Es ist ein wenig zu groß, aber die Praktikanten sollen sich im »hauseigenen Stil« kleiden. Das erste Sonnenlicht streicht über die weißen Kapitelle, hinter denen die Modenschau stattfinden wird. Wir treffen Caroline und Sophie im Saal Sully. Sie sind schon eifrig beschäftigt und überprüfen, ob die Namen der Journalisten auf den großen fächerförmigen Schildern an den Stuhllehnen auch lesbar sind. Wir lösen die beiden ab.

Nachdem wir alle Sitzreihen durchgegangen sind, postieren wir uns an einem der Eingänge, um dort breit lächelnd die Presseleute zu empfangen. Wir gehen den »roten Krawatten« zur Hand – das sind professionelle Leute, die sich auf den Personenschutz bei großen Couture-Schauen oder anderen gesellschaftlichen Ereignissen spezialisiert haben. Ihren Spitznamen haben sie von ihrer strengen Uniform, die ein klein wenig durch rote Krawatten aufgelockert wird. Dann ziehen gertenschlanke und durchgestylte Moderedakteurinnen an uns vorbei. Sie ignorieren uns entweder komplett oder lassen sich zu einer minimalen Begrüßungsgeste hinreißen. Alle haben sie sich mit einer Chanel-Tasche bewaffnet und hinter schwarzen Sonnenbrillen verschanzt. Einige nehmen mit ernster und würdevoller Miene einsam in der ersten Reihe Platz, andere sammeln sich etwas abseits vom Podium und unterhalten sich über die Modenschauen vom Vortag.

Florence gibt mir einen Stups mit dem Ellbogen. »Siehst du den leeren Stuhl in der ersten Reihe? Der ist für Anna Wintour, der Chefredakteurin der amerikanischen *Vogue*.« Meine Kollegin freut sich, dass sie einem Anfänger wie mir die Dinge erklären kann. »Sie ist schon da, backstage bei Karl. Sie wird erst im letzten Moment Platz nehmen, damit klar ist, dass wir natürlich auf sie warten.« Alle Welt weiß, dass Anna unberechenbar ist, aber sie hat die Gabe, wie kein anderer neue Trends vorherzusehen ... Die Modedesigner fürchten sie. Wenn ihr einfällt, einen von ihnen mit Missachtung zu strafen, gilt er in den Augen der Presse gleich darauf als altmodischer Langweiler.

Der Morgen zerrinnt uns zwischen den Fingern. Als ich mich gerade zu meinem Posten neben Eric Wright hinter den Kulissen aufmache, kommt eine kleine und offenbar sehr kurzsichtige Frau auf mich zu. »Entschuldigen Sie, ich kann meinen Platz nicht finden.« In Windeseile rauscht Sophie heran. »Liebe Joan, guten Tag! Wie geht es Ihnen?« Die Dame nickt beunruhigt. Sophie zwinkert mir zu und blättert dann in ihren Papieren. Im Vorbeigehen flüstert sie mir zu: »Verdammt. Die hab ich total vergessen. Sie ist Freelancerin und schreibt für die Staaten.« Mit lauter Stimme fährt Sophie fort: »Gut, Joan. Jetzt weiß ich's wieder. Ihr Platz ist bei E-b-16. Arnaud wird Sie begleiten.« Ich schaue Sophie entgeistert an. Jede Reihe hat fünfzehn Plätze.

Platz E-b-16 gibt es nicht. Sophie wirft mir im Weggehen eine Geste zu, die wohl bedeuten soll: »Sehen Sie zu, wie Sie damit fertig werden. Ich hab andere Sorgen ...«

Ich wende mich an die Journalistin und versuche es mit der hauseigenen Taktik. »Sehen Sie die Reihe im zweiten Rang? Ihr Platz ist am Gang. Wenn Sie möchten, kann ich Sie dorthin begleiten.« Wie vorauszusehen, lehnt Joan mein Angebot ab und entfernt sich mit tapernden Schritten. Gerettet! Ich verschwinde hinter die Bühne. Als ich den Vorhang zur Seite schiebe, der den hinteren Bereich verdeckt ... steht die fehlsichtige Freiberuflerin erneut vor mir. »Entschuldigung, aber ich habe meinen Platz nicht gefunden. Könnten Sie nicht doch mitkommen?« Joan wirkt jetzt ziemlich verstört. »Oh, das tut mir leid ...« Ich beende den Satz nicht. Dieses Mal kann ich mich nicht so einfach herauswinden. In weniger als zehn Minuten beginnt die Modenschau. Eric sucht mich sicher schon. Ich muss eine Lösung finden.

Ich renne zu Sophies Einkaufstüte, hole ein unbeschriftetes Namensschild heraus und kritzle den Namen der freundlichen Moderedakteurin auf den Fächer aus Glanzpapier. Dann schnappe ich mir einen Stuhl. Die Sitzreihen stehen in absolut gerader Linie vor dem Podium. Wenn das mal gutgeht! Ich stelle Joans Stuhl ans Ende der ersten Reihe und sage wie selbstverständlich: »Bitte sehr, Madame, Sie sitzen ganz vorn.« Nach einem angedeuteten Diener mache ich mich davon – würdevollen Schrittes, ohne mich noch einmal umzuwenden. Die verblüffte Journalistin sagt während der gesamten Modenschau kein Wort mehr. Letzten Endes schreibt sie mehrere überschwängliche Lobartikel.

Caroline und Sophie haben es mir immer wieder eingebläut: In der Modebranche kommt es in erster Linie darauf an, seinen Platz zu finden.

Im Laufschritt eile ich zu Eric Wright hinter die Bühne. Ich begebe mich in einen summenden Bienenstock. Etwa einhundert Personen rufen durcheinander, eilen unablässig hin und her und stoßen dabei knapp aneinander. Aber das scheinbar wilde Treiben ist perfekt orchestriert. Ich kämpfe mich vorsichtig bis zum hinteren Teil des Raumes hindurch. Karl Lagerfeld erinnert an eine Bienenkönigin. Gelassen und ruhig steht er ein wenig abseits. Er inspiziert die Models, die sich zu einer letzten Kontrolle vor ihm aufstellen. Er öffnet eine Jacke, klappt eine Tasche um, stellt einen Kragen auf und überprüft, wie ein Ärmel auf den Handrücken fällt. Nach ihm zupft der ehrwürdige Alexandre de Paris ein letztes Mal an den Frisuren. In diesem Jahr sind es extrem geglättete Carré-Schnitte mit nach außen gerollten Spitzen à la Emma Peel in *Mit Schirm, Charme und Melone.* Für das Make-up ist Pierre-Marie Humeau zuständig, der einen Smokey-Eyes-Look mit dunkel umrandeten Augen gewählt hat. Die Models tragen schwarze Stiefeletten mit kurzem Absatz und Catsuits – hautenge Einteiler aus Lycra, über die sich Karls Entwürfe legen.

Sämtliche Accessoires sind auf einer Fläche mit schwarzem Samt ausgebreitet. Karls Assistent wirkt äußerst nervös. Eric stürmt in alle Richtungen, umkreist ein Model nach dem anderen, fährt Ankleider und Techniker an, nimmt ein Schmuckstück und legt es kurz darauf mit verzweifelter Miene zurück. Ich husche an seine Seite. »Arnaud, kannst du mir den schwarzen Gürtel dort vor dir geben?« Ich tue, was er sagt, und stelle keine Fragen.

Gleich gehen die Mädchen auf die Bühne. Céline Engel hat sich ein Headset aufgesetzt, damit sie in ständiger Verbindung mit der Regie ist. Caroline und Sophie haben jeweils ein Walkie-Talkie. Sie treiben die Nachzügler an und geben letzte Anordnungen vor dem Auftritt.

Die Musik beginnt, zu dröhnen. Die Scheinwerfer leuchten auf, und die Models laufen los ...

Die Kleider reihen sich aneinander, und meine Handbewegungen spulen sich irgendwann automatisch ab.

Ich vergesse die Zeit.

Ich erinnere mich an die Musik von INXS, *Suicide Blonde,* ein Remix für die kräftige und sinnliche Stimme von Michael Hutchence.

Ich erinnere mich an Schwarz und Marineblau, an stark taillierte Jacken, asymmetrische Kragen und Blusen aus weißem Popelin.

Ich erinnere mich an Eric Wright, der zwar präzise agiert, aber derart unter Stress gerät, dass Florence ihn schon »Hyst-Eric« nennt.

Ich erinnere mich an den steinernen Torbogen im Bühnenbild, an dem sich die Mädchen bei jeder Runde fast den Kopf einschlagen.

Ich erinnere mich an Sophie, die laut brüllend die Models einweist, bevor sie die Bühne betreten. Wenn ihr nur eins der Mädchen aus der Reihe tanzt …

Ich erinnere mich an ein Abendkleid aus schräg gewickeltem schwarzem Satinkrepp, das über einem weißen T-Shirt mit Pailletten getragen wurde.

»Da hängt nichts fest, alles gleitet und fällt in glatten Linien … Die Stoffe gehen ineinander über und die Mode muss sich dem anpassen … Hier wird erstmals der Geist des neuen Jahrzehnts vorgeführt.« Ich erinnere mich, dass Karl so seine Kollektion beschrieben hat, die er dem modernen russischen Maler Kazimir Malevich[7] widmete.

Ich erinnere mich an das mehrfarbige Finale, bei dem je ein glitzerndes Kleid für ein Gemälde des Künstlers stand.

Die Scheinwerfer erlöschen. Im Saal tost der Applaus. Ich bin erschüttert. Auf einmal wird mir klar, dass mein Praktikum in wenigen Stunden endet.

Karl eilt hinter die Kulissen und dankt seinem gesamten Team, bevor er sich den Fragen der Journalisten stellt. Alle sind eifrig damit beschäftigt, die Bühnenausstattung und das Zubehör so schnell wie möglich wegzuschaffen. Mitarbeiter des Studios helfen den Packern und schieben die Kleiderständer zu den Autotransportern. Morgen beginnt im Hotel Royal Monceau eine andere Art von Modenschau, nämlich für die Einkäufer der Luxusboutiquen, die aus aller Welt nach Paris gekommen sind, um während der Modewoche ihre Bestellungen aufzugeben. Abgang der Pailletten. Ab jetzt geht es ums Geschäft.

Es ist vorbei.

Ich will nicht zurück zur Schule.

---

7 Aus der Ukraine stammender abstrakter Maler und Erfinder des »Suprematismus«, einer Kunstströmung zu Beginn des 20. Jahrhunderts.

KAPITEL 3
DER VERTRAG

PARIS, NOVEMBER 1990

Caroline hat mich schließlich überredet. Als sie von Florence erfuhr, dass ich mein Studium an der École de la Chambre syndicale abbrechen will, vereinbart sie mit mir einen Termin an der Champs-Élysées, um »eine Bilanz aus dem Praktikum zu ziehen«. Natürlich komme ich nicht mit leeren Händen ins Büro. Ich habe vorsorglich beim Maison du Danemark vorbeigeschaut und ein paar süße Kleinigkeiten eingekauft ...

Caroline umarmt mich zur Begrüßung und überreicht mir dann lächelnd ein Päckchen. Darin entdecke ich das Jackett von der Modenschau – eingeschlagen in hauchzartes Seidenpapier mit Karls Initialen. Ich bin begeistert. Es ist das erste Geschenk aus der Kollektion eines großen Couturiers. »Du musst immer relativieren, Arnaud. Diese kleinen Aufmerksamkeiten kosten die entsprechenden Leute kaum etwas ...« Caroline will mir etwas mitteilen, aber bis jetzt habe ich nichts verstanden. »Nun ja«, meint sie dann betont fröhlich, »trotzdem ist es ein schönes Jackett!«

Wir sitzen vor der Schachtel mit den Blätterteigtaschen und reden eine ganze Weile. Das heißt, im Grunde höre ich zu, während Caroline von ihren Anfängen als Praktikantin erzählt und von ihrem Wunsch, bei Karl Lagerfeld zu bleiben – koste es, was es wolle. Sie berichtet, wie sie damals hin und her überlegte, ob sie noch ein

Diplom bräuchte oder Erfahrungen in einem anderen Couture-Haus oder einer Modelagentur sammeln sollte ... Ich habe den Eindruck, eine große Schwester gefunden zu haben, jemanden, der mich versteht. Beim dritten Stück Kuchen kommt Caroline zum entscheidenden Argument. »Arnaud, wir sind begeistert von deiner Arbeit. Aber wenn du willst, dass wir dich nehmen, brauchen wir eine Praktikumsvereinbarung. Weißt du, was das heißt? Keine Schule, keine Vereinbarung, keine Modenschau ...«

Ich hab's kapiert. Schnurstracks geht es zurück in meine Kurse an der Rue Saint-Roch, damit ich an die wertvolle Praktikumsvereinbarung gelange.

Zwei Jahre lang pendle ich zwischen der Schule und der Pressestelle im Hause Lagerfeld. Meine Lehrer raufen sich die Haare, weil mich die regelmäßigen Fehlstunden mehr und mehr vom Lehrplan abbringen. Anfangs drückt die Schulleitung noch ein Auge zu, da man mit Verwunderung zur Kenntnis nimmt, dass ein Anfänger sich beim Presseservice eines so renommierten Hauses einnisten kann. Dann muss ich aber doch meine Stundenzahl erhöhen, um eine Unterschrift für die Praktikumsvereinbarung zu bekommen. Es ist ein Nehmen und Geben. Ich bin verpflichtet, jeden Morgen die Schule zu besuchen, ansonsten droht der Verweis. Ab mittags kann ich in Karls Büro entfliehen.

Während meiner Abwesenheit haben meine Kommilitonen den Fünferclub in einen Viererclan verwandelt. Aus diesem Clan habe ich mich ganz allein ausgeschlossen. Ich fühle mich wie ein Pubertierender im Stimmbruch, zwischen zwei Welten und zwei Tonlagen. Meine Freunde freuen sich für mich, bedauern aber, dass ich alle Partys verpasse. Ich bin einfach zu erschöpft. Also verspreche ich ihnen, später einmal ausgiebig mit ihnen zu feiern – sobald ich endgültig in einem Couture-Haus untergekommen bin.

PARIS, JANUAR 1992

Innerhalb von einigen Monaten bin ich in der Hierarchie der Praktikanten aufgestiegen. Kein Wunder. Ich kenne das Haus Lagerfeld wie meine Westentasche, und vor allem ahne ich, was die anderen brauchen. Ich kann mir immer etwas Zeit freischaufeln, um Caroline zu helfen, wenn sie überlastet ist, und ich kenne all die kleinen Gefallen, mit denen ich Mister Wright das Leben erleichtern kann, indem ich zum Beispiel die Accessoires ordne oder schon im Vorhinein die Bestellzettel ausfülle. Ich mag es, in einer lockeren Atmosphäre zu arbeiten – zu der ich gerne beitrage, wenn ich bei Gelegenheit den Kasper spiele.

»Arnaud? Wo stecken Sie denn?«

Sophie de Langlade sucht mich überall. Ich bin auf der Toilette und halte den Atem an. Karls Pressechefin öffnet die Tür und schaut kurz in den Spiegel. »Hier!«, rufe ich und springe urplötzlich hervor. Ich habe mich mit einer alten Perücke und einer unförmigen schwarzen Häkeldecke herausgeputzt. Sophie kreischt und stürzt sich lachend auf mich. Ich halte mich am Waschbecken fest und gluckse wie ein Huhn. Sophie schaut mir mit hochgezogener Augenbraue zu. Dann wirft sie sich mit wohltuend verrücktem Gelächter erneut auf mich. Im Flur hört man Carolines eilige Schritte näher kommen. »Was ist das für ein Geschrei? Arnaud, ich hab dich gesucht, da ist eine Bewerberin, die du bitte an meiner Stelle empfängst. Das wird dich lehren, nicht gleich Unsinn zu machen, sobald ich mal weg bin!« Caro setzt sich neben Sophie auf den Boden und gönnt sich eine kleine Pause. »Hör mal, Nono«, ruft sie mir in den Gang nach, »die Perücke solltest du aber vorher abnehmen!«

Ich laufe zum Empfang und treffe dort die Bewerberin, eine gewisse Melanie. Wir benötigen noch jemanden, der die Pressestelle bei den Vorbereitungen zur nächsten Modenschau unterstützt. Inzwischen suche ich die Zeitkräfte mit aus, die vor den großen Präsentationen zu uns stoßen. Als dienstältester Praktikant im Hause Lagerfeld genieße ich Carolines Vertrauen. Nach vier Saisons habe ich Routine erlangt. Organisieren, im Voraus agieren, kooperieren:

Meine Verhaltensregeln sind klar. Zuerst kommt die Arbeit. Und gleich danach ein bisschen Spaß, damit die Maschine nicht heiß läuft.

»Die Sache ist ganz einfach: Man nimmt den großen Aktenordner und einen Karton mit Umschlägen und schreibt dann die Namen und Adressen fehlerfrei ab. Keine Sorge, ich kontrolliere jeden Brief einzeln.« Melanie wagt nicht, etwas zu erwidern. Trotzdem merke ich, dass sie etwas entsetzt ist. »Ich dachte ... ich würde eine kreativere Aufgabe bekommen. Immerhin stehe ich kurz vor dem Abschluss an der Celsa[8]!« Au, das fängt schlecht an. Noch keine Zusage, und schon Forderungen stellen. »Haben Sie sonst noch Fragen?« – »Äh, ja, und wie geht das mit der Bezahlung?« Ich atme tief durch, lege die Hände flach auf den Tisch und erkläre ihr lächelnd: »Gar nicht, liebe Melanie. Sie bekommen keine Bezahlung. Ganz bestimmt nicht. Sehen Sie, ich arbeite jetzt zwei Jahre hier, und auch ich erhalte kein Geld dafür. Ich begnüge mich mit Restaurantgutscheinen, und manchmal bekomme ich das Geld für ein Taxi nach Hause, wenn wir bis in die Nacht beschäftigt sind. Für mich zählt nur, dass ich für Karl Lagerfeld arbeite und hier so viel wie möglich lerne!« Die Bewerberin sieht mich mit großen Augen an. Sie wirkt nicht überzeugt. Ich gehe zum Angriff über. »Wenn ich mir Ihren Lebenslauf anschaue, dann haben Sie doch schon mehrere Praktika dieser Art hinter sich. Ich glaube, Sie können allmählich den nächsten Schritt wagen. Vielleicht versuchen Sie es in einem kleineren Haus, das erfahrene Praktikanten benötigt?« Auf Wiedersehen, Melanie! Ich mache verdammt gute Fortschritte im Einsatz der kunstvollen Untertreibung. Man sagt im wohlwollenden Ton so wenig wie möglich und erzielt damit den maximalen Effekt. Es macht richtig Spaß. Meine Freundin Mia findet, ich entwickle mich zu einem »heuchlerischen Schwein«. Aber es ist genau das Gegenteil: Endlich kann ich sagen, was ich denke, ohne jemandem zu nahe zu treten.

8 Celsa: Institut für Informations- und Kommunikationswissenschaften an der Pariser Sorbonne.

Ist das nicht viel geschickter? Ich habe viel aus den Unterhaltungen der Modeprofis gelernt. Sie sind wahre Virtuosen auf diesem Gebiet. Besonders scharfzüngig sind die Couturiers selbst. Sie beherrschen die Kunst, ihre Kollegen am lebendigen Leib in Stücke zu reißen – und zwar mit einem einzigen Wort, ohne den Anschein zu erwecken, den Leuten etwas Böses zu wollen. Die Journalisten lassen sich diese Spitzen nicht entgehen und haben besondere Freude daran, sie Wort für Wort wiederzugeben. Öl aufs Feuer eben. Karl Lagerfelds Äußerungen sind stets bissig, amüsant und treffend, ohne je ins Vulgäre oder Beleidigende abzudriften. Ich erinnere mich an eine Antwort, die er fernab der Mikrofone gab, als man ihn nach seiner Meinung zu einer besonders farbenfrohen und glitzernden Kollektion von Christian Lacroix befragte: »Sie meinen diesen Mann aus Arles? Der wirbelt im Kreis durch seine Arena, verteilt Farbe in alle Richtungen und vergisst dabei fast, dass er auch nähen kann …«

Ich sehe mich schon beim nächsten Bewerbungsgespräch. Wer steht sonst noch auf Caros Liste? Zwei Mädchen von der Efap[9], die scherzhaft auch »École des filles à papa«, die Schule für Töchter mit reichen Vätern, genannt wird. Aber meist sind das die Besten. Sie haben weder unangemessene intellektuelle Ambitionen noch finanzielle Nöte, dafür aber ein gutes Benehmen und schön geschnittene Kleider. Ach, da steht auch ein Jungenname. Pech für ihn. Ich ziehe es vor, mit jungen Frauen zu arbeiten, die ganz klar anpassungsfähiger und sorgfältiger sind. Die Jungen meinen leider oft, sie könnten tun und lassen, was sie wollen. Die angehenden Stylisten beweisen meist wenig Anstand, machen aber umso größeres Brimborium und glauben anscheinend, dass man sich in der Modebranche nur hochschlafen muss. Das ist natürlich nicht wahr, aber derlei Mythen halten sich hartnäckig.

9 Efap steht für: École française des attachés de presse.

PARIS, MÄRZ 1992

Karl wird am späten Nachmittag zum letzten Fitting[10] vor der Modenschau erwartet. Diese letzte Kontrolle ist der entscheidende Moment für eine Kollektion. Alle Mitarbeiter liegen seit Mittag auf der Lauer, falls der Couturier doch früher eintreffen sollte – was aber sehr unwahrscheinlich ist. Bevor ich mit Eric Polaroidfotos von der Anprobe mache und wir zusammen die ausgewählten Accessoires auflisten, besprechen Caroline und ich die Sitzordnung für die Präsentation und gehen die Namen der einzuladenden Journalisten durch.

Die Abläufe spulen sich reflexartig ab, obwohl ich immer sehr genau hinschaue, damit wir jeglichen Fauxpas vermeiden. Sobald ich die Sitzordnung geklärt und die Kisten mit den Einladungen überprüft habe, gönne ich mir eine kleine Pause und zeichne in einer Ecke ein paar Entwürfe.

»Karl ist unterwegs ... Alle ins Studio, schnell!« Céline rennt in Windeseile über den Flur. Sie wirkt nervös, aber erleichtert. Es ist 18:20 Uhr, und ich amüsiere mich über das übliche Gedränge an den Toiletten, wo ein letztes Mal die Schminke erneuert wird. Sophie zieht mich am Ärmel. »Ich habe für heute Abend ein Buffet bestellt. Möchten Sie eine Extraportion Käsewürstchen?« Aber sicher. Das Fitting vor der großen Schau ist die beste Ausrede, seiner Esslust freien Lauf zu lassen. Karl isst mit Hingabe. Jede neue Kollektion macht ihn hungrig. Sein Appetit ist genauso riesig und maßlos wie sein Talent und seine Großzügigkeit. Er möchte, dass jeder sein Lieblingsgericht schlemmen kann. Bedingung ist nur, dass es so gehaltvoll wie möglich ist. Ganz oben stehen Fleisch, Käse, Hefegebäck und Sahnedesserts. Um die Sache komplett zu machen, wird dazu reichlich Cola light getrunken. Ich bin überzeugt, unser regelmäßiger Festschmaus geht als schönste Antwort auf die uns ständig umgebenden Magersuchtvorwürfe in die Annalen der Mode ein.

10 Letzte Anprobe vor der Präsentation einer Kollektion. Beim Fitting werden die Accessoires zu den Kleidern ausgesucht.

Ja, auch Modeleute wissen, wie man ordentlich isst. Manchmal zumindest.

Karl kommt herein und entschuldigt sich für die Verspätung. Eric stößt spitze Schreie aus. »Alles klar, Karl. Deine Cola ist kalt gestellt, keine Sorge. *Everything is under control* ... Arnaud!« Ich bin in die andere Ecke des Studios geflüchtet, nachdem ich ein Tablett mit drei Maxi-Cola auf den Tisch von Monsieur Lagerfeld gestellt habe. Unser Team tritt nach den Stunden des Wartens etwas zögerlich auf und sammelt sich schweigend im hinteren Teil des Raums. Als die Musik zur Schau in voller Lautstärke durch die Boxen dröhnt, zucken wir alle zusammen. Das Fitting kann beginnen.

Vera führt das erste Stück vor. Unser Ankleidemodel[11] hat eine sagenhafte Geduld. Ohne die kleinste Pause wird sie den ganzen Abend hindurch Dutzende von Kleidern anprobieren, die noch mit Nadeln und Nähband gespickt sind. Tagsüber steht Vera freundlich und zurückhaltend im Atelier und wartet regungslos ab, dass man ihren Körper mit Toiles behängt, Stoffe an ihr ausprobiert und Schnittmuster nach ihren Maßen fertigt. Ihr steht alles. Kein Wunder, schließlich ist sie das Urmeter von Karl Lagerfeld. Diese Aufgabe erfordert einiges. Ihr Lianenkörper hat ideale Proportionen, und ihre Ausdauer ist beeindruckend. Zum Dank schickt der Couturier sie immer auf den Laufsteg, wenn eine neue Kollektion präsentiert wird. Vera weiß das zu schätzen. In anderen Häusern sind die Ankleidemodels bedingungslos ausgeliefert, ohne jemals die Chance zu bekommen, aus dem Hintergrund ins Scheinwerferlicht zu treten.

Céline nutzt die Pausen zwischen Veras Auftritten und liest laut aus der Pressemappe vor, damit wir sichergehen, dass die Texte die Kollektion passend beschreiben. »Der Tüll legt sich um den Körper und bildet ihn aus. Der Stoff hat eine lehrreiche Seite, ohne belehrend zu wirken – eine neuartige Strenge.« – *»Fantastic,* Karl«, be-

11 Ein Model, das fest an ein bestimmtes Couture-Haus gebunden ist. Es steht für sämtliche Anproben bei der Entstehung einer neuen Kollektion zur Verfügung.

geistert sich Eric. »Wie schaffst du es nur, solche überwältigenden Dinge zu schreiben?« – »Keine Ahnung, Mister Wright. Man muss nur seine grauen Zellen auf Trab bringen. Ich arbeite eben. Das ist das ganze Geheimnis.« Karl wendet sich an Céline. »Können wir weitermachen?« – »Okay, Karl. Es geht los.«

An diesem Tag ist Eric auf Saumränder fixiert. Anita kniet stöhnend vor Vera. Die Chefschneiderin steckt Nadeln in ein schwarzes Musselinkleid und zieht sie kurz darauf wieder heraus, weil Eric den Saum einen halben Zentimeter höher haben möchte. »Zu kurz, Anita! Tut mir leid, aber du hast nicht verstanden, wie ich es meinte. Aber ... Warte mal!« Karls Assistent läuft zum anderen Ende des Raums, um das Kleid aus einiger Entfernung zu beäugen. »Ja, doch, es ist ein klein wenig zu kurz ...« Anita wartet schweigend Karls Urteil ab und denkt dabei an ihre Knie. Sie würde gerne aufstehen und eine Pause einlegen. Ich zwinkere ihr zu. »Mister Wright«, meint Karl schließlich eine Spur verärgert, »du solltest deine Säume mit dem Mikroskop bearbeiten. Das ginge schneller!« Ich möchte fast losprusten. Caro schneidet mir Grimassen, weil sie hofft, dass ich mich bald nicht mehr zusammenreißen kann. »Céline, was sagst du? Der Saum ist sehr gut so, oder?« »Ja, er ist gut, Karl. Ich glaube, wir können es so lassen.« Eric macht einen Luftsprung. »Du hast Recht, Karl! Er ist perfekt! *Fantastic!* Dieses Kleid ist so was von Haute Couture, einfach *splendid!* Arnaud! Kannst du bitte neue Cola holen? Karl bekommt Durst von so viel Aufregung!«

PARIS, ANFANG JUNI 1992

Auf den Fluren wird getuschelt. Es heißt, im Studio wird eine Stelle frei. Immer wieder kommt jemand mit verschwörerischer Miene auf mich zu. Anscheinend gehöre ich nach Beschluss der obersten Instanzen des Hauses zum engeren Kreis der Anwärter. Ich kann nicht mehr ruhig schlafen. Die Praktikantin von Céline ist natürlich in einer besseren Ausgangsstellung für den Assistenzposten. Ich bin ja im Grunde nur der kleine Schützling der Pressestelle und Eric

Wrights Faktotum. Ich bin halb verrückt vor Angst. Mein Lebensrhythmus erschöpft mich. Morgens im Vorortzug von Versailles nach Paris, Schule, Praktikum, abends noch der Job, dann zurück nach Versailles. Das muss aufhören.

Sophie bittet mich in ihr Büro. Auch Caroline ist dabei. »Ich habe eine gute und eine schlechte Nachricht für Sie, Arnaud.« Ich halte den Atem an. »Die gute ist, dass man Sie offiziell für den Posten vorgeschlagen hat, den wir hier im Haus schaffen möchten. Die schlechte ist, dass das Studio jemand anderen favorisiert.« Ich wage nicht, weiter nachzuhaken. Sophie fährt fort, ohne mein Entsetzen zu bemerken. »Patricia. Sie wird von Céline und Ralph Toledano unterstützt.« Die Studiochefin und der Generaldirektor. Wenn es mehr nicht ist. Und wo bleibe ich? »Da ist noch etwas, Arnaud. Wenn Karl sich für Sie entscheiden sollte, können Caroline und ich Sie nicht widerspruchslos dem Studio überlassen. Wir bilden Sie jetzt seit zwei Jahren in der Pressestelle aus, Sie gehören zum Team. Ist das ein Problem für Sie?« Ich höre Sophie kaum zu. Ich denke nur an Patricia. Sie macht seit drei Monaten ein Praktikum bei Céline Engel und hat sich nicht gerade zurückgehalten. Ist Schmeichelei eine so wirkungsvolle Waffe? »Was halten Sie davon, Arnaud?« Von Patricia? Sie ist ein bezauberndes rothaariges Mädchen mit bleichem Teint und überirdisch schönen blauen Augen, deren Klarheit einen fast erschreckt. Zudem trägt sie ein Piercing in der Nase. Typisch Studio Berçot, sehr *»stylish«*. Lebhaft, intelligent, eifrig. Mit einem Wort: gefährlich. »Arnaud?« Ich erwache aus meinen Träumen und merke, dass Sophie über meine künftigen Tätigkeitsbereiche spricht. Ich soll mich zwischen Pressestelle und Studio aufteilen? Mir bleibt nichts anderes übrig. Ich sage Sophie also zu und entschwebe dann gleich wieder in meine Gedankenwelt. Ich habe mich an diesem Job festgebissen wie eine Zecke. Auf keinen Fall lasse ich jetzt locker. Ich kann noch eine Weile warten, bis ich hier Modedesigner in Vollzeit werde, keine Sorge, liebe Sophie ...

PARIS, ENDE JUNI 1992

Heute findet die Präsentation der Zwischenkollektion statt. Man zeigt eine kleine Auswahl von Modellen außerhalb der Saison und möchte so die Aufmerksamkeit der Medien wecken, um den etwas stagnierenden Absatz anzukurbeln.[12] Vier Models, ein Dutzend Badeanzüge, Strickmode, taillierte Jacken und ein paar elegante Kleider ... Karl muss etwa fünfzig Stücke begutachten.

Der Couturier hat am großen Tisch im Studio Platz genommen. Um ihn herum versammeln sich die Verantwortlichen der verschiedenen Abteilungen des Hauses: Geschäftsleitung, Studio, Presse und Atelier. Im Anschluss an die Anproben wurde ein weiterer Tagesordnungspunkt festgesetzt. Man muss sich zwischen den beiden Praktikanten entscheiden. Wer bekommt einen echten Arbeitsvertrag mit Aussicht auf echte Bezahlung? Patricia oder Arnaud?

Wir beide sind in den Showroom geflüchtet, um den Models bei der Ankleide zu helfen. Patricia schaut mich an wie ein Porzellanhund. Sie wirkt äußerst selbstsicher. Vielleicht hätte ich darauf bestehen sollen, so schnell wie möglich die Pressestelle zu verlassen, um im Studio arbeiten zu können? Schließlich steckt dort die wahre Macht. Mit Céline im Rücken wird meine Rivalin bestimmt den Sieg davontragen. Ich schließe seufzend die Knopfleiste über einem bloßen Rücken. »Psst! Arnaud? Komm mal her!« Caroline winkt mich zu sich. Ich schleiche mich klammheimlich aus dem Raum. »Mach dir keine Sorgen. Wir reden gerade über dich! Ich bin sicher, es wird schon klappen. Nur Mut! Ich komme wieder, sobald ich etwas Genaues weiß, okay, Nono?« Wenn Caro diesen Spitznamen benutzt, ist das immer ein gutes Zeichen. Oder sie macht absichtlich gute Stimmung, damit ich nicht so deprimiert bin. Ich weiß nicht, was ich denken soll. Ich habe Angst.

»Was halten Sie davon?« Eric ergreift als Erster das Wort. »Arnaud ist jetzt seit zwei Jahren bei uns. Man kann sich auf ihn ver-

12 Während der 1920er-Jahre bestand die Zwischenkollektion von Coco Chanel mitten im Winter aus leichter, legerer Bekleidung für die Frau auf Reisen.

lassen. Ich für meinen Teil will keinesfalls auf ihn verzichten. Patricia dagegen ...« Céline unterbricht ihn. »Patricia ist einsatzfähig. Sie gehört bereits zum Studio. Arnaud kommt nur ab und zu vorbei. Ich brauche jemanden in Vollzeit.« Nun machen die Mädchen aus der Pressestelle ihren Bedarf geltend. »Im wachsenden internationalen Wettbewerb ist unsere Aufgabe ganz entscheidend ...« Jede Abteilung heischt nach Anerkennung. Karl neigt eher zu Arnaud, »einem lustigen und gut erzogenen jungen Mann«, weicht dann aber einen Schritt zurück, weil er seiner Studioleiterin nicht widersprechen möchte. Schließlich schlägt er vor, beide Praktikanten zu übernehmen, sie also quasi in Konkurrenz zu stellen. Diese Vorstellung lässt die Versammelten kurz erschaudern. »Das erzeugt aber eine seltsame Stimmung«, flüstert die Chefschneiderin. Anita will sich noch immer für ihren Schützling einsetzen. »Endlich mal ein Praktikant, der nicht so eingebildet ist! Er ist einfach gut, dieser Junge. Und außerdem ist er unermüdlich. Ich habe noch nie erlebt, dass er zu spät kommt.« Aber Karl hört schon nicht mehr zu. Für ihn ist die Sache erledigt. Die Stelle wird durch zwei geteilt, das ist die perfekte Lösung. Die technischen Details muss Céline dann mit der Geschäftsleitung klären, die für sämtliche Arbeitsverträge des Hauses zuständig ist.

PARIS, JULI 1992

Ende Juni habe ich die Schule beendet. Gleich danach hat mir das Militär schöne Grüße geschickt. Ich soll zum Wehrdienst? Niemals! Ich habe mich genauestens auf die Musterung vorbereitet. Drei Tage lang werden die Beamten des Verteidigungsministeriums die Unbrauchbaren aus dem Truppenkontingent herausfiltern. Ich habe aufgehört, mich zu rasieren, und esse und schlafe nicht mehr, damit ich der Militärführung in einem möglichst erbärmlichen Zustand gegenübertrete. Wenn man mir eine Frage stellt, zähle ich im Kopf bis zehn und frage dann: »Wie bitte? Könnten Sie die Frage wiederholen?« Ich spiele den Vollidioten, einen Sozialfall, der mitten in einer tiefen, unendlichen Depression steckt. Der Psychiater schaut mich wortlos an und fragt mich dann, was ich für den Monat September geplant habe. Erstaunt hebe ich den Blick: Er lacht mich freundlich an. Ich lasse die Katze aus dem Sack und erkläre ihm, dass ich bald bei Karl Lagerfeld eingestellt werde und sich damit mein Lebenstraum erfüllt. Er seufzt und kritzelt etwas auf meine Akte. Dann steht er auf, begleitet mich zur Tür seines Büros, schüttelt mir die Hand und wünscht mir viel Glück.

Noch am gleichen Abend bin ich frei ... und untauglich wegen einer unheilbaren psychischen Erkrankung.

PARIS, 1. SEPTEMBER 1992

Ich unterschreibe heute meinen ersten Vertrag mit der Firma Lagerfeld. Ein befristeter Vertrag über vier Monate in Teilzeit. Ich bin der glücklichste Arbeitnehmer der Welt. Ich bin sehr früh ins Büro gekommen, sitze an einem Tisch im Showroom und schaue die Anzeigen im *Figaro* durch. Ich möchte ein kleines Apartment im 6. Arrondissement mieten, damit ich nicht länger zwischen Versailles und Paris pendeln muss. Da kommt Patricia vorbei: »Hallo! Du hier? Ach ja, du bleibst ja in der Pressestelle ... Tut mir leid!« Ich springe auf und schenke ihr ein breites Lächeln. »Aber nein, Patriciaaa ... Ich bin einfach aus Reflex hierhergekommen. Schau dir doch mal unsere Büros an, wir sitzen nebeneinander im Studio. Nicht schlecht, oder?« Ich entferne mich würdigen Schrittes. Ein Punkt für mich. Ich merke, wie die Wut in ihr hochsteigt.

PARIS, ANFANG OKTOBER 1992

Obwohl ich nun ein neues Büro in einer Ecke des Studios habe, verbringe ich die meiste Zeit in der Pressestelle. Mein Pech. Oder ihr Glück, denn anstatt mich wie eine Halbtagskraft zu behandeln, beschäftigen mich meine Arbeitgeber von morgens bis abends. Natürlich bekomme ich nur die Hälfte des Mindestlohns. Bei den Mietpreisen in Paris kann ich es mir unmöglich leisten, bei meinen Eltern auszuziehen.

Aber die Sache hat auch ihr Gutes, denn in Versailles habe ich eine wunderbare Nachbarin ... Sophie de Langlade wohnt zwei Häuserblöcke von uns entfernt. Wenn Sophie Zeit hat, mich abends im Auto mitzunehmen, wird die Fahrt ein unendlicher Spaß. Wir erzählen uns unsere Lieblingshorrorfilme. *Geschichten aus der Gruft* oder *Das Kettensägenmassaker* – wir spielen alles nach. Ich bringe ein Zitat, und Sophie antwortet mir. Wenn ich zu Hause ankomme, bin ich völlig erschöpft vom vielen Lachen.

Sophie ist für mich der Inbegriff einer Frau. Strahlend schön und unerreichbar, sinnlich und plötzlich abweisend, wenn man die von ihr gesetzten Grenzen überschreitet. Ich bin ihrem Charme erlegen. Ich mag ihre langen, lockigen Haare, ihre hochgewachsene Gestalt und das karibische Blut in ihr. Ich mag ihr Parfüm: Fracas von Robert Piguet. Eine subtile Mischung aus Anmut und Provokation, aus Bergamotte, Pelargonie und Orangenblüte. Ich mag ihr unwiderstehliches Lächeln. Sophie ist meine *»Pretty Woman«*, meine blaublütige Julia Roberts. Wir nennen sie »die Gräfin«. Sie hört das überaus gern.

Was meine Rivalin Patricia angeht, so habe ich beschlossen, sie im Auge zu behalten. Sie umgekehrt anscheinend auch. Die so selbstsicher wirkende junge Frau stößt nicht auf einhellige Zustimmung. Viele glauben, dass sie Céline kopieren will, ohne ihr Können und ihr Pflichtbewusstsein zu besitzen. Um noch mehr Ähnlichkeit herzustellen, imitiert Patricia die Art, wie unsere Studioleiterin ihre Haare mit einem Stift hochsteckt. Aber bei ihr wirkt diese Geste gewollt lässig. Ich warte auf das abschließende Urteil und hoffe derweil inständig, dass Patricia sich ein Bein bricht. Mindestens.

PARIS, ENDE OKTOBER 1992

Wie nach jeder Modenschau lädt uns Karl zum »Dîner de Collection« in ein schickes Restaurant der Hauptstadt ein. Niemand wagt, dieses wichtige Ereignis zu schwänzen. Es ist in jeder Saison das gleiche Spiel. Karl, Eric oder Céline wählen ein Thema, das wir möglichst genau mit unserer Bekleidung wiedergeben müssen. In diesem Herbst besteht Karls Vorgabe aus zwei Wörtern: »Total Look«. Wir müssen uns also von Kopf bis Fuß mit den Entwürfen eines bekannten Designers bekleiden, was im Grunde ein schlimmer Geschmacksirrtum ist, den nur unwissende Milliardäre begehen. Wir bringen unsere Kontakte in befreundeten Modehäusern ins Spiel. Gar nicht so einfach, im letzten Moment Modelle und Accessoires in unserer Kleidergröße zu bekommen und dann auch noch eine Kombination zu finden, die elegant und komisch zugleich ist. Natürlich ist es Ehrensache, dass wir uns gegenseitig zu übertreffen versuchen.

An diesem Abend empfängt uns Karl Lagerfeld ganz in Yamamoto auf den Stufen zur Terrasse des Maison Blanche, einem großartigen Restaurant im Obergeschoss des Champs-Élysées-Theaters, am Ende der Avenue Montaigne. Sophie schreitet ganz in Chanel voran, dahinter folgen Caroline in Christian Lacroix, Pascal in Versace, Antoinette in Ungaro, Patricia in Courrèges und ich in Montana. Karl ist begeistert von den Bemühungen seiner Truppe. Wir improvisieren eine kleine Modenschau für ihn, und er tut so, als müsse er raten, von welchem Designer jeder Look stammt.

Der Abend verläuft in guter und fröhlicher Stimmung. Bis zu jenem Moment.

Seit ihrer Anstellung im Studio vor zwei Monaten ist Patricia für die Bestellung von Kurzwaren zuständig und ersetzt dadurch Antoinette, die Urlaub genommen hat, weil sie sich den Unterkiefer erneuern lässt. Meine Rivalin hat schnell an Selbstsicherheit gewonnen und glaubt schon, sie habe Antoinette übertrumpft. Ein großer Fehler! An diesem Abend feiert unsere brünette Mitarbeiterin mit den funkelnagelneuen Zähnen ihre Rückkehr in die Firma. Sie spricht darüber auch mit Patricia und gibt ihr zu verstehen, dass sie ab dem morgigen Tag andere Aufgaben erledigen soll. Verärgert, dass sie plötzlich wieder als Untergebene behandelt wird, reagiert

Patricia unüberlegt und schlägt gegenüber Antoinette einen harten und herablassenden Ton an. Zu schade. Ihre letzte Anfeindung fällt in eine nahezu andächtige Stille. Wir alle sind entsetzt über die Unverschämtheit der ehemaligen Praktikantin. Aber gemäß der altbewährten Taktik, die in der Modebranche so geschätzt wird, lässt sich niemand etwas anmerken, und das Gespräch wird wiederaufgenommen, als sei nichts gewesen.

Patricia begreift, dass sie soeben einen großen Fehler begangen hat.

Schon am nächsten Morgen beginnen die ehemaligen Unterstützer meiner Rivalin ihre minutiöse Untergrabungsaktion – natürlich stets mit einem Lächeln im Gesicht. »Stell dir vor, wir waren kurz davor, sie einzustellen, und dann behandelt sie Antoinette auf diese Weise. Nicht zu glauben!« Innerhalb weniger Tage wird Patricia ins Abseits gedrängt. Sie weiß nicht mehr, wie sie die Zeit herumbekommen soll, tut aber so, als sei sie schwer beschäftigt, und rennt die Gänge rauf und runter. Vergebens.

Drei Wochen später unterzeichne ich den ersten unbefristeten Arbeitsvertrag meines Lebens. Ich bin entsetzt, wie schnell jemand fallen kann. Fast habe ich Mitleid mit meiner Rivalin. Unbewusst ahne ich vielleicht auch, dass es mir eines Tages ähnlich gehen könnte. »Ist das Leben denn nur eine Frage der Zeit?«, sagt Karl oft, wenn er sein Zuspätkommen entschuldigen möchte. Diese Frage beschäftigt mich häufig. Ich beschließe, mich an das Jetzt zu halten. Ich möchte glücklich sein. Wenigstens heute.

PARIS, HERBST 1992

Seit Ende des Sommers ist es nun offiziell. Nach wochenlangen geheimen Verhandlungen ist Karl Lagerfeld zum künstlerischen Direktor von Chloé ernannt worden, dem berühmten Couture-Haus, das rasant an Bedeutung verliert. Der Couturier kennt das Label gut, denn schließlich hat er mehr als zwanzig Jahre lang seine Geschicke gelenkt, bis Chanel ihm 1983 die Stilgebung für sämtliche Modelinien des Hauses anvertraute. Nach der Sommerpause haben sich die Medien mit Freude auf das Thema gestürzt. Der »Söldner der Mode«, wie ihn *L'Expansion* später nennt, wird also von nun an für vier Riesen zugleich zeichnen: Chanel, Fendi, Karl Lagerfeld und Chloé – ein Wunder, das nur ein absolutes Arbeitstier zustande bringen kann.

Aber die interessantere Nachricht haben die Journalisten nicht gebracht. Weil Karl sich nicht entschließen konnte, hat die Vendôme-Gruppe, der Chloé gehört, ihm letztendlich ein fantastisches Angebot gemacht: ein Vertrag über vier Jahre, Geld wie Heu und zusätzlich die Option zum Rückkauf der Karl Lagerfeld AG für mehrere Dutzend Millionen Euro. Das ist die größte Transaktion, die je ein Modeschöpfer angestoßen hat. Anstatt den Star zu spielen und sich irgendwelchen Launen hinzugeben, hat sich Karl mit beinharten Finanzexperten zusammengetan, die seine Gewinne über alle Maße steigern. Lord Charles Douro hat dabei als Erster verstanden, welch breitgefächerte Möglichkeiten der Name Lagerfeld bietet. Als Vorsitzender der Dunhill-Gruppe leitet er die Transaktion und kehrt dann in den Schoß von Vendôme zurück, einem neuen Luxuskonsortium, das Richemont einberufen hat. Diese riesige Unternehmensgruppe aus der Schweiz hat 1992 einen sagenhaften Umsatz von 7,6 Milliarden Pfund Sterling gemacht. Am Ende des 20. Jahrhunderts geht es also auch in der Mode nur noch ums ganz große Geld.

Karl hat da einen famosen Deal gelandet. Die sofortige massive Finanzspritze wird unseren Alltag verändern: Wir verlassen die Champs-Élysées und ziehen zum Place de la Madeleine in die Nähe von Chanel und Chloé. Die riesigen Büroräume sind funktionaler und noch luxuriöser. Wir können uns auf fünf Etagen und fast eintausend Quadratmetern ausbreiten.

Nun ist es vorbei mit dem engen Atelier, den zusammengepferchten Teams und den Anproben zwischen zwei Fluren. Dieser »Immobilienaufstieg« wird das Unternehmen Lagerfeld ermuntern, von nun an alles etwas großzügiger zu sehen. Die Vendôme-

Gruppe bestimmt zuerst einmal einen neuen Präsidenten. Mounir Moufarrige ist ein libanesischer Geschäftsmann, der keine Zweifel kennt. Er liebt den Luxus und gibt sich direkt und effizient. Sehr schnell teilt er uns weitere Veränderungen mit: umfangreichere Kollektionen ab der nächsten Saison, sofortige Neueröffnung von Modeboutiquen im Ausland und der Start einer gewaltigen Werbekampagne. Unser Team bleibt etwas ungläubig, aber natürlich sind wir bereit, uns den Neuerungen anzupassen. Der einzige Wermutstropfen dabei ist, dass wir Karl mit drei anderen Unternehmen teilen müssen. Und das Haus Lagerfeld steht zwangsläufig an letzter Stelle, weit hinter Chanel, Chloé und Fendi.

PARIS, JANUAR 1993

An der Madeleine rauscht das Leben rege und vergnügt vorbei. Der Arbeitsrhythmus ist schneller geworden, aber es beklagt sich niemand. Im Gegenteil. Bei der Vorbereitung der Kollektionen sind wir förmlich süchtig nach Herausforderungen und Adrenalinstößen. Die Zielvorgabe kommt von oben, alles andere müssen wir erledigen. Und immer erscheint es unmöglich, alles rechtzeitig fertig zu bekommen.

Meine einzige Sorge heißt Eric Wright. Seit dem Umzug legt er ein anderes Verhalten an den Tag. Er schwirrt vollkommen überdreht herum und gibt allen Leuten gute Ratschläge – mit Vorliebe jenen, die nicht darum gebeten haben. Mir gegenüber wird er immer launenhafter. Er regt sich über Kleinigkeiten furchtbar auf und überhäuft mich anschließend mit Geschenken, um es wiedergutzumachen. Ich erkenne ihn nicht wieder. Aus seinem Lieblingsassistenten ist ein Punchingball geworden. Ich weiß nicht, was ich tun soll. Ich weiß nur eins: So kann es nicht weitergehen.

KAPITEL 4
IM SCHATTEN DER MADELEINE

PARIS, ANFANG FEBRUAR 1993

»Sie arbeiten in Nummer 14, stimmt's? Nehmen Sie sich in Acht, dieses Haus bringt Unglück.« Georges beugt sich zu Caro hinab, die instinktiv zurückweicht. Sophie stupst mich mit dem Ellbogen. Immer, wenn wir drei in der »Brasserie Paris-London« am Place de la Madeleine zu Mittag essen, beehrt uns unser Lieblingskellner mit seinen Sprüchen über einen Fluch, der auf dem Viertel lastet ... besonders aber auf unserem Bürogebäude. Mit seinem schwarzen Spencer und der langen weißen Schürze könnte Georges geradewegs einem Film von Sautet[13] entsprungen sein. Als leidenschaftlicher Geheimniskrämer verbreitet er gern die irrsinnigsten Gerüchte im Faubourg-Saint-Honoré[14]. »Vor Ihnen war da das Pelzgeschäft ›Les Fourrures de la Madeleine‹, die haben Pleite gemacht. Ganz zu schweigen von den schrecklichen Dingen, die sich hier früher zugetragen haben.« Mehr erfahren wir nicht. Georges macht ein ahnungsvolles Gesicht und geht mit den leeren Tellern davon.

Caroline schaut uns mit starrem Blick an und versucht, vom Thema abzulenken. Mit makabren Geschichten und bösen Gerüchten kann sie nichts anfangen – im Gegensatz zu Sophie, die bedauert,

---

13 Claude Sautet drehte unter anderem den Film *Garçon!* mit Yves Montand.

14 Viertel mit vielen Luxusboutiquen.

dass der Kellner sich einfach so davongemacht hat, ohne uns noch mehr zu berichten. Die Pressesprecherin spielt nachdenklich mit dem Talisman an ihrem Hals. »Meint ihr nicht, wir sollten einen Magnetiseur ins Büro bestellen?« Ich seufze. Ganz abgesehen von Georges' absurdem Theater finde auch ich, dass unsere Büroräume etwas Unheimliches haben. Anfangs habe ich das ungute Gefühl auf Erics Launen geschoben, aber inzwischen merke ich, dass da mehr im Spiel sein muss. Ich habe mit Sophie darüber gesprochen und sie hat mir gesagt, sie empfinde dasselbe, sobald sie die Eingangshalle betritt. Als schwebe die dumpfe Erinnerung an eine Gewalttat über dem Ort. Eine Tat, die sich wiederholen soll …

PARIS, MITTE FEBRUAR 1993

In weniger als einem Monat wird unsere Herbst/Winter-Kollektion 1993/94 vorgestellt. Es ist die erste Modenschau des Unternehmens Karl Lagerfeld seit der Ankunft der neuen Investoren. Wir alle wollen unser ganzes Können unter Beweis stellen und so die Finanzhaie der Richemont-Gruppe beeindrucken. Gar nicht so einfach. Der neue Präsident Mounir Moufarrige irrt des Öfteren mit böser Miene über die Flure. Ich habe immer noch nicht herausgefunden, ob er immer so ein schiefes Gesicht zieht oder ob ihm wirklich so missfällt, was er bei uns sieht. Egal. Er ist der Boss. Ich nehme an, wenn er an unserer Arbeitsweise etwas auszusetzen hätte, würde er die Betreffenden schon zurechtstauchen.

Nur eine Person scheint all die Aufregung nicht im Geringsten zu beeindrucken: Karl. Er ist zwar wie immer in Eile, bleibt aber ganz unbekümmert und hat uns seine Entwürfe wie üblich mit zwei Wochen Verspätung zukommen lassen. Unsere Studioleiterin Céline hat damit gerechnet und vorsichtshalber schon einmal Proben der Strickwaren fertigen lassen. Sie wirkt immer derart ausgeglichen, als könne sie nichts aus der Ruhe bringen. Die kommenden Tage werden zeigen, dass wirklich einiges passieren muss, um diese Frau aus der Fassung zu bringen.

PARIS, ENDE FEBRUAR 1993

Eric verlangt, dass ich so viel Zeit wie möglich an seiner Seite verbringe, und so sind meine Aufgaben im Studio noch sehr beschränkt. Ich bin Mister Wrights Mann für alles und erledige die Dinge, die ihn langweilen würden. Normalerweise beklage ich mich nicht – es sei denn, ich muss wieder einmal tagelang am Tisch sitzen und die berühmten technischen Skizzen anfertigen. Mir gefällt diese fummelige und eintönige Arbeit nicht. Man muss sich dazu Karls Entwürfe vornehmen und die Details der verschiedenen Modelle hervorheben. Die schematisierten Zeichnungen werden anschließend nach Kleidersorte geordnet und kommen in die Mappe für die Einkäufer. Im Grunde arbeite ich also an einem Katalog, der nicht interessanter als ein Telefonbuch ist.

PARIS, ANFANG MÄRZ 1993

»Hey! You're just too funky for me ...« George Michael dröhnt durch die Boxen im Studio. Eric Wright hört seine neue CD rauf und runter. Während George auf dem Weg ins Paradies außer Atem gerät – *»I'll show yooouu heaven if you let me seeee ...«* –, plage ich mich mit den technischen Zeichnungen herum und schimpfe leise vor mich hin.

»Psst! Nono!« Ich schaue auf und entdecke Carolines Gesicht im Türrahmen. Caro winkt mich heran. Ich gehe unauffällig zu ihr. In der Pressestelle bin ich dagegen enorm aufgestiegen. Ich kümmere mich nicht nur um die Einladungen zu den Schauen, sondern bin nun auch dafür zuständig, den Modejournalistinnen Kleider zur Verfügung zu stellen. Ich bin befugt, ihnen Vorschläge zu unterbreiten, und richte es so ein, dass ich die auf unseren Präsentationen gezeigten Kombinationen wieder aufnehme, damit wir in den verschiedenen Magazinen ein einheitliches Bild unserer Linie zeigen.

Aber dieses Mal braucht mich Caro für eine komplett andere Angelegenheit.

Emmanuelle Laborit[15] ist soeben im Showroom aufgetaucht. Die Schauspielerin sucht ein Kleid für die kommende César-Verleihung. Seit sie in *Les Enfants du silence,* der französischen Fassung eines Stücks von Mark Medoff, auf der Bühne stand, ist sie sehr im Gespräch und wird an besagtem Abend zu den am meisten fotografierten Persönlichkeiten zählen. Caroline weiß, dass ich den richtigen Blick habe. Ich kenne die Kollektion in- und auswendig. Ich werde Emmanuelle Laborit drei oder vier Modelle zeigen, die ihre Persönlichkeit bestens unterstreichen sollten.

Ich stehle mich aus dem Studio und begrüße die Schauspielerin im Showroom. Das System ist denkbar einfach: Jedes Jahr lassen die Couturiers besonders fotogene Modelle beiseitelegen, die dann an berühmte Stars verliehen werden. Sobald eine dieser Frauen eine Einladung erhält, die das besondere Kleid verlangt, kommt sie zu uns und sucht sich das Passende aus. Einzige Bedingung dabei ist, dass der betreffende Modeschöpfer die Dame schätzt und sie eine Modelfigur hat, also in eine Größe 36 passt.

Letztendlich muss man also nur einen gewissen Bekanntheitsgrad besitzen, um fürs Foto gratis im Prinzessinnenkleid zu erscheinen. Die Modehäuser wiederum bringen sich mit geringem Aufwand in die sogenannten »People«-Magazine, die ihre Seiten mit »reizenden Gesichtchen« und »hübschen Kleidern« füllen, wie Anita sagen würde. Das System funktioniert deshalb so gut, weil meist beide Seiten etwas davon haben.

Caroline hat mir bereits mehrere Pariserinnen anvertraut, denen ich bei der Auswahl ihrer Kleider behilflich bin: Arielle Dombasle, die blonde Nixe, die alles tragen kann, Béatrice Schönberg, der personifizierte Ehrgeiz, und sogar unsere letzte Marianne, die amüsante Evelyne Thomas. Für all jene, die nicht in Größe 36 passen, habe ich mir etwas einfallen lassen. In jeder Saison lege ich ein paar lange Lagerfeld-Kleider zurück, die ausnahmsweise etwas weiter ge-

15 Die schwerhörige Schauspielerin Emmanuelle Laborit gewann 1993 den Prix Molière als beste Neuentdeckung.

schnitten sind und keine Ärmel haben, damit nichts einengt. Sie sind meine »Notfälle«. Da sie nicht mehr ganz aktuell sind, hole ich sie nur als letzte Rettung hervor. Mit ihrer Hilfe kann ich sehr diplomatisch vorgehen, falls jemand einmal in die Breite gehende Probleme haben sollte.

Natürlich gibt es auch Frauen, die uns gar nicht willkommen sind. Die Modebranche kommt ihnen schnell auf die Schliche. Den verschiedenen Couture-Häusern ist es ein Leichtes, die Namen jener Frauen auszutauschen, die das geliehene Stück nicht pfleglich behandeln, die es anziehen, ohne vorher geduscht zu haben, oder sogar systematisch vergessen, es zurückzubringen.

Endlich Ruhe ... In ausreichender Entfernung vom Studio und Eric Wrights CD. Emmanuelle Laborit ist absolut beeindruckend. Sie ist hochgewachsen und schlank, hat dichte braune Haare und Haselnussaugen. Ihr Kindergesicht strahlt vor Energie und Freude. Sobald sie zu sprechen beginnt, wirbeln ihre Hände um sie herum. Ich stelle sie mir sofort in einem stark taillierten Smoking-Kostüm oder einem Musselinkleid vor. Ihre bemühte Aussprache rührt mich. Sie erzählt mir von ihrem Alltag und sucht sich ein Minikleid mit Trägern aus, das komplett bestickt ist. Die Schauspielerin schreibt gerade an ihrem ersten Buch, einem Lebensbericht über das Schicksal von Schwerhörigen, und zwar am Beispiel einer jungen Frau, die seit der Geburt taub ist. Ich frage sie, ob es schon einen Titel hat. »Als ich anfing, den Mund zu öffnen, weil ich etwas sagen wollte, hieß es, ich sähe aus wie eine Möwe. Ich möchte mein Buch *Den Schrei der Möwe* nennen.« Guter Titel. Ich vervollständige ihr Outfit mit einer goldschillernden Kombination, die das Kleid unterstreicht, und gebe ihr riesige Armreifen aus Harz. Emmanuelle dreht sich immer wieder vor den Spiegeln und wirkt erstaunt und beglückt. Das Kleid wird ihr erst am Vorabend der Feier geliefert.

Am Abend der César-Verleihung hat die in Lagerfeld gekleidete Emmanuelle Laborit einen strahlenden Auftritt. Die Blitzlichter prasseln auf sie nieder wie schallender Applaus. Ich sitze vor dem Fernseher und empfinde auf einmal großen Stolz.

PARIS, 3. MÄRZ 1993

Eric sitzt am Schreibtisch und streckt die Hand aus, ohne mir sein Gesicht zuzuwenden. »Aschenbecher!« Ich gebe ihm wortlos das Verlangte. Er drückt seine Zigarette aus und blickt nachdenklich auf die Studiowand, an der die neuen Entwürfe hängen. *»Pendulums, I need pendulums!* Arnaaaauuud! Besorg mir *pendulums!«* Bevor ich ihn um eine Erklärung bitten kann, greift Karls Assistent zum Telefon und ruft ein Taxi. »G7, Geschäftskundenservice. Place de la Madeleine? Ihr Taxi kommt in drei Minuten.« Eric schnappt sich seine *shopping bag* und verabschiedet sich lässig. *»Ciao guys!«* Ich bleibe verdutzt zurück. »Was ist denn ein *pendulum?«* Vielleicht dieser Fleischfetzen, der Truthähnen am Hals baumelt? Antoinette lacht und meint, ich solle doch im Wörterbuch nachschlagen. »Ich frag lieber Sandrine, das geht schneller.« Sandrine ist das hübsche Mädchen am Empfang. Sie hat braune Haare mit einer hellen Strähne, und ihre Wangen sind rund und weich wie Pfirsiche. Sandrine ist unsere linguistische Pannenhilfe. Sie spricht fließend Französisch, Englisch, Deutsch und Spanisch. Ich frage mich oft, warum sie diesen Job als Telefonistin angenommen hat. »Ein *pendulum?* Ganz einfach, Arnaud, das ist ein Pendel. Dieses Ding, das Wahrsager an einem Band schwingen lassen, um in die Zukunft zu sehen.« Wo finde ich nur so etwas? Sandrine lächelt. »In einer esoterischen Buchhandlung. Die verkaufen solche Sachen ...« Natürlich! Ich schaue im Minitel nach und lasse mir die entsprechenden Buchhandlungen in Paris auflisten. Diese Pendel sollen sicher bei der nächsten Präsentation als Accessoires dienen, aber ich frage mich, welch irrsinnige Idee da mal wieder Mister Wrights Hirn durchkreuzt hat.

Seit dem Umzug zum Place de la Madeleine hat Eric mehr Befugnisse. Zusätzlich zu seinen Aufgaben im Hause Lagerfeld hat Karl ihn ins Schlepptau genommen, damit er sich auch bei Chloé um die Accessoires für die Modenschauen kümmert. Und noch ein Bonbon: Seit kurzem ist Eric für die terminliche Abwicklung der Aufträge zuständig. Wenn Karl also zum Beispiel die neuen Uniformen der Lebensrettungsgesellschaft in Monaco entwerfen soll, koordiniert Eric den Zeitplan.

Auf den ersten Blick hat sich aber nichts verändert. Morgens schlägt Mister Wright mit seinen *shopping bags* voller Kleider, Snacks und Zeitschriften auf. Er macht es sich in dem großen Sessel im Studio bequem, blättert in der internationalen Presse und führt abwechselnd Zigarette, Milchkaffee oder Bioerdnüsse zum Mund.

Eine Stunde lang studiert er alle Illustrierten zum Thema Mode. Sein Gehirn speichert jedes Foto, jedes Detail und jedes neuartige Accessoire. Wehe dem, der ihn dabei stört. Diejenige Person wird kurzerhand aus dem Studio geworfen. Eric zahlt im Tabak- und Zeitschriftenladen astronomische Summen, aber das spielt keine Rolle. Er weiß alles über die neuesten Trends und besitzt ein unglaubliches Feeling dafür, wie sie sich entwickeln werden. Ich erinnere mich noch an den Tag, an dem das berühmte sudanesische Model Alek Wek zu einem Casting in unser Büro an der Madeleine kam. Die junge Berufsanfängerin mit einer Haut wie Ebenholz und dem kahlgeschorenen Kopf schockierte die Modemacher und Fotografen. Wir alle machten uns damals über sie lustig: Sie sei zu unbeholfen, zu ungeschliffen afrikanisch, zu anders. Nur ein Mensch hat sich dafür eingesetzt, sie für Lagerfeld laufen zu lassen: Eric Wright. Hinter der pausbäckigen und linkischen Jugendlichen erahnte er ein enormes Potenzial und eine unvergleichliche Klasse. Er hat recht behalten.

Sobald sich Karl ankündigt, wirbelt Eric durch die Büros und prüft, ob zur Ankunft »seines« Couturiers auch alles in Ordnung ist. Der Modeschöpfer ist immer noch verrückt nach Cola, die »immer frisch bereitstehen« muss, aber die Gewohnheiten des Hauses haben sich leicht geändert. Da in der Umgebung des Place de la Madeleine kein McDonald's zu finden ist, müssen wir auf die Becher mit Eiswürfeln verzichten und bestellen palettenweise Cola in Dosen. Wir gehören schließlich zum Richemont-Konzern, der seinem Namen alle Ehre macht, und natürlich begnügt sich Karl fortan nicht mehr mit einem Pappbecher plus Strohhalm. Eric hat sich bei La Carpe in der Rue Tronchet umgeschaut und große, lange Gläser erstanden. Sehr edel, aber extrem zerbrechlich. Niemand weiß das besser als ich, denn ich kümmere mich um den Abwasch und stelle diese außergewöhnlichen, allein für Monsieur Lagerfeld bestimmten Trinkgefäße zurück an ihren Platz.

Eric liebt das Pathos. Alles, was Karl sagt oder tut, ist zwangsweise *»gorgeous«, »fantaaaastic«, »geniiiial«* oder *»suuuper«*. So ist er eben.

Was uns eher schockiert, ist sein plötzlicher Mangel an Lebensfreude und gutem Benehmen. Seit seiner Beförderung hat Eric nur noch schlechte Laune. Es ist vorbei mit den Lachanfällen, den endlosen Geschichten, den spöttischen Spitznamen ... Zu meiner Zeit als Praktikant hat Eric mich »kleiner Arnaud« genannt, jetzt behandelt er mich wie einen Hund. Er sieht sich in der Hierarchie gleich hinter Karl und gibt das auch jedem eindeutig zu verstehen. Besonders Céline Engel, der er den Posten streitig machen will. Bei ihr wendet er eine subtilere Strategie an. Er würdigt sie herab, wo er kann, und wartet auf seine Stunde.

Heute bin ich vor allen anderen im Studio, um in Ruhe jede einzelne Adresse aus einer Kiste voller Einladungskarten zu kontrollieren. Als ich gerade einen Blick auf die Post am Empfang werfe, höre ich ein leises Schluchzen am Ende des Flurs. Seltsam. Ich dachte, ich wäre allein. Ich nähere mich den Toiletten. Durch die halboffene Tür sehe ich Sandrine, in Tränen aufgelöst. Mein hübsches Sprachenwunder schaut in eine Kaffeedose und schnieft. Sie schaut mich an. »Arnaud? Sie ist leer ...« Ich wusste nicht, dass ein Mangel an Kaffee sie in einen solchen Zustand versetzen kann. »Das macht doch nichts. Ich kaufe dir eine große Packung davon, genau den Gleichen ...« Da erst begreife ich. Sandrine redet von Erics Biokaffee aus dem Ökoladen, den er literweise schluckt. Diesen Kaffee können wir hier im Viertel niemals auftreiben. Seine Zubereitung ist eine wahre Zeremonie, er wird nach amerikanischer Art verdünnt und mit einem Schuss Schafsmilch serviert. Ich kann es noch nicht glauben. »Du hast doch sicher noch ein Paket auf Vorrat!« Sandrine ist fassungslos. »Nein, ich hab überall gesucht. Es ist nichts mehr da.«

Ich denke nach. Es ist 8:30 Uhr. Eric kommt in einer halben Stunde, also bleibt uns noch ein wenig Zeit ... »Wofür denn? Die Bioläden machen vor 10 Uhr nicht auf.« Ich will mich nicht geschlagen geben. Wenn Eric keinen heißen Kaffee bekommt, sobald er da ist, wird Sandrine dran glauben müssen. Ich kenne Karls Assistenten zu gut. Eine Woche vor den großen Schauen ist er äußerst leicht zu reizen. Eric ist fähig, Sandrine das Leben zur Hölle zu machen, bis unsere Lieblingstelefonistin ihre Kündigung einreicht. So geht es nun einmal zu in der Modebranche. Eine Saison jagt die andere, ein Mitarbeiter jagt den anderen. Eric braucht seinen Kaffee. Irgendwo muss doch noch welcher sein ... »Im Müll!« Sandrine schaut mich mit großen Augen an. »Äh ... Ja, stimmt eigentlich. Wir müssen nur einen gebrauchten Filter finden und noch einmal durchlaufen lassen.«

Wir lachen uns kaputt über unseren genialen Einfall und stellen uns schon Erics Gesicht vor, wenn er wie jeden Morgen sagt: »Meinen Kaffee hätte ich gerne gut verdünnt, Sandrine ...« Ganz nach seinem Wunsch.

Die Mülleimer wurden am Morgen von der Putzkolonne geleert. Ich laufe in den Keller. Glück gehabt. Die Müllmänner waren noch nicht da. Ich versuche es an der ersten Tonne und entdecke sieben oder acht dicke Müllsäcke. Einen davon öffne ich. Ob ich unsere Abfälle wiedererkenne? Sofort. Sie sind durchmischt mit Papierbogen, die den Lagerfeld-Briefkopf tragen. Bald finde ich zwischen den Überresten eines Sandwichs und dem Kerngehäuse eines Apfels einen alten Filter, der noch bis zum Rand voller Kaffeemehl steckt.

Eric schwenkt den Löffel in seiner Tasse. »Alles in Ordnung, Eric?« Ich schaue ihn unbewegt an. »Aber ja, Arnaud. Warum fragst du das?« Sandrine und ich rätseln immer noch, warum Eric an diesem Morgen seinen Milchkaffee nicht ausgetrunken hat.

PARIS, 12. MÄRZ 1993

»Wo ist Eric Wright? Hat ihn jemand gesehen? Ich muss ihm unbedingt meine Glückwünsche aussprechen!« Mounir Moufarrige läuft aufgeregt hinter der Bühne unserer Herbst/Winter-Schau umher. Unserem Vorsitzenden hat unsere Arbeit sichtlich gefallen. Kein Wunder. Alles ist perfekt. Die Models tragen hohe schwarze Reiterstiefel und dazu schwarze Masken oder Fliegermützen aus Wildleder. Die Kollektion ist schwarz, grau, amarant, rötlich-violett und herbstblattfarben. Bahnenröcke[16] wechseln sich mit asymmetrisch geschnittenen Business-Kostümen ab, die über den zeitlosen weißen Blusen getragen werden, die Monsieur Lagerfeld so liebt. Die schwarzen Jacken sind V-förmig geschnitten, und die wunderbaren Abendkleider aus dunkelviolettem und bronzenem Musselinstoff spielen mit der Transparenz, indem sie den Blick auf die Haut abwechselnd freigeben und verdecken.

Eric taucht zwischen zwei Kleiderständern auf. Mounir Moufarrige springt ihm entgegen. »Diese Kreativität, mein lieber Eric! Ich bin beeindruckt von Ihren Accessoires! Die Idee, Pendel um den Hals oder die Taille zu hängen, das ist einfach ... Was soll ich sagen? Genial!« Eric ist überrascht. Er ist eher gewohnt, dass Mounir ihn geflissentlich ignoriert. Hat der Mann endlich erkannt, welches Talent er hat? Unser Vorsitzender fährt fort, ohne auch nur Luft zu holen: »Und diese Masken! Da lief einem ein Schauer über den Rücken! Stellen wir die her? Ach ja? Wunderbar. Das müssen Sie mir später einmal ausführlich erzählen. Und die Reitpeitschen sind auch von uns? Ich fand ganz beeindruckend, wie die Models zum Ende des Laufstegs gingen und dann mit ihrer Peitsche in die flache Hand schlugen! Wer ist nur auf diese Idee gekommen? Sie? Genial!« Eric richtet sich geschmeichelt auf. »Wie heißt noch die Farbe der Peitschen? Kanonengrau? Einmalig! Gut, ich will Sie nicht länger aufhalten. Meine Sekretärin wird sich bei Ihnen melden, um ein, zwei Details zu regeln. Bravo! Meinen Glückwunsch nochmals!«

16 Glockenröcke, die durch einzelne, konisch geschnittene Bahnen entstehen.

Eric wirft mir einen fragenden Blick zu. Auch ich bin mir nicht sicher, alles richtig verstanden zu haben. Zwei Stunden später bekommen wir die Erklärung. Die Sekretärin des Vorsitzenden bittet uns am Telefon, umgehend eine Peitsche ins Hotel Balzac zu liefern. Das Balzac ist eine diskrete Nobelherberge in einer Seitenstraße der Champs-Élysées. Ich habe nie erfahren, für wen Monsieur Moufarrige dieses Geschenk gedacht hat und was er damit vorhatte. Ich hoffe nur, dass dieser einzigartige Prototyp der Marke Lagerfeld dem Empfänger Freude bereitet hat. Wir haben von der Sache nichts mehr gehört.

Die Verkaufszahlen nach unserer ersten Modenschau unter der Ägide des Richemont-Konzerns zaubern allen ein Lächeln ins Gesicht. Nach den stürmischen Vorbereitungen für die Präsentation können wir jetzt ein wenig aufatmen. Die Bäume draußen vor den Bürofenstern treiben Knospen. Im ganzen Haus spürt man so etwas wie Frühlingsstimmung.

Um die Wiederkehr der schönen Tage zu feiern, will Sophie mich während der Mittagspause zu einer »Verwöhntour« mitnehmen. Ich freue mich immer, wenn ich sie auf diesen wilden Shoppingtrips begleiten kann. Wie üblich starten wir in der Küchenabteilung von Habitat. Dort entdecken wir ein Kochwerkzeug, das uns schmunzeln lässt: eine Maschine, mit der man Nudelteig ausrollen kann. Sophie philosophiert schon darüber, was sie alles mit diesem tollen Apparat zubereiten will, als ihr plötzlich klar wird, dass sie eigentlich nur noch Tiefkühlkost aufwärmt.

Anschließend statten wir Chanel einen Freundschaftsbesuch ab. Zwischen uns und dem Haus an der Rue Cambon kann kein Neid aufkommen. Unser Unternehmensgewinn wird im Vergleich immer verschwindend gering bleiben. Also unterstützen wir uns lieber gegenseitig, um zusammen einen Zeitplan für Karl aufzustellen. Es besteht quasi eine direkte Telefonverbindung zwischen den beiden Studios. Die kurzen Gespräche haben oft surrealen Charakter:

»Ist er bei Ihnen?«

»Nein. Wir dachten, er wäre noch bei Ihnen.«

»Rufen Sie uns an, sobald er kommt.«

»Und bei Chloé?«

»Zu spät. Er ist schon weg. Wir sprechen uns ...«

Karl spielt gerne den Unerreichbaren. Der Modezar hasst es, auf die Uhr zu schauen. Er rennt und rennt, und niemand kann ihn halten. Das sorgt natürlich dafür, dass sich die verschiedenen Teams zusammentun.

Bei Chanel ist Eric Pfrunder unser bester Ansprechpartner, der Leiter der Werbeabteilung. Er ist groß, dunkelhaarig, um die vierzig, immer elegant und gepflegt und arbeitet seit etwa zehn Jahren an der Seite des Couturiers. Seine Position hat sich enorm verbessert, seit Karl sich für Fotografie interessiert. Eric hat Karls erste Schritte als Fotograf begleitet. Schnell hat der Schüler den Meister überholt, legt aber weiterhin Wert auf seinen Rat. Eric Pfrunder ist bei allen Shootings dabei, und Karl wüsste nicht, wie er ohne ihn auskommen sollte. Wir wenden uns des Öfteren an ihn, weil er unsere Kataloge oder Werbekampagnen begutachten soll. Er schätzt uns sehr und sorgt dafür, dass Karls Leibgarde mit Kleidern und Accessoires von Chanel bedacht wird. Manchmal werden mehrere Einkaufstüten voller Accessoires, Schuhe oder Badetücher mit den beiden ineinander verwobenen Cs zur Madeleine geschickt. Diese nette Überraschung kommt beim Studioteam und den Mädchen von der Pressestelle immer äußerst gut an.

Heute will Sophie bis zum Ladengeschäft laufen, weil sie Ballerinas anprobieren möchte.

Die Verkäuferinnen kennen sie gut und lächeln uns wissend an. Die Leiterin der Pressestelle wählt ein zweifarbiges Paar Schuhe aus. Glattleder oder Wildleder? Sophie kann sich nicht entscheiden. Warum nimmt sie nicht gleich beide? Abgemacht! Die Boutiquechefin flüstert meiner Chefin wie üblich zu: »Keine Sorge, wir regeln das mit Monsieur Pfrunder.« Sophie und ich verlassen fröhlich das Geschäft. Die Schuhe werden direkt zum Boulevard de la Madeleine 14 geliefert. Wir weiten unseren Spaziergang aus. An der Ecke von Rue Vignon und Rue Godot de Mauroy werden wir freundlich von Danielle begrüßt. Die Edelprostituierte steht immer am gleichen Fleck und ist inzwischen zu einer guten Freundin geworden. »He, ihr Süßen, habt ihr schon meinen Fummel gesehen?« Danielle trägt eine schwarze Lagerfeld-Jacke aus der vergangenen Saison. Seit sie weiß, dass wir für den Mann mit dem Fächer arbeiten, möchte sie unbedingt eine Einladung für die Sonderverkäufe an Presseleute. Sophie zögert, weil sie befürchtet, dass Danielles derbes Auftreten die Moderedakteurinnen verschrecken würde. Ich dagegen finde die Idee ausgezeichnet. Sophie wird noch nachgeben ...

Wir betreten die große Drogerie Leclerc. In dem fast hundert Jahre alten Geschäft testen wir die verschiedensten Puder in Sorbetfarben, die in Blechdosen zur Probe ausliegen. Der Drogist kennt uns gut und versucht jedes Mal, Sophie zu beeindrucken. Er zeigt uns, wie leichtes Grün Rötungen verdeckt, wie blasses Lila den Teint glättet oder Gelb das Licht einfängt. Wir hören ihm abwesend zu und haben unseren Spaß daran, jeden Finger in einen anderen Pudertopf zu stecken. Gewinner ist, wer die schönste Farbzusammenstellung hinbekommen hat. Der Verkäufer lässt uns gewähren. In bester Laune stiefeln wir weiter und vergleichen bei Darty die Preise und Performance von elektronischen Personenwaagen. An der Madeleine legen wir eine Pause ein und zünden eine Kerze an.

In der stillen Kirche, die sich den Anschein eines griechischen Tempels gibt, packt die Pressechefin schließlich aus. Sophie macht sich Sorgen um mich. Sie hat gemerkt, wie mich meine neuen Aufgaben im Studio beanspruchen. Ich erzähle ihr von Erics Wutanfällen. Sophie rät mir, etwas zu unternehmen. »Den Druck, den er momentan von oben bekommt, lässt Eric an Ihnen aus. Sie sollten sich von ihm freimachen.« Gar nicht so einfach. »Wissen Sie, die Modebranche ist irgendwie pervers. Jeder will dem anderen etwas und entschuldigt es damit, dass auch ihm jemand zusetzt.« Ich schaue sie nachdenklich an. Und wer will dir etwas, Sophie?

Auf dem Rückweg halten wir bei Fauchon, weil uns der Magen in den Kniekehlen hängt. Wir schmachten den hausgemachten Schinken an und beobachten immer gerne, wie hauchdünne Scheiben dieser Köstlichkeit abgeschnitten werden. Ich seufze.

»Wie gerne würde ich da stehen und Schinken schneiden!« Sophie nickt. »Ja. Stellen Sie sich vor, welch ein Glück.« Wir müssen plötzlich darüber lachen. Meine Anspannung verfliegt. Wir verlassen das Geschäft, beladen mit Wurstringen, Gruyère und unserem Lieblingsjoghurt ... für die Linie. Jetzt können wir ordentlich auftischen, wenn Karl vorbeikommt. Der Couturier isst nicht, er schlingt alles herunter, was ihm in die Quere kommt. Er ist ein Vielfraß, der Berge von Würsten vertilgen kann.

Im Aufzug schaue ich auf die Uhr. Es ist nach 15 Uhr. Eric wird sicher Vergeltungsmaßnahmen ergreifen, um mich für diesen Ausflug büßen zu lassen. Sobald ich das Studio betrete, überfällt mich blitzartig der Stress. Eric telefoniert. Ich schleiche an meinen Tisch. Ohne das Gespräch zu unterbrechen, reicht er mir mehrere Bestellzettel. Ich weiß schon Bescheid. Ich werde den Nachmittag damit verbringen, drei Abschriften von der Liste mit Accessoires anzufertigen, die er zu bestellen wünscht. Eine ellenlange Reihe von Ketten, Schnallen, Gürteln, Schmuck, Schuhen, Handschuhen, Gamaschen, Mützen ... Eine endlose Litanei. Natürlich muss das Ganze so schnell wie möglich fertig sein. Eric legt auf und wendet sich mir zu. »Da du heute Nachmittag offenbar keine Arbeit gefunden hast, will ich dir ein wenig auf die Sprünge helfen.« Er legt mir seinen Notizzettel auf den Schreibtisch. »Wie du siehst, habe ich dir bereits alles vorgekaut und aufgeschrieben.« Ich seufze. Als ich die Artikel und Mengen auf der Liste sehe, rechne ich schon damit, mehrere Stunden an der Abschrift zu sitzen ...

Ich kenne jedes Detail der Liste, weil ich Eric jedes Mal zu den Lieferanten begleite. Mein absoluter Favorit ist Monsieur Mimoune, der in der Rue Amelot eines der ältesten Pariser Geschäfte für Accessoires betreibt. Sein Atelier liegt in einem verfallenen Hinterhof im Marais und erinnert an Ali Babas Höhle. In Hunderten von Schubladen werden Tausende von Ketten, Fassungen, Steinen und Perlen aufbewahrt – sortiert nach den verschiedenen Modehäusern. Ein Traum. Karl lässt hier sämtlichen Schmuck für seine Schauen herstellen. Chanel beansprucht jede Saison drei Viertel des Aktivvermögens dieses Ateliers. Das Unternehmen Lagerfeld begnügt sich mit einigen Stücken. Aber Eric Wright geizt ganz und gar nicht: Der Designer verlangt, dass jeder Armreif, jeder Ring und jede Brosche, die er entwirft, in allen Farben der Kollektion angefertigt wird, damit man nicht im letzten Moment eine böse Überraschung erlebt. Ein Wahnsinn. In dieser Saison bereiten ihm die Ohrgehänge Probleme. Er ist sich nicht sicher, wie lang sie sein sollen, und hat darum sechs Modelle in sechs verschiedenen Längen herstellen lassen. Wenn man bedenkt, dass all diese Accessoires Einzelstücke sind, die nur für die Modenschauen angefertigt werden, kann man sich vorstellen, welches Gesicht die Buchführung macht, wenn sie die Rechnungen von Monsieur Mimoune bekommt!

»Das sieht ja furchtbar aus!« Eric zerreißt den Zettel vom Bestellblock. »Das können wir den Lieferanten unmöglich schicken. Fang noch mal von vorn an.« Ein Flüchtigkeitsfehler und ich muss die ganzen neun Seiten neu schreiben, die er eben zerstört hat. Ich koche vor Wut. Eric springt immer so mit mir um, wenn er gerade schlechte Laune hat. Was ich da ertrage, möchte ich jedem Mitarbeiter aus meinem zukünftigen Team ersparen. Für den Moment bin ich aber das letzte Glied in der Kette dieser kleinen Machtspiele.

Als ich bei Einbruch der Nacht das Büro verlasse, sehe ich es auf dem Bürgersteig liegen. Mir ist das Wort »Madeleine« aufgefallen, das neben einem Bild von einer Guillotine geschrieben steht. Ich bücke mich und hebe es auf. Es ist ein kleines farbiges Heftchen, in dem die Geschichte des Quartiers erzählt wird. Darin sieht man unter anderem ein Bild von der Hinrichtung Louis' XVI. und Marie Antoinettes, die auf dem Place de la Révolution, dem heutigen Place de la Concorde, enthauptet wurden. Im Text ist zu lesen, dass der verstümmelte Leichnam des Königs zuerst in die alte Madeleine-Kirche gebracht wurde, die sich ungefähr dort befand, wo heute unser Bürogebäude steht. Die Hinrichtung war am 21. Januar 1793. Seltsam, das ist genau zweihundert Jahre und zwei Monate her. Ich stecke die Broschüre in meine Jackentasche und denke nicht mehr daran.

Bis zu dem Tag, als ...

PARIS, JULI 1993

Es ist das erste Mal, dass ich Céline Engel wirklich lächeln sehe. An diesem Morgen helfe ich ihr, die fertigen Strickmodelle auszupacken, die gerade aus Italien gekommen sind. Die Sonne scheint, die Luft ist schon warm und ich merke, dass sie entspannt, ja fast glücklich ist. Seit einigen Wochen scheinen Erics Sticheleien die Studioleiterin nicht mehr zu treffen. »Meine Zeit ist um«, erklärt sie uns gelassen. »Irgendwann verlangt der Meister nach frischem Blut.« Diese Klarsicht erstaunt mich. Céline hat mir viel beigebracht. Distanz wahren, den Kopf hoch tragen und ohne Bitterkeit und Wut abtreten. Wie eine Königin eben. Karl hat das gut erkannt und ihr einen Ring mit einem wunderschönen Amethysten geschenkt, dem Stein der Weisheit und Aufrichtigkeit. Céline hat diesen Ring mit Stolz getragen, bis ihre Geschichte mit uns zu Ende ging.

Die Frühjahr/Sommer-Kollektion 1994 kündigt sich als wahre Revolution an.

An diesem Nachmittag ist das Team im Studio versammelt und begutachtet die ersten Prototypen des »Bodydress«, einem enganliegenden Kleid, das wirkt wie eine zweite Haut. Es besteht aus schwarzem oder weißem Elastiktüll, und der Couturier hat beschlossen, es auf all seinen Laufstegen zur Norm zu machen.

Am Ursprung dieser in die Modegeschichte eingegangenen Idee steht eine einfache Skizze, die Karl eines Morgens ins Studio bringt. Das transparente und minimalistische Kleid hat einen runden Ausschnitt, dreiviertellange Ärmel und glatte Ränder. Der Couturier meint nur: »Sehen Sie sich das mal an. Wäre es nicht lustig, wenn die Models das als erste Schicht tragen würden, und die Kollektion kommt darüber?« Eric Wright verzichtet dieses Mal auf Entzückung und Lob und durchsucht stattdessen mit Françoise unsere Stoffvorräte. Er findet etwas Lycra und Stretch, das er dann nachdenklich in alle Richtungen zieht. Hier geschieht etwas Entscheidendes. Karls Assistent hat sofort begriffen, dass der Mann mit dem Cadogan ein wichtiges neues Accessoire erfunden hat.

Karl hat recht. Die Schlauchkleider verwandeln die Silhouette. Die ersten Anproben finden mit unserem bevorzugten Hausmodel Vera statt. Wir alle sind begeistert von dem, was wir sehen. Das enge Unterkleid dient als eine Art Etui für die verschiedenen Modelle. Wir sind verblüfft. Nun müssen nur noch die Moderedakteurinnen angespitzt werden, damit sie den neuen Lagenlook propagieren. Wenn die Presse Karl unterstützt, könnte der Bodydress ein Bombenerfolg werden. Wenn nicht ... Wir werden sehen. Wie üblich bespricht Céline mit Eric und Karl die letzten Details der Kollektion. Ihre Unterhaltung schwirrt mir neben anderen Geräuschen im Kopf herum, und ich bin nicht mehr fähig, ihren Sinn zu verstehen. Es ist warm, ich döse artig vor mich hin und spiele mit einem Band aus Marabu-Federn.

Die Anproben dauern nun schon eine halbe Ewigkeit, und ich langweile mich allmählich. Schön, diese weißen Federn. Man könnte doch ... Ja, ein Bart. Das kitzelt und ist lustig. Ich könnte aus den Federn eine geniale Verkleidung zaubern, wenn ich nur den Mut hätte, den Raum zu verlassen. Wo ist eigentlich Sophie? Ich werfe Caro einen fragenden Blick zu. Sie gibt mir mit einer stummen Geste zu verstehen, dass die Kommunikationschefin sich gerade frischmacht. Ich stehle mich heimlich davon.

In einer stillen Ecke zerschneide ich das Federband und klebe mir mit Doppelklebeband unheimliche Augenbrauen, einen wilden Schnauzer und einen buschigen Bart an. Jetzt sehe ich aus wie ein großer Angora-Truthahn. Erstklassig. Ich verstecke mich hinten in der Toilette und lauere Sophie auf. Kurze Zeit später öffnet auch schon jemand die Tür. Ich springe mit lautem Gebrüll hervor: »Wouaaaahhh!« Das sitzt. Mein Schrei hätte selbst ein Gespenst erstarren lassen. Leider steht aber nicht etwa Sophie vor mir, sondern Monsieur Lagerfeld. Er mustert mich mit zusammengebissenen Zähnen. Zutiefst schockiert rupfe ich mir die Federn büschelweise vom Kopf. »Was tun Sie hier, Arnaud? Was ist das für ein Theater?« Der Modeschöpfer streicht sein Jackett glatt und ist offenbar so überrascht, dass er vergessen hat, mich wie üblich zu duzen. Ich bin entsetzt.

Niemand hat es gegenüber Karl jemals an Respekt fehlen lassen. Diese Beleidigung kostet mich garantiert meinen Job. Es herrscht absolute Stille ... Bis jemand hinter uns zu lachen anfängt. Céline hat begriffen, was sich hier gerade abspielt. Die Studioleiterin versucht, die Situation mit Humor zu entschärfen. Gleich darauf versammelt sich das gesamte Team an der Toilettentür, weil jeder wissen will, was los ist. Céline gibt Anita unauffällig einen Stups. Das ist das Signal. Alle lachen wild durcheinander. Alle, außer Karl. Er verschwindet wütend in den Toiletten. Einige Zeit später kommt der Couturier mit entspannterem Gesicht zurück. »Kann das Fitting jetzt weitergehen? Bei Chloé warten sie schon auf uns, oder, Mister Wright?«

Ich habe nie wieder etwas über den Zwischenfall mit den Marabu-Federn gehört. An diesem Tag hat Céline mich mit ihrem Lachen gerettet. Ich werde ihr das nie vergessen.

PARIS, SEPTEMBER 1993

Karl hat entschieden. Es wird Mozart gespielt und die *Badinerie* von Bach. Der Look ist barockartig, à la Marie Antoinette. Julien d'Ys hat extravagante, hoch aufgetürmte Frisuren ersonnen. Die gepuderten Gesichter der Models werden durch einen schwarzen Kajalstrich zweigeteilt, und dazu kommt ein Schönheitsfleck auf der linken Wange. Sämtliche Requisiten für die Show wurden aus weißem Gips angefertigt. Mit der aktuellen Kollektion soll die Karriere des Bodydress eingeläutet werden. Céline hat versucht, Erics schwülstige Effekte abzuschwächen. Ohne Erfolg. Karl hat all ihre Vorschläge abgewiesen. »Dir gefällt also nicht, was ich gezeichnet habe? Doch? Dann zeig es auch. Man hat langsam den Eindruck, dass vor deinen Augen nichts mehr Gnade findet.« Céline hat schließlich kapituliert.

Am Tag vor der Präsentation, als bei einer letzten Anprobe über die Accessoires entschieden wird, holt Caroline aus einem Karton unbeschriebene Presseblöcke, die den Briefkopf des Hauses tragen.

Karl nimmt ihr einen ab und beginnt, die Anwesenden skizzenhaft zu porträtieren – mit Marie-Antoinette-Perücke. Sichtlich zufrieden mit dem Ergebnis reicht er dem jeweils Porträtierten die unterschriebene Karikatur. Wir stoßen Freudenschreie aus und sind froh über die erholsame Unterbrechung. Alle flehen den Couturier an, bitte weiterzumachen. Karl schweigt. Er ist vertieft in seine Zeichnung.

Jetzt ist Céline an der Reihe. Karl zeichnet zuerst einen kleinen Kopf. Caroline verdreht den Hals, damit sie besser sehen kann, was auf dem Papier entsteht. Der Künstler vollendet die Skizze und steht langsam auf. Unbewegt reicht er der Studioleiterin das Blatt. Man sieht eine Hand, die Célines Kopf an einem Haarschopf festhält. Aus dem abgeschlagenen Hals tropft das Blut. Céline wurde enthauptet. Karl hat eine Widmung beigefügt: »Für Céline, in Erinnerung an diese Kollektion.« Die Unterhaltung bricht ab und macht drückendem Schweigen Platz. Wir alle sind wie betäubt von der Brutalität dieser Szene. Die Studioleiterin nimmt die Zeichnung entgegen. Ihre Hand zittert leicht. Sie holt tief Luft und schaut den Modeschöpfer lächelnd an. »Danke, Karl!«

Am Tag nach der Modenschau bekommt Céline ein riesiges Blumengesteck von Lachaume in der Rue Royale. Ihr Abschiedsgeschenk. Einige Stunden später bestätigt man ihr die Kündigung ihres Arbeitsvertrags mit dem Hause Lagerfeld. Céline Engel hat das Studio nie wieder betreten.

Im Zug, der mich am Abend nach der Modenschau nach Versailles bringt, krame ich in meinen Jackentaschen nach einem Bonbon. Meine Hand stößt auf ein zusammengefaltetes Papier. Mit den Fingerspitzen ziehe ich das historische Heftchen hervor, das ich im vergangenen Frühjahr auf dem Gehsteig gefunden habe. Zweihundert Jahre später werden an der Madeleine immer noch Königinnen hingerichtet.

KAPITEL 5
VIVA ESPAÑA!

PARIS, NOVEMBER 1993

Die Inszenierung von Céline Engels Abgang hat uns alle tief schockiert. Aber die Studioleiterin hat es immer verstanden, ihre Kollegen auf Distanz zu halten, und ihre Abwesenheit hat niemanden aus der Bahn geworfen. Nur eine Person war wegen des Wechsels in der Studioleitung wirklich am Boden zerstört: Eric Wright. Karls bevorzugter Assistent hatte fest damit gerechnet, Célines Nachfolger zu werden. Falsch gedacht! Die undurchsichtigen Gründe für diese Entscheidung sind nicht bis zu mir durchgedrungen, aber man gab Dauphine de Jerphanion den Vorzug, einer exzentrischen und warmherzigen Designerin, die Eingeweihten als die ehemalige Muse von Thierry Mugler bekannt ist.

»Ihr werdet sehen, *she's great,* diese Frau ist klasse ...« An diesem Novembermorgen hat Eric uns versammelt, weil er uns auf die Ankunft der neuen Chefin vorbereiten möchte. Wir sind erstaunt über seinen unbeschwerten Ton. Obwohl er so bitter enttäuscht wurde, scheint Mister Wright ein guter Verlierer zu sein. Er ändert seine Taktik und schreibt Dauphine eine Unzahl von guten Eigenschaften zu – mit diesem Hauch von Hinterhältigkeit, der den Charme der Modewelt ausmacht. »Karl kennt Dauphine seit fast zwanzig Jahren. Sie arbeiteten zusammen bei Chloé. Ich frage mich, ob sie nicht sogar gleich alt sind. Egal! Sie verstehen sich blendend. Sie ist ein Workaholic und hat wahnsinniges Talent. Alles wunderbar!«

Zwei Wochen später hat Dauphine ihren Auftritt und zeigt ihren Charme, ihre Geheimwaffen und ihr ungeheures Können ...

Der Alltag im Studio geht weiter. Unsere neue Chefin begreift schnell, dass sie mit Eric auskommen muss. Anstatt Kämpfe auszustehen, mit denen sie ihr Territorium verteidigt, überlässt sie Eric neben der Auswahl der Accessoires die gesamte Organisation der Schauen. Im Atelier schenkt ihm Dauphine offenbar großes Vertrauen und fragt bei allem nach seiner Meinung. Eine elegante und subtile Art, Verantwortung und Arbeitspensum zu teilen. Eric, und nicht etwa Dauphine, überwacht im Atelier die Entstehung der Kleider. Er stellt die verschiedenen Stücke für die Kollektion zusammen, er empfängt die Models und kümmert sich um all die kleinen Details, die der Show das gewisse Etwas verleihen. Eric trägt den Kopf immer höher, und Karl lässt ihn gewähren. Ich vermute fast, Karl hat alles genauso geplant. Ohne offiziellen Titel bleibt der Assistent vom guten Willen des Modeschöpfers abhängig. Im Gegenzug verhält sich Eric wie ein eifriger Sklave. Er informiert den Couturier über alles, was sich im Hause zuträgt, ohne dass Karl auch nur eine Frage stellen muss. Eric erzählt ihm, was nicht gut läuft, und er sagt Karl sicher auch, was man tun könnte, damit es besser läuft.

Dauphine für ihren Teil fällt alle Entscheidungen, die den kreativen Prozess im Studio betreffen. Unsere Chefin hat ein Händchen dafür, Motive und Farben zusammenzustellen. Sie bekommt eine Skizze von Karl als Ausgangspunkt und erfindet darauf ein ganzes Universum von Stoffen und Materialien. Ihre Energie und Lebensfreude stecken uns an.

Was die Verkaufsleitung betrifft, so fallen Dauphines Präsentationen eher dürftig aus. Neben ihren Aufgaben als Designerin hat man die Studioleiterin damit betraut, Karls Ideen vorzustellen. Für Dauphine ist das etwas ganz Neues und die von ihr einberufenen Versammlungen werden schnell zu besonderen Darbietungen des Hauses. Munter und redselig erzählt unsere Chefin zusammenhanglos, wie die Kollektion zu verstehen ist, und verliert sich dabei in endlosen Details. Sie nimmt sich jedes Modell vor und berichtet von allen Änderungen, über die bei den verschiedenen Anproben entschieden wurde. Irgendwann verliert sie den Faden ... und die Aufmerksamkeit ihrer Zuhörer.

Bei den Vorbereitungen zu ihrer ersten Pariser Vorkollektion[17] begleite ich sie auf Schritt und Tritt. Wenn es darum geht, Modeverrückte zu beeindrucken, hat unsere Studioleiterin einen entscheidenden Vorteil: ihren Fetzen-Look, der jedem Trend voraus ist. Als platinblonder Edelpunk mit einem Hauch Glamour setzt sich Dauphine de Jerphanion von allen ab. Wie niemand sonst kann sie einen grellen Regenmantel im Leoparden-Look mit einem Fledermaus-Pullover aus Kaschmir, schwarzen Leggings und spitzen Absätzen kombinieren, und dazu trägt sie gewaltige Armreifen und eine Markenhandtasche ... mit aristokratischer Würde.

Ihre Ausführungen zur aktuellen Saison sind herzlich und konturlos. Die ganze Zeit über gelingt es mir nicht, die Augen von ihren mit Strass verzierten Fingernägeln abzuwenden. Dauphine hat einen Tick. Sobald sie den Mund öffnet, spielen ihre Finger mit einem Gummiband. Sie rollt, streckt, zerknüllt und zieht es im Rhythmus ihrer Worte. Faszinierend. Die Einkäufer verlassen den Saal mit glühenden Ohren ... und einigermaßen verwirrt.

PARIS, MÄRZ 1994

Dauphine hat mich während der Präsentation unter den Zuhörern entdeckt. Sie ruft mich in ihr Büro und fragt mich nach meiner Meinung. Ich lehne mich weit aus dem Fenster und schlage vor, sie solle ihre Ausführungen künftig kurz und klar halten.

Die Studioleiterin schaut mich mit halbgeöffneten Augen an und zieht an ihrem Gummiband. »Was hältst du davon, nach Mailand

17 Die Vorkollektionen sollen einen Vorgeschmack auf die großen Modenschauen geben und werden organisiert, um das Interesse der Käufer und Journalisten zu wecken und neue Trends auszuprobieren.

zu fliegen?« Sofort. Den ganzen Tag Bestellzettel für Eric Wright auszufüllen, ist zwar ganz nett, aber langsam hab ich es satt. »Prima. Sprich mit Ignacio. Er war es, der an dich gedacht hat.«

Ignacio Astaburuaga ist der kaufmännische Direktor im Unternehmen Lagerfeld. Seine Karriere hat der begnadete Mode- und Businesskenner an der Seite von Azzedine Alaia begonnen. Der Jetsetter mit den blauen Augen und polyglotte Chilene bereist die Welt und verkehrt mit allem, was Rang und Namen hat. Ich bewundere ihn. Und er schätzt, glaube ich, meine unersättliche Neugier und Vielseitigkeit.

Ignacio lädt mich zum Mittagessen am Place de la Madeleine ein. Er versichert mir, dass er fest mit mir rechnet. In Mailand werde ich zwei Aufgaben zu erfüllen haben. Zuerst einmal soll ich die Präsentation der Verkaufsabteilung unterstützen, indem ich den italienischen Teams von der Besonderheit und dem Stil der Vorkollektion aus dem Hause Lagerfeld erzähle. Auf diese Art sollen ihnen Argumente an die Hand gegeben werden, mit denen sie die Käufer möglichst früh ködern und zu Bestellungen anstacheln. »Unsere Kunden sollen sich mit Karl identifizieren. Und du, Arnaud Maillard, du repräsentierst Paris, das Studio ... und Karl. Du bist einer seiner engen Mitarbeiter. Durch dich lernen sie den Couturier kennen.« Ich denke über Ignacios Worte nach. Ich verbringe inzwischen so selbstverständlich meinen Alltag in der Nähe von Monsieur Lagerfeld, dass ich fast vergessen habe, welches Privileg dieser Umstand in den Augen der Modebegeisterten darstellt. Ignacio nutzt mein Schweigen, um mir Näheres zu meiner zweiten Aufgabe zu erzählen. Die Vorkollektionen, die zweimal im Jahr vor den großen Modenschauen präsentiert werden, sind von entscheidender Bedeutung für den Erfolg der Saison. Zuerst einmal bieten sie die Möglichkeit, die aktuellen Trends an den Käufern zu testen. Je nachdem, wie der Markt reagiert, bleibt noch genügend Zeit, die einige Wochen später auf den Modenschauen gezeigten Modelle entsprechend abzuändern. Zudem markiert die Präsentation der Vorkollektion den Start der Saisoneinkäufe. Die ersten Bestellungen geben einen genauen

Hinweis auf die zu erwartenden Mengen. So kann man die Herstellung der Kleidungsstücke auf mehrere Monate verteilen und damit Produktionskosten einsparen. Schließlich sind die Vorkollektionen aber auch eine einmalige Gelegenheit, die Meinung der Basis bis zum Modeschöpfer vordringen zu lassen. Das hat auch Ignacio im Sinn. Er nimmt mich als Kundschafter mit, damit ich die Einkäufer auf den rechten Weg bringe, aber natürlich soll ich ihnen auch zuhören und ihnen versichern, dass ihre Anmerkungen auf jeden Fall bis zu Karl gelangen.

Nun bin ich also auf dem Weg nach Mailand. Die Aufregung, die ich mitgenommen habe, verfliegt sofort, als ich mit den Teams über die Arbeit unseres Studios spreche. Ich gebe sorgfältig Karls Ausführungen wieder und versuche, einfach und klar zu bleiben. Das kommt offenbar an. Es hagelt Komplimente. Ignacio schlägt vor, die Unterhaltung bei einigen Antipasti fortzuführen, die wir uns liefern lassen. Einverstanden. Die Italiener stellen mir einen Haufen Fragen über die Arbeitsweise in Studio und Atelier, und auch zu den kleinen Angewohnheiten des »Maestro«. Ich erzähle ihnen ein paar Anekdoten. Am gleichen Abend nehmen mich Ignacio und seine Mailänder Freunde mit ins Plastic, dem derzeit angesagtesten Club der Stadt. Ich komme erschöpft, betrunken und vollkommen glücklich zurück ins Hotel. Meine Mission ist erfüllt, und ich habe nur einen Wunsch: hier weitermachen.

Ich habe Gefallen an meiner neuen Aufgabe gefunden und kehre etwas betrübt nach Paris zurück. Eric Wright bellt wieder seine Befehle, und ich muss meine Ungeduld zähmen. Das Ausfüllen der Bestellzettel nimmt kein Ende, und ich fühle mich immer weniger in der Lage, weitere Überstunden abzuleisten.

Eric hat natürlich verstanden, was in mir vorgeht. Er beschließt, seinen Lieblingsassistenten mit einer besonders großzügigen Geste zu motivieren. Seiner Ansicht nach sollte ich so schnell wie möglich nach Paris ziehen. »Weißt du, ich trau mich ja kaum, dich abends noch um etwas zu bitten, weil du immer vor 20 Uhr hier raus bist, damit du den Zug nach Versailles erwischst. Aber gerade um diese

Zeit brauche ich dich am dringendsten.« Eric hat Recht. Ich bin ganz seiner Meinung. Das tägliche Pendeln zermürbt mich, und dazu kommt, dass die Stimmung zu Hause recht angespannt ist. Ich sollte endlich Pariser werden. Die einzige Sorge dabei ist, dass mein Assistentengehalt die Immobilienmakler abschreckt. *»No problem.* Ich habe schon mit Karl gesprochen. Er wird dir helfen.« »Ach ja?« »Such dir eine Wohnung, die dir gefällt. Wir kümmern uns um den Rest.«

So einfach geht das also. Letztendlich hat Karl ja auch Eric unter die Arme gegriffen, als er nach Paris kam. Ich nehme mir vor, möglichst schnell zurückzuzahlen, was der Couturier mir so großzügig vorgestreckt hat. Bis ich dann irgendwann begreife, dass dieser Anspruch nicht zu realisieren ist.

PARIS, APRIL 1994

Alles fing damit an, dass ich einen Umschlag mit den Initialen Karl Lagerfelds auf meinem Schreibtisch finde. Ich weiß, was darin ist, aber ich traue mich nicht, ihn zu öffnen. Schließlich reiße ich den Brief auf der Bürotoilette auf. Mein Herz klopft. Ich halte eine Bürgschaft für die Kaution und ein Bündel Scheine in der Hand. Damit kann ich mein *»sweet home«* einrichten und auch die ersten Monatsmieten zahlen. Ich schicke sofort ein Fax an Karl, in dem ich mich bedanke, und am nächsten Tag spreche ich noch einmal persönlich mit ihm. »Aber, aber, mein lieber Arnaud, das ist doch selbstverständlich. Das hast du dir verdient ...« Dem Couturier ist meine überschwängliche Dankesbekundung anscheinend peinlich. Er hat es lieber, wenn seine Großzügigkeit nicht an die große Glocke gehängt wird.

Sofort beginne ich, in den Wohnungsanzeigen für das Quartier zu stöbern. Mich hat das *»Pretty Woman«-Syndrom* gepackt. Es bereitet mir unheimliche Freude, unter den misstrauischen Blicken der Angestellten ein Maklerbüro zu betreten. Ich antworte ganz neutral auf ihre Fragen und halte ihnen dann die Bürgschaft hin. Sie ist handgeschrieben und trägt den Briefkopf des Hauses Lagerfeld. Das bringt die Sache in Schwung. Auf einmal blättert mein Gesprächspartner erneut eifrig in seinen Akten. »Ach, das war mir jetzt gerade komplett entfallen, aber wir haben da noch etwas, das Ihnen gefallen könnte.« Ich genieße diese Momente. Das reinste Vergnügen.

Innerhalb einer Woche ist alles unter Dach und Fach. Ich habe die ideale Wohnung gefunden. Sie liegt direkt hinter der Place Saint-Sulpice im VI. Arrondissement, im obersten Stock eines Altbaus, mit Blick nach Süden. Mein neues Heim ist frisch renoviert, hell und weiß. Am besten gefällt mir, dass das Badezimmer ein Fenster hat und es einen begehbaren Kleiderschrank gibt, in dem ich all meine Sachen unterbringen kann. Ich bin begeistert. Zum Büro laufe ich nur die Rue Bonaparte entlang und dann über die Pont du Carrousel durch den Jardin des Tuileries. Ein Traum. Für knapp viertausend Francs[18] im Monat, inklusive Nebenkosten. Also mehr als die Hälfte meines Gehalts. Ich bin ganz unbefangen auf alles eingegangen, ohne mir bewusst zu machen, dass ich einen Vertrag unterschrieben habe, der viel verpflichtender ist, als das, was auf dem Papier steht.

Während all dieser Jahre habe ich miterlebt, wie der Couturier den Weihnachtsmann für seine Leute spielt. Dank seiner Großzügigkeit war mein alltägliches Leben unbeschwert und leicht wie eine Seifenblase. Ich konnte in den Urlaub fahren, mit meinen Freunden ausgehen und mir immer kleine Extras gönnen, ohne darüber nachzudenken. Trotzdem fühlte ich mich unwohl dabei. Wie sollte ich je um eine Gehaltserhöhung bitten, mich beschweren oder die leiseste Kritik anbringen, wenn Karl uns ständig so verwöhnte? Seine Zuwendungen waren wie kleine Knebel. Im Laufe der Monate gewöhnte ich mich an den funkelnden Luxus und gab mich dem Konsumrausch hin. Man arbeitet nicht in der Modebranche, ohne selbst verrückt nach Mode zu sein. Also habe ich alles begehrt, angehäuft, gesammelt, gestapelt und vergessen, was mir besonders kreativ und neuartig erschien.

---

18 Etwa 600 Euro.

Heute habe ich meine Schränke leergeräumt und viele Sachen verschenkt. Mir bleibt die Erinnerung daran, wie glücklich ich damals war, all diese Dinge quasi umsonst genießen zu können.

Wenn ich an all die kleinen Aufmerksamkeiten denke, kommen mir immer wieder dieselben Worte in den Sinn: Danke, Karl!

PARIS, ENDE MAI 1994

Einige Wochen nach meinem Umzug nach Paris kommt erneut Ignacio auf mich zu und schlägt mir eine Präsentation in New York vor. Ich soll das Team von Terry Cohen besuchen. Sie ist die Lagerfeld-Geschäftsführerin in den USA. Eine wahnsinnige Herausforderung. In einem Monat geht es los. Ich bin bereit ... und überglücklich. Doch drei Wochen vor dem Start wird das Programm noch einmal umgeworfen.

Ignacio baut sich vor meinem Arbeitstisch im Studio auf. »*Hola, guapo,* steht dein Programm für die Staaten? Tja, du kannst noch drei Wochen Tapas vorschieben. Es geht jetzt zuerst nach Spanien.« Mir bleibt der Mund offen stehen. Seit Ende März überwachen Caroline, Sophie und ich die Vorbereitungen für eine besondere Abendveranstaltung, mit der in der spanischen Hauptstadt für unsere Marke geworben werden soll. Mitte Juni soll Ignacio die Inhaber der Lagerfeld-Boutique in Madrid treffen, um letzte Details zu besprechen. Der Abend soll mit einem großen Diner beginnen, und anschließend wird die Herbst/Winter-Kollektion 1994/95 vorgestellt. Das Ganze findet in einer angesagten Madrider Diskothek statt. Wir unterhalten die spanischen Promis und sichern uns so eine wunderbare Medienpräsenz.

Und was ist meine Aufgabe bei alldem? Ignacio schaut mich schelmisch an. »Wir brauchen dich für die Accessoires. Sprich mit Caro, sie wird es dir erklären.« Ich bin schon weg. Modenschauen sind genau mein Metier. Außerdem habe ich bereits mit Sophie und Ignacio die Highlights der Kollektion ausgewählt. Jetzt warten etwa einhundert Modelle auf den Transport nach Madrid. Dazu kommen noch hundertzwanzig Paar Schuhe, zahllose Accessoires, Gürtel, Taschen, Handschuhe, Schmuck und gut dreißig Mädchen, die das Ganze vorführen, das ist ... ein Haufen Arbeit. Aber egal. Ich bin bereit. Ich träume schon von Madrid, dieser lärmenden, schlaflosen, katholischen Hauptstadt. Eines Tages möchte ich dort leben ... Bis dahin muss ich schon einmal den Prado besuchen und eine Weile in das Licht eines Velazquez oder Goya eintauchen.

»Fang nicht an, zu träumen, Nono. Den Touristen musst du dir für später aufheben. Du fliegst gleich im Anschluss nach New York, kurz nach der Schau am 14.« Caroline zieht mich am Ärmel. »Komm mal mit, dann gebe ich dir den genauen Ablauf.« Wir reisen am 11. Juni ab und kümmern uns um das Casting. Ignacio begleitet uns, als Repräsentant des Mutterhauses. Zudem dient er uns als Übersetzer. Bis dahin bleibt mir gerade noch Zeit, alle Modelle auf Vordermann zu bringen, die in Madrid gezeigt werden sollen. Ich möchte alle Accessoires noch einmal genau durchgehen, damit die Show eine visuelle Einheit bildet. Anschließend werde ich ein letztes Mal jedes Kleidungsstück, jede Bluse, jeden Kragen, jeden Knopf, jeden Verschluss, jedes Paar Schuhe, jede Strumpfhose, jeden Saum, jede Tasche und jede Perlenfranse überprüfen und sicherstellen, dass keine Naht offen und nichts beschädigt oder unvollständig ist. Unter meiner Aufsicht werden unsere Praktikanten die Kleidungsstücke mit einer Schutzhülle versehen. Die Accessoires werden in Seidenpapier eingeschlagen, bevor sie dann in unsere Bernard-Koffer[19] mit vergoldeten Verschlüssen gelegt werden.

MADRID, 11. JUNI 1994

Wir landen am Vormittag am Flughafen von Barajas. Die spanische Hauptstadt erstickt unter der Junisonne. Unsere elf riesigen Koffer sind gestern angekommen, damit wir leichter durch den Zoll kom-

19 Das Traditionsunternehmen La Malle Bernard stellt besondere Koffer her, mit denen französische Modehäuser seit jeher ihre Modelle und Accessoires in alle Welt transportieren.

men. Luis und Angela, die Inhaber der Lagerfeld-Boutique, werfen sich am Ausgang in unsere Arme. Die beiden sind über vierzig, unzertrennlich und in Topform. Ohne viel Getue verfrachten sie uns in ihr Auto. Unser Fahrtziel lautet: das Herz von Madrid.

Wir wohnen im Melia Castilla, einem Gebäude aus den 1970er-Jahren, das mit viel Sorgfalt in seinem psychedelischen Charme erhalten wurde. Besonders eindrucksvoll ist der orange- und himbeerfarbene Teppich in den Gesellschaftsräumen. Hier wird das Casting für die Modenschau stattfinden. Zweihundert Mädchen sind für den Nachmittag bestellt. Wir müssen etwa dreißig von ihnen auswählen. Caroline zeigt in den Flur. Es ist gerade erst Mittag, aber im Gang stehen schon etwa fünfzig Models aufgereiht. »Sollen wir die wirklich warten lassen, während wir im Restaurant sitzen?« Ich stimme ihr zu. Ein Club-Sandwich wird mir reichen. Aus einer großen, ledernen Lagerfeld-Umhängetasche hole ich unsere tödlichen Waffen hervor: zwei Vierfarbstifte, mit denen wir Notizen in die Kurzinfos[20] der Models schreiben, zwei große Polaroidkameras, mit denen wir die Mädchen ablichten, und einen Hefter, mit dem alles zusammengehalten wird. Auf der Bühne im großen Gesellschaftsraum wartet ein riesiger Karton voller Filme auf uns. »Also, Nono, wir kommen hier nicht eher raus, bis die Kiste leer ist ...« Das Schlimme daran ist, dass Caroline Recht hat. Im Flur hört man das Gemurmel der Mädchen, die sich schon für Karl Lagerfeld auf dem Laufsteg sehen. Es kommt nicht infrage, sie nicht alle hereinzubitten. Man muss jeder ein Minimum an Aufmerksamkeit widmen ... plus zwei Polaroids.

»*Hola! Que tal?* Haben Sie Ihre Mappe[21] dabei? Danke.« Ich greife mechanisch nach der Kurzinfo, die üblicherweise hinter dem Deckblatt der Bewerbung klemmt. »Könnten Sie einige Schritte für uns

20 Kleines Faltblatt mit drei Fotos und den Daten und Maßen eines Models.

21 Diese Fotosammlung stellt die Karriere eines Models anhand von bereits realisierten Projekten vor und zeigt Beispiele, für welche Art von Fotos sie sich eignet.

machen, bitte?« Wir erkennen mit einem Blick, ob das Model für uns infrage kommt. Wir benötigen große und sehr schlanke Mädchen. Sie sollen in Modelle der Größe 34 passen, die an Armen, Schultern und Hüften sehr eng gearbeitet sind. Wir überprüfen gleich zu Beginn, ob das Model größer als 1,75 Meter ist und dazu einen Brustumfang von weniger als achtundachtzig Zentimetern hat. Allen, die aus diesem Raster fallen, haben wir recht wenig zu sagen, weil wir keine Zeit verlieren möchten. Wir lächeln ihnen freundlich zu, lassen sie ein wenig hin- und herlaufen und schießen ein Foto. Jene dagegen, die unsere Kriterien erfüllen, dürfen erst einmal die Stiefel für die kommende Modenschau ausprobieren. Sie sind aus durchsichtigem Plastik und haben einen elf Zentimeter hohen Pfennigabsatz. Wenn es einem Model gelingt, sich in diesen Dingern normal fortzubewegen, hat sie die Vorauswahl schon bestanden. Wir beenden dann das Gespräch und geben ihr noch einige Hinweise, wie sie am besten nach Lagerfeld-Manier über den Laufsteg geht. Bei uns geben sich die Mädchen natürlich. Oder beinahe. Sie sollen nicht hüpfen, watscheln oder künstliche Posen für die Fotografen einnehmen. Karl findet das aufgesetzt. Zu theatralisch. Zu britisch. Außerdem gibt es andere, die das besser können als wir.

»*Adios, muchas gracias* und einen schönen Tag noch!« Es ist 16 Uhr, und wir haben etwa drei Viertel der Mädchen gesehen. Wir haben keinen genauen Überblick mehr, aber dafür freuen wir uns über eine der Entdeckungen des Tages: Mar Flores, ein spanisches Topmodel, schmal und hochgewachsen, ausdrucksstark und einfach reizend. Und dazu kommt noch, dass sie mehrere Sprachen spricht. Mar bleibt den Nachmittag über bei uns und übersetzt, damit wir schneller vorankommen. Wir haben bereits beschlossen, dass sie die Modenschau als krönender Abschluss beschließen wird.

19 Uhr. Wir sind durch. Der Boden liegt voller aufgerissener Filmschachteln. Wir sind erschöpft von dem Casting-Marathon, aber der Tag ist noch nicht zu Ende. Luis und Angela warten schon vor dem Hotel, weil sie uns zu einem der großen Stierkämpfe mitnehmen

möchten, die zum San-Isidro-Fest stattfinden. An diesem Tag kommt als besonderer Ehrengast die Königinmutter. Mir wird schlecht. Für mich sind Stierkämpfe ein brutales Abschlachten mit Ballerinas und Banderillas. Ich lasse mich nur schwer überreden, gehe dann aber mit, weil ich nicht unhöflich gegenüber unseren Gastgebern sein möchte.

Wir sitzen auf den besten Plätzen, im Schatten und nur wenige Meter von der königlichen Loge entfernt. Der erste Stier trabt in die Arena. Um ihn anzufeuern, ertönt heftiges Geschrei. Ich schließe einfach die Augen, bis alles vorbei ist. Das Spektakel kann beginnen. Ignacio erklärt mir, dass die spanische Hauptstadt in der Geschichte des Stierkampfs immer eine Sonderrolle gespielt hat. »In Madrid wird entschieden.« Hier stehen sich die Besten gegenüber. Trotzig lege ich den Kopf zwischen die Arme. Ein Stier wird in die Arena getrieben, dann folgen zwei weitere. Meine Sitznachbarn werden unruhig. Sie sind sichtlich empört über mein Verhalten. Ignacio erinnert mich daran, dass ich hier das Haus Lagerfeld repräsentiere. Damit kriegt er mich. Ich setze mich auf. Nach und nach finde ich Gefallen an der Vorführung. Sie wirkt theatralisch, voller Härte und Strenge. Ein meisterhaft geführter Stoß folgt dem anderen. Das Publikum ist in Hochspannung. Der letzte Stier widersetzt sich mit grimmiger, wilder Entschlossenheit. Es entspinnt sich ein faszinierendes Spiel zwischen dem Torero und dem Tier. Die Madrilenen ziehen weiße Tücher hervor und schwenken sie auf allen Rängen. In nur einer Minute ist die Arena leergefegt. Das ist das Signal. Die Schiedstribüne scheint zu zögern ... und begnadigt schließlich den Stier. Das Publikum tost vor Begeisterung. Mir stehen die Tränen in den Augen.

An diesem Abend feiern wir den gemeinsamen Sieg von Torero und Stier. Ignacio schleppt uns durch mehrere Tapas-Bars, bis wir schließlich im Xenon landen, einer riesigen Schwulendisko. In Käfigen über der Tanzfläche sieht man hüpfende Go-go-Dancer in Hotpants. Alles, was die Hauptstadt an schrillen Fashion-Victims und Machos mit nacktem Oberkörper zu bieten hat, hat sich hier versammelt. Der dröhnende Bass aus den Boxen lässt meinen ganzen Körper beben. Ich bin erschöpft. Caroline und Ignacio wechseln verschwörerische Blicke. Sie haben beschlossen, dass ich Ecstasy ausprobieren muss. Auf diese Art künstlich aufgeputscht, tanze ich bis zum Morgengrauen.

Auf einmal packt mich Caroline am Arm und zieht mich von der Tanzfläche. »Nono, weißt du auch, wie spät es ist?« Ich schaue auf die Uhr. Zehn nach acht. Verdammt. Wenn das Flugzeug keine Verspätung hat, landet Sophie in einer Stunde in Madrid. Ich bekomme einen Lachkrampf, als ich Carolines erschrockenes Gesicht sehe. »Lass uns gehen ...« Sie schiebt mich in ein Taxi und plumpst neben mir auf den Sitz. Wir lassen Ignacio und das Xenon mitten in der Afterparty zurück. Caro drängt den Taxifahrer zur Eile, und ich fantasiere fröhlich vor mich hin. »Wir müssen heute Abend wieder ins Xenon, zur Travestieshow. Das dürfen wir nicht verpassen!« Meine Gefährtin macht sich jetzt Vorwürfe, dass wir so spät nach Hause kommen. Das Taxi hält vor dem Melia Castilla. »Nono, leg dich ein wenig hin. Ich kümmere mich um alles!«

Ich will gerade den Wasserhahn an der Badewanne aufdrehen, als das Telefon in meinem Zimmer klingelt. Ich nehme ab und melde mich mit belegter Stimme. »Hallo?« – »Guten Morgen, Arnaud! Es ist jetzt neun. Habe ich Sie geweckt? Sie Glücklicher! Ich bin um 5 Uhr aufgestanden, weil ich zum Flughafen musste.« – »Guten Morgen, Sophie. Haben Sie eine gute Reise gehabt?« – »Ja, danke. Ich kann Caro nicht erreichen. Könnten Sie ihr sagen, dass wir uns in zehn Minuten zum Frühstück treffen? Bis gleich!« Sophie hat schon aufgelegt. Verdutzt halte ich den Hörer in der Hand. Zehn Minuten? Ein bisschen kurz für eine Siesta. Schade.

MADRID, 12. JUNI 1994, 9:30 UHR

Am Poolrand, unter riesigen Sonnenschirmen, erwartet uns ein internationales Frühstück. Sophie hat ihre Chanel-Sonnenbrille hervorgeholt. Sie lächelt mir zu. Caroline hat die Castingmappe auf den

Tisch gelegt, mit den Fotos der fünfunddreißig Mädchen, die wir am Vortag ausgewählt haben, und einer Liste der Kleidungsstücke, die vorgeführt werden sollen. Ich nehme mir die erste Scheibe Brot vor, während Sophie die Models nacheinander begutachtet. »Hübsche Mädchen, oder?« Die Pressechefin nickt. Ich kaue langsam auf meinem Brot herum und konzentriere mich auf seine gummiartige Konsistenz. Seltsam. Ich habe den Eindruck, auf Kaugummi zu beißen. Außerdem komme ich um vor Hitze. Caroline mir gegenüber scheint es nicht besser zu gehen. Sie ist ganz blass, und an ihren Schläfen bilden sich Schweißperlen.

Nach der endgültigen Auswahl von dreißig Models beginnen wir mit dem Ablauf der Show. Wir müssen jedem Mädchen drei Outfits zuweisen und die Reihenfolge ihrer Auftritte festlegen.

Die richtige Koordination ist von entscheidender Bedeutung und erfordert ein Mindestmaß an Überlegung und Sorgfalt. Die Models müssen zwischen zwei Auftritten genug Zeit haben, sich umzuziehen. Zurück an ihrem Kleiderständer entledigen sie sich mit Unterstützung ihrer Ankleidehilfe von Schmuck, Halsketten, Handschuhen und Schuhen, dann der Jacke, Bluse, dem Kleid oder Rock, bis sie im Bodydress dastehen und die nächsten Kleider mit passenden Accessoires anziehen ... dann rennen sie zurück zum Bühneneingang und postieren sich dort auf ihren Pfennigabsätzen. Dieser Hindernislauf muss in zwei Minuten bewältigt werden. Uns beunruhigt nur, dass wir noch nie mit spanischen Ankleidefrauen gearbeitet haben, die vielleicht anders funktionieren. »Was soll's«, meint Sophie. »Wir werden bei der Probe trainieren. Ansonsten lassen sich Leerläufe nicht verhindern.« Ich hoffe nur, dass die Kulissen nicht zu weit vom Laufsteg entfernt sind.

»Alles klar!« Sophie klappt die Akte zu. Der Ablauf scheint zu stehen. Ich muss das alles noch einmal in Ruhe lesen ... sobald die Müdigkeit überwunden ist. »Sie sehen irgendwie seltsam aus. Haben Sie etwa die ganze Nacht durchgemacht?« Aber nein, Sophie, das ist nicht unsere Art, Sie kennen uns doch. Die Augen der Pressechefin blitzen vor Freude. »Wissen Sie was? Arnaud zuliebe lassen wir die Siesta ausfallen und gehen nach dem Mittagessen in den Prado!«

»El Prado esta cerrado.« Geschlossen? Zum Glück! Ich wäre zu Füßen der *Meninas* von Velasquez eingeschlafen ... Aber Sophie ist dermaßen enttäuscht, dass Ignacio uns stattdessen zum Palacio de Cristal in den Retiro-Park führt. Ich denke die ganze Zeit nur an mein Bett und sehe überall Kopfkissen. Prächtig, diese Arkaden aus Eisen und Glas. Gehen wir jetzt zurück ins Hotel?

Die Lagerfeld-Modenschau beginnt in einigen Stunden, und die gesamte Diskothek Joy ist in hellem Aufruhr. Das alte Rokokotheater gehört zu den beliebtesten Treffpunkten des madrilenischen Jetsets. Die alte vergoldete Stuckdecke wurde ganz ungeniert mit Neonlichtern und Laserapparaten versehen. Luis und Angela, die Initiatoren des Abends, hängen am Telefon und versichern sich, dass die Gäste nicht im letzten Moment hereinmarschiert kommen. Nach den Proben am Nachmittag gehört der Saal jetzt dem Partyservice, der Tische und Stühle für das Diner aufstellt. Im zweiten Untergeschoss ziehen sich die Mädchen im dichten Gedränge um. Ich bin beunruhigt. Die Ankleide befindet sich in einiger Entfernung vom Laufsteg. Die Models müssen zwei Treppen erklimmen, um wieder auf die Bühne zu gelangen. Es erscheint mir unmöglich, die zwei Minuten Umkleidezeit zwischen den Auftritten einzuhalten ... es sei denn, die spanischen Helferinnen halten das Tempo. Bis jetzt waren sie erstklassig. Sie arbeiten präzise, effizient und schneller, als wir uns erträumt haben. Es wird schon klappen. Dagegen bereiten uns die Abendkleider für das Finale unheimliche Probleme. Sie haben lauter Fransen aus Glasperlen, und jedes dieser Einzelstücke wiegt mehr als zehn Kilo. Das ist ein beträchtliches Gewicht, wenn man bedenkt, dass die Mädchen auf Pfennigabsätzen die Treppe hinaufrennen und dabei vorsichtig den Saum ihrer hautengen Kleider hochhalten müssen.

Wie viele Fransen sind im Geländer dieser verfluchten Treppe hängen geblieben! Im Laufe der Proben kullern unzählige Perlen über die Stufen hinab ins untere Stockwerk. Eine Katastrophe. Die

Ankleidefrauen bemühen sich, alle einzeln aufzusammeln und noch rechtzeitig wieder anzunähen. Irgendwann sucht die gesamte Mannschaft auf allen vieren nach den letzten Ausreißern.

Es ist 23 Uhr, die Modenschau beginnt. *»Go, go, go!«* Caroline schickt die Mädchen laut rufend hinaus. Die in Paris zusammengestellte Musik, eine Mischung aus House und Jungle, lässt die Unterhaltung verstummen. Das Joy ist proppenvoll. Offenbar haben sich die madrilenischen VIPs in Scharen zu diesem »Fashion Event« aufgemacht. Die Mädchen lassen sich vom Publikum mitreißen, das nach jedem Auftritt Beifall klatscht. Alles läuft prima. Im zweiten Untergeschoss überprüfe ich die Reihenfolge der Models, die anschließend auf die Bühne gehen. Nur unser Liebling wirkt etwas angespannt. Mar Flores kommt an mir vorbei und verzieht das Gesicht. »Es geht nicht. Ich schaff das nicht.« Was? Was schafft sie nicht? Das Topmodel ist schon auf der Treppe. Ich funke Caroline an. »Hab ein Auge auf Mar, und sag mir, ob ihr etwas fehlt.« Ich gestikuliere ihrer Ankleidefrau, aber sie weiß auch nichts. *»Go, go, go ...!«* Ich zähle meine Mädchen durch und bete, dass niemand auf der Treppe stürzt. Mar kommt wieder herunter. »Ich kippe gleich um.« Das darf nicht sein. Gleich steht das Finale an, das der kommende spanische Star beschließen soll. Ich sehe, wie sie ihrer Ankleidehilfe in die Arme fällt, die sofort ein Fläschchen Minzöl hervorholt. »Zucker! Sie braucht ein Stückchen Zucker!« Alle sind erschrocken – obwohl ein solcher Zwischenfall keine Seltenheit ist. Hitze, Diät und Schlafmangel setzen den Models schlimm zu.

Mar steht auf. Man zieht ihr ein blaues, mit Perlen verziertes Abendkleid über den Bodydress. Ich begleite sie die Stufen hinauf und helfe ihr, den Saum hochzuheben. Das Finale hat schon begonnen. Caroline fasst Mar die letzten Meter am Arm und schiebt sie dann auf die Bühne. Mar tritt ins Licht. Das Kleid. Wir haben vergessen, den Reißverschluss zu schließen. Ich ziehe sie am Kleidsaum zurück. Mar bäumt sich auf, fällt in meine Arme und verschwindet dabei aus dem Blickfeld des Publikums. Drei Händepaare versuchen, den Reißverschluss hochzuziehen. Er klemmt. »Mach schon,

Arnaud!« Caro ist in Panik. Ich versuche es ein letztes Mal. Der Verschluss gibt nach und gleitet über ihren Rücken. Zu. Ich richte Mar auf und halte sie an den Schultern, bis sie das Gleichgewicht gefunden hat. Ein wenig verstört betritt sie den Laufsteg.

Der Saum ihres Kleides gleitet über den Boden wie die Schleppe einer echten Prinzessin. Mar hebt die Augen und schaut trotzig über den Rand des Laufstegs. Sie bekommt stürmischen Beifall. Die überirdische junge Frau nimmt das Publikum gefangen. Mar schwankt ein wenig, fängt sich dann aber wieder, bleibt kurz vor den Fotografen stehen und verschwindet hinter der Bühne. Im Saal ist niemandem etwas aufgefallen. Ich nehme Mar in die Arme und bekomme einen wilden Lachanfall. Mar lässt sich fallen und lacht erleichtert mit.

MADRID, 15. JUNI 1994

Der Wecker hat um 6 Uhr geklingelt. Nach der Modenschau sind wir noch im Joy geblieben und haben mit unseren Gastgebern gefeiert. Für Caroline und Sophie geht es an diesem Morgen zurück nach Paris, für mich in die USA. Ignacio bleibt noch in Madrid und macht sich dann auf nach Ibiza. Ich sitze mit den beiden Frauen hinten im Taxi und habe meine Sonnenbrille aufgesetzt, damit ich noch ein wenig dösen kann, bevor wir am Flughafen ankommen. Caroline und Sophie dämmern ebenfalls vor sich hin. Ich schließe die Augen und gehe im Kopf die folgenden drei Tage durch. In New York werde ich Terry Cohen treffen, die in Anlehnung an ihre weiblichen Rundungen auch gern »Würstchen« genannt wird. Das will aber nichts heißen. Terry Cohen ist durch und durch Businesswoman, bis in ihre französisch manikürten Fingernägel. Sie ist stets tadellos gekleidet, mit ihrem unvermeidlichen schwarzen Kostüm aus »Grain de Poudre«[22]. Würstchen ist unerbittlich. Ein echter

22 Strukturgewebe mit fein gekörnter, leicht sandiger Oberfläche, das für Smokings und Kostüme verwendet wird.

Profi, vor dem man auf keinen Fall zögerlich auftreten darf. Terry hat mich eingeladen, damit ich ihrem Team von der »Croisière 1995« erzähle. Diese Zwischenkollektion kommt ab Dezember in die Läden. Sie ist ursprünglich eine Erfindung von Mademoiselle Chanel aus den 1920er-Jahren und richtete sich an die feinen Damen, die mitten im Winter über den Atlantik in sonnigere Gefilde reisten. Für die meist sehr vermögenden Frauen kam es nicht infrage, noch einmal die Kleider des vergangenen Sommers zu tragen. Auch heute sind die Amerikanerinnen ganz begeistert von diesen Kollektionen. Besonders die reichen Erbinnen von der Westküste, die das ganze Jahr über in der kalifornischen Sonne liegen. Sie brauchen die Gewissheit, dass sie die Trends des kommenden Sommers vor allen anderen tragen. Die Modelle, die ich in New York vorstellen möchte, haben Paris bereits am Vortag verlassen. Ich habe per Fax bestätigt bekommen, dass alles geregelt ist. Ich werde drei Tage in New York verbringen. Vielleicht habe ich ja die Chance, ins Metropolitan Museum oder ins Guggenheim zu gehen – vorausgesetzt, die amerikanischen Abende sind weniger ereignisreich als die spanischen Nächte ...

KAPITEL 6
DAS FAUST-SYNDROM

PARIS, 21. JUNI 1994

Seit gestern bin ich aus New York zurück. Auftrag erledigt. Neben der Präsentation der Kollektion hatte ich tatsächlich ein wenig Zeit, mir die Stadt anzuschauen.

In Paris hält mir Sophie zur Begrüßung zwei Flugtickets unter die Nase. Ich habe noch mit dem Jetlag zu kämpfen und bin etwas schwer von Begriff. Monaco? In drei Tagen? Mit Sophie? Ich werde noch zum Globetrotter. Wir sollen zu Karl stoßen, der dort Fotos für die Werbekampagne zur Zwischenkollektion machen möchte. Nach dem Aufenthalt in den USA kenne ich die Modelle in- und auswendig. Eric Wright weiß, dass ich jetzt die richtige Hilfe für ihn bin. Dazu bin ich auch bereit ... wenn ich nur vorher ein wenig schlafen könnte.

MONACO, 24. JUNI 1994

Es ist 13:20 Uhr. Das Flugzeug aus Paris ist gerade in Nizza gelandet. Wir holen nur schnell unser Gepäck, und kurz darauf sitzen wir schon in einem Taxi, das uns nach Monte Carlo bringt. Sophie wendet sich mir zu. »Den Nachmittag verbringen wir am Pool, einverstanden?« Na klar. Das Shooting beginnt erst morgen früh, also können wir uns ruhig ein kleines Sonnenbad gönnen.

Wenn er in seinem Stammrevier in Monaco weilt, lässt Karl sich nicht lumpen. Das gesamte Team aus Paris ist im Monte-Carlo Beach untergebracht, einem der schönsten Hotels des Fürstentums. Das luxuriöse Haus liegt in einer kleinen windgeschützten Bucht und hat einen riesigen Pool, der in den Fels gehauen ist. Oben in meinem Zimmer öffne ich die große Fenstertür und schaue direkt aufs Mittelmeer. Ich ziehe nur schnell meine Badehose an und treffe dann Sophie auf der Sonnenterrasse. Sie sucht sich gerade in der Karte einen gemischten Salat aus.

»Ich hab schlechte Neuigkeiten, Arnaud. Karl hat mich angerufen. Er erwartet uns in einer halben Stunde zum Kaffee.« Ich seufze. Es ist bei jedem Shooting das Gleiche. Der Modezar hat das Bedürfnis, seine engsten Mitarbeiter ständig um sich zu versammeln. Je unnötiger diese Zusammenkünfte sind, desto dringlicher erscheinen sie. Vielleicht beruhigt ihn unsere Anwesenheit, vielleicht kommt er nur dann richtig in Schwung.

In Monaco möchte Karl Lagerfeld drei Shootings in vier Tagen über die Bühne bringen. Die erste und die letzte Fotoserie werden für die Werbekampagnen der nächsten Kollektionen von Chanel und Lagerfeld gemacht. Aus der zweiten sollen Bilder für ein Buch über Faust entstehen.

Mit seinem Freund Gerhard Steidl bringt der Modeschöpfer jedes Jahr mehrere Kunstbände heraus. Einige verfasst er selbst und behandelt darin ein Thema, das ihm besonders am Herzen liegt. Dieses Mal hat sich Karl den Faust-Mythos vorgenommen – die Geschichte jenes Mannes, der dem Teufel seine Seele verkauft und dafür das Versprechen ewiger Jugend erhält. Der Couturier hat das Exposé in allen Einzelheiten ausgearbeitet, und die Texte des Bildbands werden auf Deutsch erscheinen. Die Schwarz-Weiß-Fotos werden mit einer außergewöhnlichen Besetzung gemacht. Die weibliche Heldin spielt das Topmodel Claudia Schiffer, und ihr Verlobter, der Magier David Copperfield, wird den Mephisto mimen. Die Titelrolle übernimmt Christian Williams, ein junger Mann, der als Model arbeitet. Karl ist tief beeindruckt von seiner fotogenen

Erscheinung. Veruschka, die berühmte Modemuse der 1970er-Jahre, und Florentine Pabst, eine gute Freundin von Karl, die für die deutsche Ausgabe der *Marie-Claire* verantwortlich ist, sind in weiteren Hauptrollen zu sehen.

»Können wir uns nicht noch ein Stündchen rarmachen und schwimmen gehen?« Sophie zieht ein weißes Hemd von Hilditch & Key über ihren Badeanzug. »Ich glaube kaum. Sehen Sie mal nach oben, da steht Eric Pfrunder und lauert schon, ob wir kommen!« Ich schaue in die von Sophie angezeigte Richtung. Über dem Pool erhebt sich La Vigie, ein kleiner Palast, den das Fürstentum Karl Lagerfeld vor einigen Jahren überlassen hat. Das Team für die Faust-Aufnahmen ist bereits eingetroffen. Auf der Terrasse erkenne ich den Werbechef von Chanel. Er winkt uns zu. Uns wird wohl kaum eine gute Entschuldigung einfallen ... Eric ist Karls drittes Auge. Er folgt ihm überallhin, oder eher gesagt, er geht voraus, bereitet jedes Shooting bis in alle Einzelheiten vor und gibt seine Meinung zur Auswahl der Fotos ab.

Wir sind etwas enttäuscht, weil wir unser Sonnenbad vertagen müssen, und trösten uns gegenseitig, während wir zu La Vigie aufsteigen. Der Blick über die Bucht von Monaco ist einfach grandios. Der deutsche Modeschöpfer hat das kleine Lustschloss komplett renoviert. Es ist sechshundert Quadratmeter groß und beherbergt eine außergewöhnliche Sammlung von Louis-quinze-Möbeln, vom ganz klassischen Stil bis zum Übergangsstil. Als wir ankommen, sind bereits alle in Aktion. Die Helfer tragen mehrere Scheinwerfer in den großen Salon und bereiten die Spiegelszene vor. Karl erklärt Eric Wright, was er vorhat, und der gerät darauf wie gewohnt in Ekstase wegen der *»wonderful ideal«*. Auf sechs Fotos soll Faust schrittweise um fünfzig Jahre verjüngt werden. Der Visagist Stéphane Marais tilgt die Falten, die er Christian zuvor verpasst hat, und schneidet jedes Mal den falschen grauen Bart ein bisschen mehr zurück. Die anderen Beteiligten stehen schwatzend am Büfett. Wir begrüßen einen nach dem anderen und drängen uns schließlich bis zu Eric Pfrunder durch. »Na endlich sind Sie da! Jetzt geht die Zeit hier schneller rum. Ich habe es nicht mehr ausgehalten, so allein in meiner Ecke.« Karls Fotochef erklärt uns, dass das Shooting sich wahrscheinlich bis spät in den Abend hinziehen wird. »Ich will diese konzentrierte Stimmung bis zuletzt halten. Karl darf auf keinen Fall gestört werden. Er soll sich nicht aufregen, verstehen Sie?« Aber ja. Das heißt also, dass wir bis morgen hier festsitzen.

Das Shooting geht weiter. Der Couturier hat sichtlich Freude daran, den hübsch folgsamen Christian zu fotografieren. Sophie und ich lungern herum. Wir haben nichts zu tun. Im Seitwärtsgang bewegen wir uns zur Terrasse und dämmern dort in der Sonne vor uns hin. Dann kommt Claudias Auftritt. Wir hören, wie sie sich auf Deutsch mit Karl unterhält und beide lachen. In ihrem langen weißen Kleid mit englischen Stickereien sieht das Topmodel aus wie ein junges Mädchen. Sie trägt Schnürschuhe von Doc Martins und wirkt darin noch zerbrechlicher. Die blonden Haare umwehen ihr Gesicht. Ihre Augen hat man schwarz geschminkt, um die Dramatik der Szene zu unterstreichen. Claudia macht einen so strahlenden, frischen und unbeschwerten Eindruck ... Ich bin beeindruckt von ihrer Natürlichkeit. Wie kann man sich nur so des Lebens freuen, wenn die Figur, die sie darstellt, doch gleich Selbstmord begehen wird, nachdem sie ihr Kind ertränkt hat?

Am Büfett wird eine andere Frage heftig erörtert. Wer ist nur dieser David Copperfield, der seelenruhig eine Siesta hält, ohne sich um seine bezaubernde Verlobte zu kümmern? Alle sind einhellig der Meinung, dass diese Verbindung für die Medien geschlossen wurde. Nur Eric Wright bleibt hartnäckig dabei, dass Claudia sehr verliebt in ihren amerikanischen Magier ist. Die Wahrheit bleibt uns verborgen.

Karl beschließt, das Set zu verlegen. Er möchte das frühe Abendlicht nutzen und noch einige Fotos vor dem Casino schießen. Das dem Glücksspiel gewidmete monegassische Gebäude hat sein Architekt Garnier der Pariser Oper nachempfunden. Ein Meisterwerk. Wir ziehen als kleine Delegation los und erkunden den Standort. Die Touristen trauen ihren Augen nicht. Neben den Ferraris und anderen Luxusschlitten, die vor dem Casino parken, entdecken sie auf einmal Karl Lagerfeld und sein Lieblingsmodel Claudia Schiffer, die sich als Fräulein aus dem vorherigen Jahrhundert verkleidet hat. Um sie herum flattert dann auch noch eine Meute wild geschminkter Vampire mit bleichem Teint und schwarzen Augen. Zusammen mit einem Dutzend Polizisten richten wir einen Sicherheitsstreifen um unsere Stars ein. Ich stehe in wenigen Metern Entfernung neben Claudia und halte die Schaulustigen zurück. Karl holt seine Kameras hervor und lichtet sein Model in verschiedenen Posen ab. »Okay, das reicht. Wir machen noch ein paar Aufnahmen vor Cartier.«

Als die Menge begreift, dass das Model sich entfernen wird, drängt sie noch weiter nach vorn. Claudia läuft mit gesenktem Blick in Richtung der Boutique. Sie nimmt meinen Arm und murmelt: »Komm mit. Wir müssen einfach weiterlaufen, als ob nichts wäre.« Ich ergreife ihre Hand und ziehe Claudia entschlossen fort. Wir kommen nur schwer voran. Die Leute stellen sich uns in den Weg, in der Hoffnung, ein Autogramm, ein Lächeln oder auch nur einen Blick zu ergattern. Wir können nur winzig kleine Schritte machen. Die Menge blockiert uns den Weg ... Irgendwann stoßen die Leute zu Claudia vor, sie fassen ihr ins Haar und zupfen an ihren Kleidern. Wir werden hin und her gerissen, das Menschenmeer trägt uns fort. Ich höre Schreie, anschwellenden Lärm ... Dann erscheinen muskulöse Arme und drängen die Schaulustigen beiseite, um Claudia aus der Menge zu befreien. Jemand reißt mich an der Schulter und ruft, ich solle ihm folgen. Ich hänge mich an ihn dran und folge ihm bis zum Cartier-Geschäft. Hinter uns schließt sich die gepanzerte Tür. Claudia ist da. Wir sind in Sicherheit.

Eric Wright erzählt uns, dass die Polizei des Fürstentums eingreifen musste, um uns aus der Meute zu retten. Claudia sitzt auf einem Stuhl und atmet durch, ohne ihre Aufregung zu zeigen. »Verstehst du jetzt, warum ich nicht gern allein auf die Straße gehe, Arnaud?« Ich glaube, ja.

Es ist nach 22 Uhr. Die Nacht bricht über Monaco herein. Die Lichter der Stadt leuchten. Ich sitze auf der Terrasse vor La Vigie und träume. Ein leichter Wind kommt auf. Eric ruft mich mit dröhnender Stimme. »Ich komme!« Ich eile zu ihm. Er ist in einem Arbeitszimmer im Erdgeschoss. Auf dem Weg dorthin treffe ich Veruschka, die gerade Stimmübungen macht. Sie trägt einen langen schwarzen Mantel und eine große Fliegerbrille. Ihre lange, dünne Gestalt und die wilde Schminke lassen sie aussehen wie die böse Cruella aus *101 Dalmatiner.* Eine absurde Vorstellung. Karls Assistent wirkt äußerst gereizt. »Wo hast du den grauen Gürtel aus Eidechsenleder gelassen?« Wut macht blind. Der Gürtel liegt direkt vor seinen Augen. Ohne etwas zu erwidern, reiche ich ihm das Gesuchte. »Ich bin für dieses Shooting nicht eingeplant, aber ich will dir gerne helfen, falls du mich brauchst.« – »So geht das nicht. Wir müssen die Accessoires griffbereit haben!« Ich sehe ein, dass Eric erschöpft ist. Er hört mir nicht mehr zu. Also beschließe ich, lieber bei ihm zu bleiben, damit ich die nächste Krise abwenden kann ... Ein heftiger Luftzug stößt das Fenster auf. Ich schließe es. Der Wind wird stärker.

Sophie ruft mich. Ich gehe zu ihr in den großen Salon, der durch Scheinwerfer taghell erleuchtet ist. »Ist doch seltsam, oder?« Karl wirkt kein bisschen müde. Er arbeitet seit mehr als zehn Stunden und hat keine einzige richtige Pause gemacht. Der Couturier schaut ins Leere und redet, ohne auch nur einmal Luft zu holen. Er ist der geborene Erzähler und trägt uns mit Leidenschaft Fausts Geschichte vor. Die Zuhörer sind gebannt. Seine Textkenntnis ist beeindruckend. Karl zitiert Goethe im Original. Er beherrscht sein Thema fabelhaft. Dann wird es still. Das Shooting wird fortgesetzt. Veruschka tritt ins Scheinwerferlicht. Sie mimt furchtbares Entsetzen und reißt ihre schwarz umrandeten Augen auf. Draußen stürmt es. Der Wind heult und rüttelt an den Fenstern. Das Blitzlicht prasselt wie Funken nieder. Mir wird unbehaglich, und ich ziehe mich in eine Ecke des Raums zurück. Veruschka schreit laut auf und lässt sich dann auf ein Sofa fallen. Sophie schaut mich fassungslos an. Es ist alles Theater. Das Model steht auf, nimmt im Vorbeigehen ein Glas Champagner vom Büfett und beginnt, vollkommen hysterisch zu lachen. Dieser Raum, das Licht und Veruschkas übertriebenes Spiel ... Mir kommt es vor, als sei ich im Film. »Ich bin ein Teil von jener Kraft, die stets das Böse will ...« Karl zitiert erneut Goethe. Er wirkt überspannt. Das Shooting geht in rasendem Tempo weiter. Der Couturier verlangt immer mehr Filme, immer mehr Posen. Die Darsteller stehen da wie in Trance. Sie bekommen ganz eingefallene Gesichter durch die Kombination von extremer Müdigkeit und der eigenartigen Stimmung im Raum. Ich bleibe in Sophies Nähe und bin fasziniert davon, was sich dort vor unseren Augen abspielt.

Karl beendet das Shooting und zieht sich zurück. Es ist 5 Uhr morgens. Das Team läuft zu Fuß hinunter zum Monte-Carlo Beach. Alle schweigen. Diese außergewöhnliche Nacht hat alle erschöpft. Ich spüre Tropfen auf meinem Gesicht. Es regnet. Der Sturm hat sich gelegt.

MONACO, 25. JUNI 1994

Wir treffen uns in Karls Wohnung, einem ultramodernen, fünfhundert Quadratmeter großen Kasten mit drei Geschossen und Blick auf das Meer. Die Stimmung ist trist. Seit dem Morgen fällt dichter Nieselregen vom grauen Himmel. Wir haben nicht einmal drei Stunden geschlafen, und der Couturier ist noch nicht da. Er wird sich verspäten, wie immer. Die Helfer bauen schon einmal das Equipment auf und versuchen, Monsieur Lagerfelds Wünschen vorzugreifen, indem sie die Lichtverhältnisse in jedem Raum überprüfen. Sophie und ich haben uns in eine Waschküche zurückgezogen. Sie ist der einzige Raum, der uns irgendwie ansprach. Sie wirkt etwas gemütlicher und intimer als all die großen leeren Säle aus grauem Marmor, die uns einen kalten Schauer über den Rücken jagen. Diese Wohnung erinnert an ein ungenutztes Möbellager. Nein. Eher an ein Mausoleum.

»Als was würden Sie gerne wiedergeboren, Arnaud? Als Möwe oder als Wal?« Ich lache und spinne das Spiel weiter, indem ich einen Vortrag darüber halte, welche Vorteile jedes dieser Tiere zu bieten hat. Sophie liegt auf einem Kanapee. Sie befingert nachdenklich den Talisman an ihrer Halskette. Ich stehe ihr gegenüber an einem Bügelbrett. An diesem Morgen gibt es nichts zu tun. Also habe ich mir in den Kopf gesetzt, sämtliche Modelle der Zwischenkollektion überzubügeln. Natürlich sind all diese Kleider in tadellosem Zustand, aber ich muss mein Unbehagen lindern. »Ich glaube, ich würde lieber singen wollen wie ein Wal, obwohl es bestimmt auch schön ist, so leicht wie eine Möwe zu sein.« Sophie stimmt mir zu. »Sie haben recht. Außerdem haben Wale mehr Spaß, und Möwen verbringen ihr Leben damit, immer nur lauthals zu schreien ...« Unsere Unterhaltung dreht sich im Kreis. Wir stehen immer noch unter dem Eindruck der vergangenen Nacht. »Arnaud, glauben Sie, wir können das irgendwann erzählen, ohne als mythenhafte Lügner dazustehen?« Wir müssen beide lachen. Ich glaube es ehrlich gesagt nicht.

Mit zwei Stunden Verspätung trifft endlich Karl in der Wohnung ein. Er ist schon wieder in Form. An seiner Seite taucht Kirsten McMenamy auf, ein Topmodel mit braunen Haaren und blauen Augen. Eine androgyne und ambivalente Erscheinung.

Das Shooting kann beginnen. Karl wird erneut den ganzen Tag bis in die Nacht hinein arbeiten, ohne das kleinste Anzeichen von Müdigkeit zu zeigen. Wir befolgen mechanisch seine Anweisungen und stellen keine weiteren Fragen. Dann, endlich, sind die Fotos im Kasten. Und das Team im Eimer.

Am Morgen verlassen wir Monaco. Wir haben gerade noch Zeit, kurz unter die Dusche zu springen, dann fahren wir schon zum Flughafen, damit wir die Maschine um 8:10 Uhr erwischen. Über Nizza scheint die Sonne. Das Flugzeug hebt ab. Ich falle sofort in einen tiefen Schlaf. Vielleicht habe ich das alles nur geträumt?

KAPITEL 7
HAPPY BIRTHDAY

AUF DEN BALEAREN, AUGUST 1994

Der Sommer ist verflogen wie nichts. Ich habe mich für den August verabschiedet, um auf Ibiza zu feiern. Vom Strand zur Before-Party, von der Disko zur After-Party. Freunde haben mich eingeladen, und ich habe in einer wunderschönen Villa in Jesús gewohnt, einem kleinen Dorf in zwei Kilometer Entfernung vom Badeort mit dem heftigsten Nachtleben der Welt. Alles, was ich wollte, war: unglaubliche Feten feiern, mich ausruhen, lachen und versuchen, die Automatismen eines Modeassistenten abzulegen. Vergeblich.

Jeden Tag weckte mich ein Freund aus meiner Siesta und rief streng: »Kaffee, Arnaud?« Ich sprang dann mit einem Satz aus der Hängematte. »Ja, sofort. Wird gemacht.« Der Freund lachte sich kaputt. »Zu spät. Schon fertig. Hier, das bringt dich in Schwung. Und hör auf, uns mit diesem amerikanischen Hyst-Eric zu verwechseln!« Ach ja, ich bin noch im Urlaub …

PARIS, SEPTEMBER 1994

Rückkehr zum Boulevard de la Madeleine, mit dem erstaunlichen Gefühl, dass mein Traum Form annimmt und mit jeder Saison greifbarer wird. Die Vorbereitungen für die Kollektion sind in vollem Gange. Das heißt wieder einmal: zahllose Prototypen in Augenschein nehmen, Models aussuchen, Anproben durchlaufen, unter der Leitung von Eric Wright Ideen für Accessoires finden, Bestelllisten ausfüllen, korrigieren, nochmals abschreiben, wieder und wieder.

In diesem Jahr macht uns das Vinyl zu schaffen. Karl hat ein enges schwarzes Mieder entworfen, das die Silhouette der Mädchen buchstäblich abschnüren soll. Die ersten Anproben sind enttäuschend. Der von Karl ausgesuchte Stoff hat zu wenig Stretch, um sich den Kurven der Models vollkommen anzupassen. Die Nähte platzen auf und die Reißverschlüsse gehen bei der leisesten Bewegung kaputt. Anita betrachtet diese Widrigkeiten als einen Angriff auf ihre Person. Unsere Chefschneiderin mobilisiert also ihr Team und wendet ihre gesamte Energie auf, um noch mehr Prototypen zu schneidern, die anschließend anprobiert werden. Das Atelier hat ganze fünf Tage gebraucht, um den Widerstand des Materials zu brechen. Beim letzten Fitting reicht Anita wortlos ihr Mieder heraus. Es ist fest und elastisch zugleich, und das von Feenhänden geschneiderte Stück verleiht dem Oberkörper unseres Anprobemodels die perfekte Form. Ein echtes Zauberwerk der Pariser Haute Couture.

Unsere Studioleiterin Dauphine de Jerphanion erkennt, dass sie mit dem Mieder das wesentliche Element für die Saison in den Händen hält. Wie ein wiederkehrendes Motiv wird es über allen Entwürfen getragen. Ein Triumph. Auch die Mädchen sind begeistert. Nach der Schau kommen sie in Scharen hinter die Kulissen und bitten, ob sie »dieses schwarze Ding, das so schöne Brüste macht«, nicht behalten dürfen.

PARIS, 14. OKTOBER 1994

Nach der Schau im Carrousel du Louvre wird die Lagerfeld-Kollektion in allen Zeitschriften gelobt. Vor allem die Mieder aus Vinyl, aber auch die Sandalen aus durchsichtigem Plastik mit den hohen Absätzen und Riemenschnallen finden einhellige Zustimmung. Sogar unseren Bodydress lassen die Moderedakteurinnen nicht unbeachtet. In der vorangegangenen Saison hat die zweite Haut aus Lycra bereits in den USA Furore gemacht und Tausende von Fans gefunden. Die Presse kann das eng anliegende Stück Stoff also nicht mehr ignorieren. In diesem Jahr wird es im Schichtenlook in allen Farben und Formen unter der Kleidung getragen. Jamie Samet, eine herausragende Journalistin beim *Figaro,* widmet dem Accessoire gleich eine drei viertel Seite. Die Kollektion ist nun auf den Weg gebracht. In den Modeboutiquen drängeln sich die Kundinnen, die einen Bodydress, eine Jacke oder ein Mieder im Voraus reservieren möchten.

Karl steht die ganze Zeit im Mittelpunkt des Interesses. Seine von der Presse beweihräucherten Kollektionen und seine neue Leidenschaft für die Fotografie haben ihn über die Modewelt hinaus bekannt gemacht. Der Couturier gibt sich unbeteiligt, geht aber auf alle verlockenden Anfragen ein.

PARIS, ENDE OKTOBER 1994

Nach der Präsentation und dem anschließenden Verkaufstermin im Hotel George V beehrt Karl Lagerfeld die Sorbonne. Er tritt dort im Rahmen eines Kolloquiums auf, das Chanel gemeinsam mit der ältesten Universität Frankreichs organisiert hat. Wieder einmal bittet uns der Modezar, ihn zu begleiten. Wir, das sind Sophie, Caroline und ich. Karl fühlt sich anscheinend wohl mit diesem Trio. Er weiß, dass er auf uns zählen kann. Außerdem lachen wir viel. An diesem Tag aber bekomme ich einen tiefen Einblick in die Verfassung und Gefühlswelt der öffentlichen Person Karl Lagerfeld.

Das Thema der Veranstaltung ist nicht besonders einfallsreich. Die Anwesenden haben die Möglichkeit, den »einzigartigen Modeschöpfer, eine Symbolfigur für Ideenvielfalt, Geschmack und europäische Kultur« zu seinen Inspirationsquellen zu befragen. Um dem akademischen Nachmittag etwas Glamour zu verleihen, haben wir drei Models gebeten, einige Kleider vorzuführen. So kann Karl die verschiedenen Stile erläutern, die er jede Saison für seine drei französischen Couture-Häuser neu definiert. Claudia Schiffer präsentiert Chanel, Linda Evangelista Chloé und Patricia Velasquez Lagerfeld.

Der Tag hat einen schlechten Start. Eine Demonstration legt das Quartier Latin lahm. Man kommt nicht zur Sorbonne durch. Wir stecken mit dem Taxi in der Rue Saint-Jacques fest und sorgen dort für einiges Aufsehen. Die Studenten kleben mit weit aufgerissenen Augen an den Scheiben und versuchen, einen Blick auf die Topmodels zu werfen. Wir müssen auf die Bereitschaftspolizei warten, die uns schließlich hinter die Sperren bringt. Wir erreichen den großen Hörsaal mit zehn Minuten Verspätung und die Mädchen sind weder frisiert noch geschminkt ...

Eine Stunde später sitzt Karl schließlich neben Guillaume Durand auf dem Podium. Wir spüren, wie sehr er es genießt, die Aufmerksamkeit des übervollen Hörsaals bei sich zu wissen.

Der Couturier ist ein glänzender Gesprächspartner. Er liebt das Unvorhergesehene und freut sich, im Mittelpunkt des Interesses zu stehen. Caroline, Sophie und ich haben uns hinter das Podium zurückgezogen und werden den Models die Stufen heraufhelfen. Die Zuhörer stellen eine typische Frage nach der anderen. »Wie haben Sie Ihre Berufung gefunden?« – »Ich hatte Musikunterricht, und meine Etüden bereiteten meiner Mutter Ohrenschmerzen. Eines Tages klappte sie den Klavierdeckel zu, während ich noch spielte, und meinte, ich solle es doch lieber mit dem Zeichnen probieren. Das würde weniger Lärm machen.« Schallendes Gelächter im Publikum. Karl scheint dieses Lachen zu elektrisieren. Er erzählt weitere lustige Anekdoten, die teilweise so abstrus sind, dass sie wohl eher seiner Fantasie entstammen. »Ja, ich weiß, ich rede schnell. Das hat schon meine Mutter ungemein geärgert. Ich hatte ihr immer so viel zu erzählen, dass ich dachte, ich müsste wie eine Maschinenpistole loslegen, damit ich meine Sätze auch zu Ende bringen könnte. Das war ein Irrtum.« Sind Karls Verletzungen so tief, dass er nur mit viel Humor und Nonchalance darüber sprechen kann?

PARIS, ANFANG NOVEMBER 1994

Nach Allerheiligen ist das Wetter in der Hauptstadt mit einem Mal umgeschlagen. Es ist vorbei mit Licht und milder Luft, der Herbst hat die Segel gestrichen. Im Studio sind alle erschöpft. Die Aufregung vor der Kollektionspräsentation hat einer trüben Routine Platz gemacht. Die typischen Nachwirkungen treten ein. Die Modenschauen haben uns höllisch viel Kraft abverlangt. Wie besessen arbeiten wir daran, die Zielvorgabe zu erreichen. Die Wochen verstreichen mit so viel Adrenalin und leidenschaftlichem Eifer, dass uns keine Zeit zum Luftholen bleibt. Karl nennt diese Phase die »Tour de France«. Unsere Bergetappen kommen, wenn im letzten Moment noch Skizzen im Atelier eintreffen, und das wilde Zeitfahren startet, wenn bei den letzten Fittings die Angst steigt, dass man nicht rechtzeitig fertig wird.

Keine Anproben mehr, keine überraschenden Änderungen vom Couturier, die uns in Anspruch nehmen. Ab jetzt geht es darum, die Fabrikation zu überwachen und den typischen Papierkram zu erledigen. Auch in der Mode sind wir manchmal wie Beamte tätig und verbringen unsere Zeit damit, Rechnungen und Bestellungen zu prüfen.

Meine Tätigkeit beschränkt sich darauf, die Wege der Prototypen zu verfolgen. Eine scheinbar leichte Aufgabe, die aber echtes Kopfzerbrechen bereiten kann, wenn es darum geht, Presse, Studio und Produktion unter einen Hut zu bringen. Nach jedem Verkauf zieht die kaufmännische Abteilung eine erste Bilanz, um dann gemeinsam mit dem Team darüber zu entscheiden, welche Modelle voraussichtlich ein Renner werden und welche man einstellen sollte. Ich suche dann alle Kleidungsstücke zusammen und überprüfe ihren Zustand. Die von den Modenschauen, Models und Käufern malträtierten Prototypen werden zuerst einmal von unseren Schneiderinnen nachgenäht. Anschließend bringe ich sie zur Rue de Charonne in die Teinturerie Simone – die einzige Reinigung in Paris, der man Couture anvertrauen kann.

Dann beginnen auch gleich die Probleme. Zum einen bitten die ersten Moderedakteurinnen die Pressestelle um Prototypen, damit sie Fotoserien anfertigen und ihre Themen abstecken können. Die Präsenz in den Medien ist unbezahlbar. Ein einziger Artikel lässt die Verkäufe sichtbar ansteigen. Also muss man den Wünschen der Journalisten unbedingt so schnell wie möglich nachkommen – bevor sie sich anders entscheiden. Aber auch das Studio bereitet das Shooting für die Werbekampagne vor. Die von der Geschäftsleitung ausgewählten Modelle werden lange vorher beiseitegelegt, damit sie nicht zu den Moderedaktionen verschwinden. Zu guter Letzt macht sich auch die Fabrikation an die Arbeit. Anhand eines winzigen Prototyps in Größe 34 werden sehr genaue technische Zeichnungen für alle gängigen Größen angefertigt. Sie werden an kleine Schneiderwerkstätten geschickt, die in Frankreich und im Ausland hochwertiges Prêt-à-porter nähen.

Sobald ich die in tadellosen Zustand gebrachten Kleider zurückhabe, beginnt ein absurder Eiertanz. Vor den Schränken im Showroom, die ich sorgsam abgeschlossen habe, reihen sich die verschiedenen Abteilungen unseres Hauses auf. Ganz vorn steht Caroline, die mir ein von Eric reserviertes Stück entwenden will, um es an eine Redakteurin bei der *Vogue, Madame Figaro* oder *Vanity Fair* zu schicken. Ich willige schließlich ein – gegen den absolut hochheiligen Schwur, dass ich es eine Woche später zurückbekomme. Anschließend möchte Anita ein Modell haben, das in die Fabrikation gehen soll. Gleich darauf kommt Mister Wright und muss unbedingt drei neue Stücke in den Katalog aufnehmen, nur »für den Fall«. Zum Schluss stattet mir Sophie betont lässig einen Besuch ab und schaut nach, »was von der Kollektion übrig geblieben ist«. Ich bin unerbittlich und verteidige meine Schränke wie Harpagnon[23] seine Geldschatulle. Ich verstecke die Schlüssel und verlange eine schriftliche Anfrage, wenn ich meine Schatztruhe öffnen soll ... Karl hat mir einen neuen Spitznamen verpasst: der Pitbull. Er meint, ich würde nie lockerlassen, ganz gleich, wen ich

23 Harpagnon ist der Titelheld von Molières *Der Geizige*.

vor mir habe. Karl wollte sich vielleicht über mich lustig machen, aber der Name passt perfekt zu mir. Ich bin wirklich ein Pitbull.

PARIS, 15. NOVEMBER 1994

Karl ist im Ausland und macht Fotos für die kommende Werbekampagne von Chanel. Etwa ein Dutzend Leute steht ihm während der bis ins kleinste Detail geplanten Arbeitswoche zur Seite. Selbstverständlich. Schließlich werden jedes Jahr Hunderte von Werbeseiten in Zeitungen und Zeitschriften aus aller Welt gekauft. Da steht viel auf dem Spiel. Das Prêt-à-porter von Chanel schreibt astronomische, fast unheimliche Gewinne. Das Label stützt sich auf den Namen Karl Lagerfeld und den Esprit von Coco, den er neu erweckt und neu erfunden hat. Im Vergleich dazu wirkt Karls eigenes Label wie ein Zwerg. Selbst mit unserer hohen Schneiderkunst und unseren etwa einhundert Mitarbeitern stehen wir doch recht bescheiden da, wenn man sich die Mittel anschaut, die in der Rue Cambon zur Verfügung stehen. Die Kollektionen bei Lagerfeld sind im Stil schärfer, grafischer und elitärer und damit im Grunde nur für einen kleinen Kreis bestimmt. Man kann die beiden Häuser nicht anhand der Zahl ihrer Boutiquen oder anhand ihres Marketingbudgets vergleichen. Monsieur Lagerfelds Label bleibt trotz der neuen Geldgeber ein Kunsthandwerk.

Karl ist ein Modezar, der keine Vorstellung davon hat, wie man sparsam arbeitet. Das Haus Lagerfeld gibt prächtige Kataloge heraus, die auch als Kunstbände durchgehen könnten und wahnsinnig viel Geld schlucken. »Der Katalog ist meine Tänzerin«, schwärmt der Couturier oft. Eine anspruchsvolle Primaballerina, bei deren Anblick die Investoren mit den Zähnen knirschen.

In einigen Tagen werden Eric, Sophie und ich nach Südfrankreich reisen, um dort wie gewohnt das Lagerfeld-Shooting zu begleiten, das als letztes nach Chanel und Chloé auf dem Programm steht. Wir treffen uns mit Karl in Hyères in der Villa Noailles. Die Betonwürfel aus den 1920er-Jahren spuken dem Modeschöpfer seit einiger Zeit im Kopf herum. Ihre zeitlose und ultramoderne Architektur, die verwitterte Fassade und die heruntergekommenen Innenräume faszinieren ihn. Wie immer, wenn ihn etwas interessiert, möchte Karl möglichst alles darüber wissen. Er hat La Hune[24] geplündert und alle Bücher mitgenommen, die zu besagter Villa erschienen sind. Das Haus gehört zu den ersten Werken des Architekten Rob Mallet-Stevens. Die Besitzer Charles und Marie-Laure de Noailles galten vor dem Krieg als herausragende Mäzene, als wagemutige Visionäre und ... als überaus reich. Das im Bauhaus-Stil errichtete Haus war das Erste seiner Art in Frankreich. Seitdem es der Vicomte de Noailles in den 1970er-Jahren der Gemeinde von Hyères übergeben hat, tritt es langsam aus seiner Erstarrung und wird Schritt für Schritt renoviert.

Wenn er sich umfassendes Wissen zu einem Thema angeeignet hat, beschließt Karl meist, ein Buch daraus zu machen. Dieses Mal dient ihm die Präsentation der Lagerfeld-Kollektion für Frühjahr/Sommer 1995 als Ausrede.

HYÈRES, 19. NOVEMBER 1994

Ich bin von nun an auf jeder Reise dabei. Zum Spaß rühmt sich Sophie, dass sie so stets in Begleitung des ewigen Bügelmeisters ist. Kann sein, dass ich wirklich etwas pedantisch bin. Ich überlasse absolut nichts dem Zufall. Die Falten der Kleider, die Auswahl der Accessoires, die Beschreibung der Looks – alles muss perfekt sein. Ich habe immer wieder überprüft, ob alles an seinem Platz ist. Aber wenigstens kann ich anschließend beruhigt sein.

Wir landen am Flughafen von Hyères und fahren direkt ins Hotel des Roches. Das altbekannte Luxushotel liegt in der Felsenbucht von Lavandou, gegenüber der Îles d'Or. Das für unser Shooting gemietete Milou Car steht bereits vor dem Eingang. Der kleine Lieferwagen in Graumetallic ist ein amerikanisches Fabrikat

24 Berühmte Buchhandlung am Boulevard Saint-Germain in Paris.

und sieht aus wie ein hochmodernes Wohnmobil. Sein Inneres ist Showroom, Schminkgarderobe und Tresor in einem. Im Sicherheitsbereich hängen die Kleidungstücke nach Themen geordnet auf Bügeln. Zudem wird hier die gesamte technische Ausrüstung aufbewahrt: Scheinwerfer von Balcar, Fresnel und Mizard[25], Reflektoren, Stative, Kühltaschen mit Filmen und schließlich Folien in allen Farben, mit denen sich verschiedene Lichteffekte erzeugen lassen ...

Durch die seitliche Tür im Wagen gelangt man entweder nach vorn zu den Sitzbänken oder nach hinten in den Schminkbereich mit den von Glühlampen umrahmten Spiegeln. Ein Shooting im Freien ist ohne ein Milou Car praktisch unmöglich. Wenn wir einen dieser Wagen benötigen, gibt uns die Pariser Vermietung aus der Passage Beslay immer ihr bestes Stück, und zwar generalüberholt und blitzblank gereinigt.

Karl möchte nicht, dass wir irgendwo eine Sonderbehandlung einfordern. Das ist aber auch gar nicht nötig. Allein der Name Lagerfeld genügt, damit Hoteliers, Restaurantbesitzer und Autovermieter uns mit Aufmerksamkeiten überschütten. Ein sehr angenehmer Umstand. Das einzige Problem dabei ist, dass man sich sehr schnell an diese Dinge gewöhnt ...

Ich gehe mit den Fotoassistenten das Equipment und die Kleider durch. Olivier und Bernwald begleiten Karl nun seit fast zehn Jahren bei seinen Fotoprojekten. Uns dreien gemeinsam ist die Hingabe, Pedanterie und Gewissenhaftigkeit bei der Arbeit. Der Couturier scheut neue Gesichter. Also möchte er seine Mitarbeiter dazu bringen, bei ihm zu bleiben. Die Arbeitsatmosphäre ist einzigartig. Niemals lässt er sich zu Wutanfällen, Beschimpfungen oder Hysterie hinreißen. Sein Ziel ist äußerste Präzision, wenn nicht Perfektion. Monsieur Lagerfeld vereint hohe Ansprüche mit Höflichkeit. Mehr kann man sich nicht wünschen ...

25 Bekannte amerikanische Ausrüster für Foto- und Kinobedarf.

Karl, Eric Pfrunder und Eric Wright treffen kurz vor dem Abendessen ein. Das Hotel hat uns zwei große Tische in der Mitte des Speisesaals reserviert, mit Blick auf das Mittelmeer. Die anderen Gäste beäugen uns interessiert, weil sie den Mann mit dem Cadogan erkannt haben. Unser Team ist komplett. Fast. Der Star unserer Werbekampagne ist noch in New York. Nadja Auermann wird morgen am frühen Abend zu uns stoßen. Wenn alles gut läuft. Das Risiko ist nicht unerheblich: Falls sich das Flugzeug verspäten sollte, ist ein ganzer Arbeitstag dahin. Aber nun, Karl wollte sie und keine andere. Der Couturier hat viel für die große und außergewöhnliche Frau übrig. Nadja hat himmelblaue Katzenaugen, hohe Wangenknochen und einen durchscheinenden Teint, der wunderbar mit Licht und Schatten spielt. Ihr größter Vorteil aber ist, dass sie eine mehrsprachige und kultivierte Berlinerin ist, die Spaß daran hat, sich mit Karl in allen möglichen Sprachen lustige Dinge zu erzählen.

Im Moment ist die Stimmung noch entspannt, und jeder hält eine kleine gemeine Geschichte aus der Modewelt parat. Der absolute Meister auf diesem Gebiet ist Stéphane Marais, unser Visagist. Der dunkelhaarige und stets braungebrannte Mann ist ein lebensfroher Genießer und wunderbarer Tischgenosse. Zudem kann er fantastisch erzählen. Er nimmt alle großen Modeschöpfer auf die Schippe. Er kennt alles und jeden: die Schönheiten aus Arles, die Christian Lacroix so vergöttert, Jean-Paul Gaultiers kleine Matrosen und die verrückten englischsprachigen Typen von John Galliano bis Yves Saint Laurent, dem »lebenden Heiligen«. Im Vergleich zu Stéphane wirkt unser Figaro Julien d'Ys sehr zartbesaitet. Sein kantiges Gesicht, die sonnengebräunte Haut und die langen Haare lassen ihn aussehen wie einen Indianer auf dem Kriegspfad. Er schweigt meist, ist aber immer auf der Hut und verbietet sich jeden Tratsch. Julien gehört erst seit einigen Monaten zu unserem Team. Karl sind seine Arbeiten für Peter Lindbergh, Paolo Reversi und Steven Meisel[26] aufgefallen. Er ist mehr als nur ein Friseur, er ist ein

26 Berühmte Modefotografen.

sensibler Künstler, der Haare modelliert wie ein Bildhauer seinen Stein.

»Wissen Sie, wie meine Mutter mir die Haare gefärbt hat?« Julien schaut zum Couturier herüber, der sich ihm lächelnd zugewandt hat. »Als kleiner Junge hatte ich einen Karottenschopf. Meine Mutter fand das furchtbar hässlich. Also hat sie eines Tages versucht, meine Haare mit einem Eierbrei zu tönen. Sie hat die Eier gleich über meinem Kopf zerschlagen. Die klebrige Masse rann überall herunter wie ein Omelett. Angewidert machte meine Mutter kurzen Prozess und schickte mich auf die Toilette, wo ich den Kopf in die Kloschüssel tauchte.« Alle am Tisch lachen aus vollem Hals. Es ist immer das gleiche Phänomen: Selbst die zurückhaltendsten Zeitgenossen geraten in Verzückung, wenn sie Karl Lagerfelds Witzen lauschen – egal, wie abwegig sie sein mögen. Sein blitzartiger Redefluss und der leichte Akzent verwandeln jede Anekdote in eine aberwitzige Schnitzeljagd. Karls Zuhörer freuen sich über jede neue Geschichte aus dem unerschöpflichen Repertoire seiner Kindheit.

Sophie sitzt an einer Ecke des Tisches und klappt ihren Terminplaner zu. »Am 24. sind wir wieder in Paris. Übrigens, Karl, am Tag davor hat Arnaud Geburtstag!« – »Ehrlich? Wie alt wird er?« – »Vierundzwanzig.« Der Modeschöpfer denkt einen Moment nach. »Seltsam. Das erinnert mich an meine Mutter. Als ich so alt wurde, hat sie mir ihre Theorie vom absteigenden Ast erklärt. Sie hat mich beiseitegenommen und mir erklärt, dass der menschliche Körper ab dem 24. Geburtstag seinem Verfall entgegenschlittert ...«

Das Essen dauert inzwischen eine Ewigkeit. Die Reste einer Ladung Hummer werden von den Kellnern davongetragen. Einige Gäste versuchen, auf sich aufmerksam zu machen, weil sie ein Autogramm ergattern möchten. Karl schnappt sich einen Stift. »Wo soll ich unterschreiben?« Eine junge Frau mit einem Twinset aus Kaschmir hält ihm die Speisekarte hin. Karl schreibt ihr eine Widmung hinein und fügt auch noch eine kleine Skizze hinzu. Sie ist ganz verzückt. Nach dem letzten Kunden holt auch noch der Hotelbesitzer sein Goldenes Buch hervor. Wir rutschen auf unseren Stühlen hin und her. Dieser Andrang ist ja wirklich reizend, aber langsam ermüdet uns die Prozedur. Also bitten wir, uns zurückziehen zu dürfen. »Jetzt schon?«, wundert sich der Modezar gekränkt. »Na schön, da Sie heute mit den Hühnern schlafen gehen möchten, können wir genauso gut davon profitieren und uns morgen eine halbe Stunde früher treffen! Dann haben wir auf jeden Fall genug Zeit, um das Set herzurichten! Also, eine gute Nacht Ihnen allen!«

HYÈRES, 20. NOVEMBER 1994

»Wer möchte bei Karl mitfahren?« Alle ... Oder fast alle. Für die Fahrt vom Hotel des Roches zur Villa Noailles stehen uns an diesem Morgen zwei Autos zur Verfügung. Das Milou Car, in das sich natürlich alle Assistenten quetschen, und der Volvo des Modeschöpfers, eine bequeme Limousine, in der es aber ebenfalls eng werden wird. Eric Pfrunder und Monsieur Joannet, der Chauffeur, sitzen vorn. Karl hat hinten Platz genommen, gefolgt von Eric Wright, der nun einen weiteren Mitfahrer sucht. Der fünfte Sitzplatz im Volvo ist äußerst begehrt. Es mag vielleicht nichts Besonderes sein, aber wer eine Autofahrt in nur einigen Zentimetern Entfernung von Karl Lagerfeld verbringt, verschafft sich enormes Ansehen in der Modewelt. Eric Wright wird ungeduldig. Er möchte, dass Sophie de Langlade zusteigt. Die Pressechefin seufzt. Sie begleitet den Couturier seit sieben Jahren auf seinen Fahrten, und das Angebot lässt sie ziemlich kalt. Zudem leidet sie schnell unter Klaustrophobie. Sie hasst die Vorstellung, eingeklemmt wie eine Ölsardine in dieser Autobüchse zu hocken. »Los, steig ein!« Sophie gibt leise meckernd nach.

Der kleine Konvoi setzt sich in Richtung Hyères in Bewegung. Ich sitze im Milou Car und zähle die Kurven. Auch mir wird im Auto schnell schlecht. Ich lehne mich aus dem Fenster, atme tief durch und hoffe, dass Sophie das auch tun kann.

»Könnte man nicht ein wenig Luft hereinlassen?« Niemand im Volvo reagiert. Sophie murmelt ärgerlich vor sich hin. »Bitte, Eric, kannst du nicht etwas tun?« Mister Wright runzelt die Stirn und öffnet das Fenster ostentativ um drei Zentimeter. »So gut?« Sophie rutscht unruhig auf ihrem Sitz hin und her. Karl unterhält sich die ganze Zeit mit Eric Pfrunder. Linkskurve, Talfahrt, lange Biegung, kurze Geradeausfahrt ... Monsieur Jouannet nimmt gleichmäßig eine Kurve nach der anderen. Sophie ist kreidebleich. Als der Wagen den Hang erreicht, schaut man auf mehrere Serpentinen hinunter. »Stoooooop!« Karl zuckt zusammen. »Wie? Was ist los? Stimmt was nicht?« Der Chauffeur tritt voll auf die Bremse. Sophie stürzt aus dem Auto und übergibt sich. Sie ist fast ohnmächtig. Das Milou Car hat kurz hinter dem Volvo gehalten. Alle steigen aus und wollen der halbtoten Kollegin helfen. Die Lagerfeld-Pressechefin kippt aus den Latschen – ein Anblick, den man nicht jeden Tag bekommt. Jemand hält ihr eine kleine Flasche Evian hin. Karl versteht die Welt nicht. Er wendet sich an Eric Pfrunder. »Glauben Sie, der Hummer war nicht mehr gut? Sie sieht aber auch wirklich müde aus ...« Der Fotochef schaut weg, ihn scheint die Situation zu überfordern.

Sophie steigt neben mir ins Milou Car und döst für den Rest der Fahrt an meiner Schulter. Die beiden Fahrzeuge erreichen die Einfahrt der Villa Noailles. Das etwas heruntergekommene Gebäude macht immer noch einen gewaltigen Eindruck. Es ist von einem verwilderten Garten umgeben, und die Fassaden strecken sich gen Himmel wie unvollendete Gemälde. Jetzt verstehe ich, warum Karl unbedingt hier seine Fotos schießen möchte. Diese Architektur passt perfekt zu ihm. Schlicht, monochrom und edel. Ein Monument der Geschichte.

»Noch eine Wanduhr! Das ist jetzt die dritte!« Der Couturier ist hin und weg. Er schreitet einen Raum nach dem anderen ab und erfreut sich am kleinsten Detail. »Daraus werde ich ein Thema für den Katalog machen. Die Ewigkeit im Kontrast zur Schnelllebigkeit der Mode ...« Karl hat recht. Zeit hat hier keine Bedeutung. Man könnte meinen, man stünde in einem surrealistischen Dornröschenschloss. Das Team folgt Karl durch das Haus. Die Fotoassistenten machen Notizen, suchen nach geeigneten Perspektiven und schauen sich gründlich nach allem um, was die Aufnahmen behindern könnte. Sophie und ich sind tief beeindruckt von diesem außergewöhnlichen und geschichtsträchtigen Ort.

Die Erkundung des Sets dauert bis zum Mittagessen. Anschließend stößt der Verwalter der Villa zu uns. Monsieur Blanc konnte dem Wunsch nicht widerstehen, endlich einmal Karl Lagerfeld zu treffen. Die beiden Männer gehen in den Garten und unterhalten sich über Architektur und moderne Kunst.

Während ein Teil des Teams zu Mittag isst, kümmert sich Stéphane Marais um Nadja, die eben erst mit quietschenden Reifen vorgefahren wurde. Karl möchte das schöne Wetter nutzen und ein paar Polaroids für den ersten Eindruck schießen. Wir haben im Souterrain eine Schminkgarderobe eingerichtet. Nach Karls Anweisung werden Nadjas Augenlider und Lippen besonders extrem geschminkt. Auf einem Ständer liegen Dutzende kleine Tuben und Behälter mit Grundierung, Schminke und Lippenstift und warten auf den Pinsel des Visagisten. In jedem Land, das er bereist, entdeckt Stéphane neuartige Kosmetikartikel. Es ist ein besonderes Vergnügen, ihm bei der Arbeit zuzuschauen. Er mischt die Farben auf einer Palette, bevor er sie mit zarten und präzisen Strichen auf das Gesicht aufträgt. Nach ihm wird Julien d'Ys Nadjas platinblonde Haare in flache Wellen legen – wie bei einer amerikanischen Schauspielerin aus der Stummfilmzeit. Die Prozedur dauert zwei Stunden. Das Model sitzt die ganze Zeit über völlig regungslos mit geschlossenen Augen da. Ab und zu saugt sie mit einem Strohhalm einen Schluck aus ihrer Coladose und bewegt dabei nicht einmal die Lippen. Sie ist mitgenommen durch die acht Stunden Zeitverschiebung und versucht, sich noch ein wenig zu entspannen. Nadja kommt es nicht in den Sinn, sich deswegen zu beschweren. Sie ist ein gewissenhafter Profi und ein sehr umgänglicher Mensch.

Im Nebenzimmer packe ich gerade die letzten Accessoires aus, die ich bereits den verschiedenen Outfits zugeordnet habe. Eric Wright umschwirrt mich. »Bist du sicher, dass alles da ist? Ich habe den Eindruck, es fehlt die Hälfte.« Natürlich ist alles da, ich habe es schließlich mehrfach überprüft. Eric regt sich auf. »Es gefällt mir nicht, wenn du die Accessoires so hinlegst. Häng sie auf, das ist viel praktischer!« Ich erwidere nichts. Karls Assistent nimmt mehrere Halsketten und drückt sie mir in die Hand. »Die hängst du jetzt sofort auf.« Ich gehorche wütend. Sobald Eric hier weg ist, werde ich alles wieder an seinen Platz legen. Ich weiß aus Erfahrung, dass er nicht wieder zurückkommt. Sobald das Shooting losgeht, wird sich Eric an Karls Rockzipfel hängen und Nadjas Look in allen Einzelheiten kommentieren. Nur seine Befehle brüllt er dann nach hinten. Egal. Ich bin ein Pitbull. Ich knurre nicht. Irgendwann beiße ich zu.

»So, Nadja, ein wenig mehr nach rechts, ja ... Nicht bewegen. So ist es prima. Schau nach oben ... Ja, schön! Super!« Karl Lagerfeld bückt sich hinter dem Kamerastativ und nimmt sein Model unter Beschuss. Er genießt diese Momente. Fotografieren ist schon seit einigen Jahren seine Lieblingsbeschäftigung.

Ohne Stress, ohne engen Zeitplan, ohne Schreiberlinge im Rücken. Das pure Glück. Inzwischen ist der siebte Film verbraucht. Schnell wie der Blitz nimmt ein Assistent die Hasselblad vom Stativ und ersetzt sie gegen einen identischen Apparat, der bereits mit einem neuen Film geladen wurde. Karl möchte den Blickwinkel ändern. Der zweite Assistent nimmt die Kamera samt Stativ und wartet auf die Anweisungen des Fotografen. »Nicht hier, mehr nach hinten. Nein, das geht nicht, so stehen wir ihr ja glatt im Rücken ...« Bernwald bemüht sich, genau den richtigen Standpunkt zu finden. Währenddessen gibt Eric Wright seine exaltierten Plattitüden zum Besten. *»It's divine,* Karl, *fan-tastic!«* Der Form halber murrt der Couturier ein wenig vor sich hin. »Meinst du? Ja, es ist gar nicht übel, du hast recht.« Olivier testet seinen silbern beschichteten Reflektor und wird das Licht auf Nadja lenken, sobald er den Befehl dazu bekommt. An diesem Morgen spielen Sonne und Wolken Fangen. Wir werden noch eine ganze Weile hier zubringen. Wenn ich gerade nicht hin und her renne, um ein Accessoire zu besorgen, stehe ich bei der kleinen Gruppe, die sich einen Spaß daraus macht, Eric zu imitieren. Sobald der Assistent den Mund aufmacht, sprechen wir im Chor: »*Gorgeous,* o ja, wunderbar, Karl!« Ich kriege mich nicht mehr ein vor Lachen. Eric merkt nichts von unserem Theater und ist vollends damit beschäftigt, seinen angebeteten Modeschöpfer zu lobhudeln. Zwischen zwei Begeisterungsstürmen wirft er sich auf Nadja und glättet eine unsichtbare Falte. »*Wait a minute,* Karl, da stimmt was nicht!« Er greift in seine Chanel-Gürteltasche aus schwarzem Velours, holt eine Stecknadel heraus und macht sich an dem Model zu schaffen. Auf einmal hat er eine Eingebung: Er möchte unbedingt ein neues Accessoire ausprobieren. Der Couturier wird ungeduldig. »Ist schon in Ordnung. Fang nicht wieder mit dieser Show an!« Eric rudert zurück, lässt sich aber nicht aus der Fassung bringen. »Gut, Karl, im Grunde spielt es keine Rolle. Es ist alles perfekt, einfach *divine!*« Er beginnt, zu klatschen. »Ja, Nadja, super, diese Pose, *great, great, fantastic!*« Karl wirkt entnervt. »Hör mal, Eric, ich habe noch gar nicht angefangen. Bist du noch ganz da?« Alle beißen sich auf die Lippen. Diese kurzen spaßigen Momente haben mir während all der Jahre das Gefühl gegeben, genau am richtigen Ort zu sein.

HYÈRES, 23. NOVEMBER 1994

Vorletzter Tag des Shootings. Heute Morgen hat Karl einen Umweg über die Stadt gemacht, bevor er zur Villa fuhr. Seltsam. Sophie schleppt mich in einige Geschäfte, weil sie Modemagazine kaufen möchte. Wir kommen noch zu spät ...

Tatsächlich treffen wir als Letzte ein. Ich entschuldige mich bei Karl, der schon dabei ist, die Villa aus allen Blickwinkeln zu fotografieren. So macht er sich schon einmal warm, während Nadja noch geschminkt und frisiert wird. Mein Fehlen scheint ihm nicht negativ aufgefallen zu sein. »Guten Morgen, mein Lieber! Ich hab etwas für dich. Ich mach das hier noch zu Ende, und dann gebe ich es dir.« Ich begebe mich in meine Höhle im Souterrain. Plötzlich ruft mich jemand. Ich renne die Stufen hinauf. »*Hap-py birth-day to you, hap-py birth-day to you,* Arnaud!« Das gesamte Team reiht sich vor mir auf und singt mir ein Ständchen. Ich fasse es nicht. Seit vier Jahren ist es das erste Mal, dass der Couturier an meinen Geburtstag denkt. Ist hier etwas im Gange? Karl hat seine Kamera beiseitegelegt und tritt zu uns. Der Modeschöpfer reicht mir eine marineblaue Einkaufstüte. Darauf lese ich: »Juweliergeschäft ...«. Ich bin verblüfft. Das kann ich nicht annehmen. »Danke, Karl, aber wissen Sie. « Dieser drückt mir die Tüte in die Hand und fordert mich auf, sie zu öffnen. Ich gehorche und nehme eine große grüne Schachtel mit den Buchstaben »Rolex« heraus. Im Raum wird es still. Ich bin gerührt. Ich öffne tastend die Schatulle und erblicke eine fantastische GMT Master mit Stahlgehäuse und rotschwarzem Zifferblatt. Während ich noch regungslos dastehe, nimmt mir der Modezar die Uhr sanft ab und legt sie mir ums Handgelenk. Seine Geste wird von Gemurmel begleitet. Das Ganze kommt mir vor wie ein Traum. Karl wirkt auf einmal verärgert. »Sie ist viel zu groß. Wir müssen uns in Paris noch einmal darum kümmern.« Instinktiv umarme ich ihn. »Das ist das schönste Geschenk, das ich je bekommen habe.« Dem Couturier ist diese Situation wie immer unangenehm. »Nun komm, Arnaud, das ist doch selbstverständlich. Mit vierundzwanzig sollte man schon eine Rolex tragen!« Die anderen umringen mich, um mich zu beglückwünschen und mein Geschenk zu bewundern. Ich bin glücklich wie nie.

Ein paar Minuten später erkundigt sich Monsieur Lagerfeld, ob Nadja nun fertig geschminkt ist. Also geht es los. Es wird Zeit, wieder mit dem Shooting zu beginnen. Ich muss immer nur auf meine Uhr schauen und bin unendlich stolz. Sophie zieht mich am Ärmel zur Seite. Sie wirkt besorgt. Ich erinnere mich genau, was sie mir zuflüsterte: »Karl muss Sie sehr schätzen, wenn er Ihnen ein solches Geschenk macht. Das erzeugt Neid. Denken Sie daran, Arnaud: Wer zu nah an die Sonne fliegt, der verbrennt sich die Flügel.«

KAPITEL 8
LICENCE TO KILL

PARIS, FRÜHJAHR 1995

Trotz der Begeisterung in Presse und Öffentlichkeit kommen die Verkäufe im Frühjahr/Sommer 1995 nicht in Gang. Die Mieder gehen weg wie warme Semmeln, aber alle anderen Stücke bleiben hängen. Kundinnen, die Modelle aus der Kollektion bestellt haben, bringen sie gleich wieder zurück in die Läden. Die Kleider haben nicht den richtigen Schnitt, schlimmer noch: Sie erinnern nicht einmal an die Fotos, die den Frauen in den Zeitschriften so gefallen haben. Ein Alptraum.

Die Geschäftsleitung beruft eine Versammlung nach der anderen ein, weil herausgefunden werden soll, wo der Fehler lag. Den ausführenden Schneidern wird vorgeworfen, sie hätten die Kollektion halbherzig behandelt und nur Ausschuss produziert. Der Ton wird schärfer. Jeder will gehört werden. Es werden Schnittmuster vorgelegt, die beweisen sollen, dass alles wie gewohnt nach den Regeln der Kunst gefertigt wurde.

Zur gleichen Zeit rebellieren die Boutiquen. Den Inhabern wird klar, dass die Sommersaison eine Pleite wird. Einige gehen sogar so weit, dass sie den Vertrag mit unserem Haus kündigen. Nach inzwischen zwei finanziell enttäuschenden Kollektionen ist dies nun der Tropfen, der das Fass zum Überlaufen bringt.

Letztendlich findet man den Haken: Der Fehler lag bei uns, in der Anfertigung der Schnittmuster. Diese Arbeitsphase ist von entscheidender Bedeutung. Die Prototypen der Schauen in Größe 34 werden der Größe 38 angepasst. Jedes Kleidungsstück wird in seine Einzelteile zerlegt, worauf dann in sorgfältiger Kleinarbeit Schultern, Brust, Ärmel, Taille und Hüfte vergrößert werden, damit jede Frau die Chance hat, Lagerfeld zu tragen. Die 38 wird als Referenz verwendet, um anschließend nach strengen Vorgaben Schnittmuster für Größe 36 bis 46 auf Karton anzufertigen. Diese standardisierten Vorlagen gehen an die Schneiderwerkstätten, die dann Kleiderserien in allen Größen für Boutiquen in aller Welt herstellen.

In diesem Jahr sind die Schnittmuster aus der Form geraten, ohne dass es im Studio bemerkt wurde. Ein verhängnisvoller Irrtum von jemandem, der sich in den Kopf gesetzt hat, die Jacken und Kleider von Lagerfeld seien viel zu knapp. Es mag stimmen, dass Karl dazu neigt, Taille und Ärmel seiner Entwürfe extrem eng zu gestalten. Den Journalisten gefällt es ... und den Kundinnen auch. Alle normal vergrößerten Modelle hatten die Anprobe unter der Aufsicht von Dauphine de Jerphanion durchlaufen, aber im Anschluss beschloss der Schuldige, die Kleider klammheimlich noch ein wenig zu weiten. Eine Katastrophe. Die klaren und schlanken Linien, für die das Label Lagerfeld steht, wurden komplett zerstört. Die mutwilligen Veränderungen haben Auswirkungen auf alle Größen. Die Jacken stehen ab, es gibt keine Taille, die Ärmel sind zu weit und zu kurz. Die Kollektion ist nicht wiederzuerkennen.

Wir alle fühlen uns erbärmlich. Wie konnte uns nur ein solcher Fehler entgehen? Wir sind die Garanten für den typischen Lagerfeld-Stil, aber wir sind kläglich gescheitert. Zu viel guter Glaube, vielleicht auch zu viel Gelassenheit. Unsere Arbeitsweise muss in allen Einzelheiten überdacht werden. Ob es nun harte Sanktionen geben wird? Wir wissen nicht, wo uns der Kopf steht.

Die Sommersaison 1995 wird als schwarzer Tag verbucht. Die Moral und die Finanzen des Hauses haben einen bitteren Schlag erlitten, aber weder Karl noch die Geschäftsleitung verlieren ein Wort über das Geschehene. Es war ein kollektiver Fehler. Mehr gibt es dazu nicht zu sagen. Die Aktionäre der Lagerfeld AG nehmen die schlechte Bilanz zum Anlass, dem Couturier ein Ultimatum zu stellen. Zu uns dringen keine Informationen durch, aber alle wissen, dass in den kommenden Wochen über das Schicksal des Hauses entschieden wird.

PARIS, ANFANG NOVEMBER 1995

»Weißt du, Tibelle, du solltest dir woanders Arbeit suchen.« Seit September bemüht sich Eric Wright, unsere Studioleiterin darauf vorzubereiten, was ihr widerfahren wird. Er nimmt sich Zeit, um in Ruhe mit ihr zu reden und ihr begreiflich zu machen, dass eine Kündigung wirklich unschön ist und es für alle das Beste wäre, wenn sie sich entschließen könnte, aus eigenem Antrieb zu gehen ... Vergebens. Eric stößt bei Dauphine de Jerphanion auf taube Ohren. Bis zu dem Tag, als Mounir Moufarrige, der Präsident des Hauses Lagerfeld, sie in das Büro der Geschäftsleitung in der dritten Etage kommen lässt. Er zieht sie zur Rechenschaft. Die Kollektionen verkaufen sich schlecht. Sie sind zu kompliziert, unmöglich zu tragen und weit entfernt vom Prada-Minimalismus, den die Modemagazine so bejubeln. Nach Ansicht der Geschäftsleitung hätte die Studioleiterin diese Trendwende vorhersehen und den Modeschöpfer in die entsprechende Richtung lenken müssen. Stattdessen hat sie Karl in die Irre laufen lassen. Ein Fehler. Das Haus sieht darin einen Vertrauensverlust.

Dauphine begreift, dass sie nicht heil aus der Sache herauskommt. Sie akzeptiert sämtliche Bedingungen und stiehlt sich aus unserem Arbeitsalltag.

Dieses Mal bekommt Eric Wright die Studioleitung. Der Designer gelangt nun endlich auf den Posten, nach dem er jahrelang geschielt hat. Seine Ernennung hat zwei große Vorteile: Das Team muss sich nicht neu organisieren, und der Geschäftsleitung entstehen keine Extrakosten, da Karls Lieblingsassistent bereits von allen Leistungen profitiert, die mit seiner neuen Stellung verbunden sind. Mister Wright nimmt seine Rolle sehr ernst und beruft einmal wöchentlich eine Versammlung ein, in der er uns über die Zukunft des Unternehmens informiert. Wir wissen, dass außer Dauphine noch andere auf der schwarzen Liste stehen, aber niemand hat eine Ahnung, wer, wann und wie gefeuert werden wird. Die Moral der Truppe ist dementsprechend auf einem Tiefpunkt.

Auf einer dieser Zusammenkünfte erfahren wir, dass ein Lizenzvertrag mit europäischen Textilriesen geschlossen werden soll. Unser neuer Generaldirektor Marc Vincent, zuvor in der gleichen Position bei Valentino, hat eine ausführliche Marktanalyse in Auftrag gegeben und Karl schließlich dazu gebracht, dass er den Vertrag unterschreibt.

Eric teilt uns in gewohnt freudiger Stimmung mit, dass sämtliche Kollektionen von nun an im Ausland gefertigt werden. »Eine sehr gute Idee. So können wir uns auf die Accessoires konzentrieren. Dieser Vertrag bedeutet eine enorme Erleichterung für das Studio ...« Wir sind perplex. Eine Lizenz funktioniert schließlich immer gleich: Ein Modeschöpfer verkauft seinen Namen und kassiert dafür Lizenzgebühren. Reines, hartes Business ohne Seele. Die Lizenznehmer kümmern sich fortan um die Anfertigung der Kollektionen und die Lagerfeld-Aktionäre können sich zurücklehnen. Ihnen geht es einzig darum, ihre Gewinnspanne auf ein Maximum zu bringen. Eric redet sich die Sache schön. Die Lizenz wird uns zu neuem Elan verhelfen. Schließlich gibt es in Europa herausragende Schneiderwerkstätten. Wir werden von ihrem traditionellen Können profitieren. Unser neuer Studioleiter besitzt die Gabe, auf sich selbst einreden zu können. Wie Karl. Alles ist schön, alles ist ganz einfach, zusammen gefasst: *too much.*

PARIS, 17. NOVEMBER 1995

Seit die Lizenzvereinbarung bekannt wurde, macht Karl sich rar. Er meidet das Büro an der Madeleine. Anscheinend schämt er sich, den ausländischen Sirenengesängen nachgegeben zu haben. Von unseren Kollegen an der Rue Cambon wissen wir, dass er sich auf die neue Chanel-Kollektion konzentriert. Unser Studio befindet sich im Leerlauf, und alle lauern auf Neuigkeiten. Dieser Vertrag wird die Arbeitslast erheblich reduzieren und eine Serie von Kündigungen nach sich ziehen. Jeder schaut den anderen misstrauisch an.

Mit einem Monat Verspätung schickt uns Karl seine Entwürfe für die Herbst/Winter-Saison 1996/97. Unsere Aufgabe ist es, die Zeichnungen zu überprüfen, bevor sie an die Lizenznehmer gehen. Ein düsterer Tag. Zum ersten Mal seit der Gründung des Couture-Hauses ist das Atelier nicht mehr dafür zuständig, die Toiles anzufertigen. Wir schauen uns wehmütig die etwa fünfzig Skizzen an. Der Modeschöpfer hat sie sorgfältig kommentiert. Die Kollektion wirkt nüchtern und durchdacht, es sind viele Kleider und Kostüme darunter, dazu kommen einige Mäntel. Alle Stücke haben virtuose Schnitte und raffinierte Details. Die Farben sind gedämpft und warm. Anita schüttelt ahnungsvoll den Kopf. »Wir werden ja sehen, was diese Leute auf dem Kasten haben. Bevor die kapieren, was Karl von ihnen will, bin ich längst in Rente!« Treu seiner positiven Haltung versucht Eric, unsere Chefschneiderin davon zu überzeugen, dass diese Lizenz eine große Chance für das Atelier ist. »Endlich werden Sie nicht mehr so überlastet sein. Sie können ganz in Ruhe arbeiten ...« Jetzt wird es Anita zu viel. »Woran sollen wir denn arbeiten, Eric? Wir fertigen doch kein einziges Modell mehr! Du scherst dich kein bisschen um uns.« Der Studioleiter verlässt beschämt den Raum. Dann herrscht Grabesstille. Ich tue so, als konzentriere ich mich auf die Entwürfe, und frage mich, wie man Karls handgeschriebenen französischen Kommentare übersetzen soll ... Wir werden sehen. Vielleicht ist die Sprache der Mode ja universell.

PARIS, 18. DEZEMBER 1995

»Immer noch nichts?« Nein, nichts. Es ist noch kein einziges Stück zurückgekommen. Wir sind beunruhigt. Die Entwürfe sind vor gut einem Monat verschickt worden. Eigentlich müsste schon längst eine Lieferung da sein. Eric bittet uns, jeden Morgen bei den Lizenznehmern anzurufen, um sie ein wenig unter Druck zu setzen. Drüben nimmt man unsere Anrufe ganz gelassen entgegen. »Wir haben einen Terminplan mit der Geschäftsleitung vereinbart. In der kommenden Woche bekommen Sie das komplette Paket.« Bei uns wären die Stoffentwürfe innerhalb von zwei Wochen fertig gewesen. Eine ganz normale Frist für ein großes Couture-Haus. Wir grübeln deprimiert vor uns hin.

PARIS, 20. DEZEMBER 1995

Es ist so weit! Heute Morgen sind drei Kleiderkoffer aus Pappe angekommen, in denen die Modelle auf Plastikbügeln hängen. Wir sind in Karls Stadthaus in der Rue de l'Université mit den Repräsentanten des internationalen Konzerns verabredet. Der Modeschöpfer wollte die erste Anprobe nicht an der Madeleine stattfinden lassen, damit es nicht zu unschönen Szenen im Atelier kommt.

Monsieur Lagerfeld hat beschlossen, seine Gäste zu beeindrucken. Von der großen Eingangstreppe bis zu den feudalen Möbeln aus dem 18. Jahrhundert, vom feinen Porzellan bis zu den köstlichen Speisen – alles hier strahlt Pariser Schick und Raffinement aus. Die Kellner sind flink und aufmerksam. Unsere Besucher treffen absolut pünktlich ein. Der grauhaarige und etwas steife Gründer der Unternehmensgruppe mag um die sechzig sein und besitzt offenkundig eine natürliche Autorität. Er ist höflich und vornehm und spricht ein äußerst feines Französisch mit antiquierten Wendungen. An seiner Seite sitzt der Generaldirektor, dessen weiches Profil an einen Karpfen erinnert. Den Lizenznehmern gegenüber thront Karl, umgeben von seiner Leibgarde: Eric, Anita, Sophie, Caroline und ich.

Anschließend führt uns der Couturier in den kleinen Salon, in dem die Anproben stattfinden sollen. Nun muss überprüft werden, ob seine Entwürfe gut in die Dreidimensionalität übertragen wurden und die Linien und Proportionen mit dem Lagerfeld-Stil übereinstimmen. In dieser Phase lassen sich noch alle kleinen Fehler des Ateliers korrigieren.

Wir sind entsetzt. Anstatt die Nähte festzustecken, sind die Toiles mit der Maschine genäht worden. Ein Frevel. Wie soll man ein Modell abändern, einen Ärmel umsetzen, einen Kragen oder eine Schulter bearbeiten, wenn der Stoff fest zusammengenäht ist? Unmöglich. Es sei denn, man trennt die Nähte wieder auf. Stich für Stich. Anita macht sich also mit einer kleinen Schere und großer Geduld daran, jedes Modell schweigend wieder auseinanderzunehmen. Karl wird unruhig. »Wir verlieren zu viel Zeit! Ich kann mit diesen Entwürfen nichts anfangen!« Der Generaldirektor runzelt die Stirn und erklärt in schlechtem Französisch: »Wir haben angeordnet, dass die Entwürfe genäht werden. Das machen jetzt alle so. Das ist Fortschritt.« Der Mann mit dem Cadogan klopft sichtlich verärgert auf den Tisch. Das fehlte noch, dass diese Businessleute ihm erzählen, wie man zu schneidern hat. Ich begreife es nicht. Karl kann noch so verärgert sein, er hat sich stets unter Kontrolle. Er schlägt einen süßlichen Ton an und nimmt sein Team als Zeugen. »Dass bei der ersten Anprobe nicht alles perfekt sein kann, ist doch normal, oder, Eric?« Der Studioleiter nickt zögernd. Der Couturier fährt fort: »Wenn man keine Zeit verlieren will, gibt es nichts Besseres als Stecknadeln. Haben Sie schon einmal mit der Maschine genähte Toiles gesehen, Anita? Natürlich nicht. Wie bedauerlich, dass wir jetzt mit so etwas zu tun haben!« Karls Finger trommeln immer wilder, Anitas mühen sich mit den Nähten ab. Die Anprobe gerät ins Stocken. Ich beschließe, mir eine Schere zu nehmen, um die Prozedur zu beschleunigen. Der Modeschöpfer lehnt sich herüber, um mich davon abzuhalten. Er beginnt, mit seinem Siegelring auf den Tisch zu klopfen. Das aufdringliche Geräusch begleitet nun jeden Schnitt unserer Chefschneiderin. »So kommen wir nicht weiter. Eric, Anita, Sie hätten die Arbeiten dort überwachen sollen. Ich kann meine Zeit nicht mit solchen Dummheiten vergeuden, schließlich zählen auch noch Fendi, Chloé und Chanel auf mich.« Karl ignoriert die Lizenznehmer, die inzwischen wie versteinert dasitzen. Die Stille im Raum wird nur vom regelmäßigen Klopfen des Rings auf dem Holztisch durchbrochen. Der Couturier ändert auf einmal seine Taktik und spricht ein

Lob aus. »Ah, Anita, haben Sie das bemerkt? Diese Leute haben die Linie schön erfasst ... Das fällt doch, na, wie soll ich sagen? Wie ein Stück Scheiße aus dem sechsten Stock[27].« Der Generaldirektor richtet sich erschrocken auf. Karl redet unbeirrt weiter. »Schade nur, dass sie die Tasche vergessen haben. Mit einem Mal ist die Jacke komplett dahin.« Jetzt schaltet sich Eric beherzt ein. »Ich glaube, sie haben den Entwurf nicht richtig studiert, die Knopfleiste war einfach, nicht zweireihig.« Der Modezar drängt ihn sofort zurück, um weiter die Hauptrolle in dieser Farce zu spielen. »Nun komm, Eric, bei der ersten Anprobe kann nicht alles perfekt sein. Dafür sind wir ja da.« Wir beeilen uns mit den Änderungen, um irgendwann die Sache abschließen zu können. Wir werden den ganzen Nachmittag brauchen, bis wir alle Stücke durchhaben. Als wir endlich die Rue de l'Université verlassen, ist es draußen schon Abend.

PARIS, ANFANG JANUAR 1996

Nach dem Atelier wird auch das Studio ins Abseits gedrängt. Die Lizenznehmer arbeiten für sich und lassen uns nichts zukommen. Es sind keine Prototypen vorhanden, und so tun wir uns schwer mit den Accessoires und den Modellen aus Leder oder Fell, die ebenfalls im Ausland gefertigt werden. Die Stimmung an der Madeleine ist gedrückt. Unser Teamgeist bröckelt, jeder brütet still vor sich hin und wartet darauf, dass etwas geschieht. Aber was?

PARIS, 16. JANUAR 1996

Heute Morgen haben wir Prototypen bekommen. Gerade einmal zehn von fünfzig. Ein mageres Ergebnis. Sie sind alle aus schwarzem Stoff geschnitten und wirken unvollständig. Die Säume sind ungenau, wie am Fließband gefertigt. Die Versäuberungsarbeiten sehen erbärmlich aus. Im Hause Lagerfeld werden die Kragen der Kostüme

27 Der Couturier will damit sagen, dass das Kleidungsstück perfekt fällt.

mit der Hand bearbeitet. Selbstverständlich. Die Schneiderinnen versteifen den Stoff und rollen ihn zwischen den Fingern, damit die Kragenspitze ein wenig nach innen zeigt, bevor sie dann mit ein paar unsichtbaren Stichen befestigt wird. Dieses Mal wurde alles auf die Schnelle gefertigt. Die Knöpfe hängen lose am Stoff und entblößen ihren weißen Plastikrücken, die Ärmel der Kostüme sind zu weit und viel zu kurz. Am schlimmsten sind die falschen Knopflöcher am Handgelenk. Ein Sakrileg. Karl verabscheut unechten Klimbim. Man könnte meinen, man wäre bei einem Grossisten im Sentier[28].

Wir sind gezwungen, die Geschäftsleitung zu informieren. Die Präsentation der Vorkollektion soll in einigen Tagen in New York stattfinden, und wir haben nichts, das wir den Einkäufern zeigen könnten.

Marc Vincent reagiert sofort und beschließt, Eric und Anita in die Ateliers der Lizenznehmer zu schicken, damit sie dort die Anfertigung der Prototypen überwachen. Karl und wir werden eine Woche später zu ihnen stoßen, um die letzten Änderungen durchzusetzen.

IRGENDWO IN EUROPA, 24. JANUAR 1996

Am Tag nach der Haute-Couture-Schau von Chanel landen wir auf einem kleinen, ultramodernen Flughafen. Unsere Geschäftspartner setzen aufs Ganze. Ein Bus mit getönten Scheiben nähert sich der Gangway unseres Privatjets. Karl hat ihn extra angemietet, um keine Zeit zu verlieren. Auf dem Weg zu den Büros des multinationalen Konzerns erblicken wir draußen im Dunst eine einzige Industrielandschaft. »Wie trist. Zum Fürchten«, flüstert mir Caroline deprimiert zu. Der Chauffeur setzt uns vor einem riesigen Bürogebäude ab. Auf der Eingangstreppe nimmt uns schon der Generaldirektor in Empfang. Ohne uns auch nur eine Verschnaufpause zu gönnen,

28 Historisches Pariser Stadtviertel, in dem viele Konfektionsateliers mittlerer Qualität angesiedelt sind.

beginnt er eine ordnungsgemäße Führung durch die moderne, glitzernde und sicher sehr produktive Fabrik. Karl murrt leise vor sich hin. Diese Höflichkeiten langweilen ihn, aber der Couturier sorgt für gute Laune und schafft es, ab und an einen besonders öden Apparat in den höchsten Tönen zu loben. Bevor wir uns die Prototypen anschauen können, müssen wir noch ein dreisprachiges Mittagessen hinter uns bringen, mit kleinen warmen Speisen, breitem Lächeln und offenen Fragen. Caroline und ich sitzen Eric gegenüber, der heute eine seltsame Miene aufsetzt. Die Geschäftsleute lassen uns nicht in Ruhe, und wir können Mister Wright kein Wort entlocken. Schließlich versuchen wir, mit gemurmelten Lauten zu kommunizieren. »Anita? Wosi?« Eric antwortet uns betont lässig. »Sie ist dageblieben, weil sie noch ein oder zwei Details mit den Assistenten regeln muss.« – »Un? Wisitaus? Sagma...« Eric schaut finster drein und beißt die Zähne zu einem gequälten Lächeln zusammen. »Interessant. Haltet euch fest. Sie sind sehr ... originell.« Ich schaue kurz zu Karl hinüber. Er runzelt die Stirn. Ich merke, dass er vor Unmut kocht.

»Welche Größe trägt sie?« Karl mustert abschätzig das Vorführmodel. Die Dame ist braunhaarig, ziemlich beleibt und grell geschminkt. Ganz und gar nicht nach dem Stil des Hauses Lagerfeld. »36, warum?« Der Generaldirektor tut so verwundert, dass niemand etwas erwidern mag. Karl schenkt uns ein auffälliges Augenzwinkern. »Entschuldigen Sie, aber ich bin diese Massengrößen nicht mehr gewohnt. Das ist also eine schön bequeme 36 nach dem Geschmack Ihrer Kundinnen, ja?« Caroline muss sich ein Lachen verkneifen, als sie Erics entgeistertes Gesicht sieht. Das Team unserer Geschäftspartner ist wild beschäftigt. Die Prototypen werden nach und nach auf Plastikbügeln hereingebracht. Wir stehen untätig herum und sind wie gebannt von dem konfusen Theater. Ein wenig ratlos fährt Karl fort: »Bei den langen Haaren kann man ja den Kleiderrücken gar nicht sehen. Nehmen Sie Ihre Schere, Anita. Zum Warmmachen können Sie sich schon einmal an den Locken dieser Dame zu schaffen machen.« Unsere Chefschneiderin ringt sich ein

Lächeln ab. Ich weiß aber, was ihr entsetzter Blick zu bedeuten hat, der über die Kleiderständer schweift: »Wie konnten sie nur diesen abscheulichen Mist fabrizieren?«

Irgendwann wird schließlich das Zeichen gegeben, dass die Anproben beginnen können. Die Prototypen werden präsentiert. Sie sind alle aus einem ähnlichen Stoff genäht, in Dunkelbraun und Schwarz. »Ah ja, ich sehe schon. Wir nehmen Schwarz ... oder Schwarz. Wie schön. Ich liebe Schwarz. Sie verwöhnen mich.« Karl ist wie gewohnt dazu übergegangen, sich in die Ironie zu retten. »Es gibt kein Problem, es gibt nur Lösungen«, sagt er immer, wenn etwas schiefgeht. Aber dieses Mal ist wirklich nichts zu machen. Immer wenn das Vorführmodel heraustritt, spielen wir »Erkenne die Fehler«. Die Proportionen stimmen nicht, die Taschen sind schief, die Maße schwanken, die Schultern fallen und die Ärmel schrauben sich[29].

Anita hat sämtliche Modelle im Kopf. Mit weißem Nähband und Stecknadeln markiert sie die Fehler. Ich verewige die Prototypen auf Polaroid. Wir sind still beschäftigt und lassen uns unsere Verärgerung nicht anmerken. Der Nachmittag geht vorbei wie im Flug, unsere schlimmsten Erwartungen werden übertroffen. Nicht einer von Karls Entwürfen ist richtig umgesetzt worden.

Um 20 Uhr erhebt sich Karl von seinem Stuhl.

»Also gut. Fertig. Haben Sie jetzt verstanden, worum es uns geht?«

Der Unternehmensgründer richtet sich langsam auf und schaut zuversichtlich in die Runde.

»Seien Sie unbesorgt. Wir werden morgen alles überarbeiten. Das ist für uns Routine.«

»Eric, wann wird noch einmal die Vorkollektion präsentiert?« »In achtundvierzig Stunden, Karl. Die Kleider werden morgen Nachmittag in New York erwartet.«

»Schafft Ihr Atelier das?«

---

29 Ein Ärmel schraubt sich, wenn er verdreht angebracht oder schief genäht wurde.

»Natürlich, Monsieur Lagerfeld. Die Sachen gehen pünktlich nach New York. Ich kümmere mich darum.« Die Rückkehr nach Paris ist ein wenig trübsinnig. Karl sitzt in einer Ecke des Flugzeugs, hat den Unterarm auf sein besticktes Reisekissen gelegt und hält Monologe: »Diese Leute sind unfähig. Wie soll man so arbeiten? Das Ganze ist unseriös. Einfach miserabel.«

Wir alle sind enttäuscht, aber niemand traut sich, in dieselbe Kerbe zu hauen. Karl hat guten Glaubens erwartet, dass ein großer Textilkonzern seinem Label zu einer guten Stellung auf dem internationalen Markt verhelfen würde. Nun wird genau das Gegenteil geschehen. Der Name Lagerfeld wird an Niveau verlieren, bevor überhaupt ein neuer Kundenkreis gefunden wurde.

Unser Jet sinkt langsam ab. Wir landen in Bourget. Karl richtet sich auf und wendet sich an mich. »Nun, sie haben versprochen, alles in Ordnung zu bringen. Wir werden sehen ... Arnaud, du wirst nach New York fliegen und mich auf dem Laufenden halten, ja, mein Lieber?« Ich nicke. Ich will alles versprechen und alles tun, natürlich. Ich bin schon gespannt, denn nun werde ich vor allen anderen die überarbeiteten Modelle zu Gesicht bekommen. Ich ahne aber schon, dass diese Kollektion uns noch einige Kopfschmerzen bereiten wird. Das hier war erst der Anfang ...

USA, 27. JANUAR 1996

Drei Tage später trete ich aus dem Flughafengebäude am JFK. Es ist 17 Uhr und bereits dunkel. Schnee fällt in leichten Flocken auf New York herab. Um mich vor der Kälte zu schützen, stecke ich instinktiv den Kopf in meine Daunenjacke. Ein schwarzer Kleinbus mit getönten Scheiben steht wie verabredet vor dem Ankunftsterminal für ausländische Flüge. Terry Cohen weiß, was sie tut. Die Chefin unseres amerikanischen Büros hat ein irrsinniges Temperament und dazu ein erstaunliches Organisationstalent. Karl kann sich auf sie verlassen. Ich werde bald den eindeutigen Beweis dafür bekommen.

Das Fahrzeug setzt sich in Gang und gleitet durch den Verkehrsstrom. Wir sind in Richtung Manhattan unterwegs. Die Umrisse der Wolkenkratzer zeigen sich am winterlichen Abendhimmel. Die glitzernde Stadt ist wie in Watte gepackt. Ich habe in weniger als einer Stunde einen Termin in unserem Showroom an der 5th Avenue. Also bleibt keine Zeit, um ins Hotel zu fahren. Außerdem will ich unbedingt die Prototypen sehen. Sie sind gestern angekommen, wie von den Lizenznehmern versprochen. Diese Leute sind Profis. Sie teilen zwar nicht unsere hohen Ansprüche, aber sie halten wenigstens die Fristen ein. Das ist doch schon mal etwas.

Samstagabend. Die Büros sind leer. Terry empfängt mich auf die amerikanische Art, mit lautem Freudengeschrei. Sie trägt einen braunen Nicki-Jogginganzug, passend zu ihren Nike-Turnschuhen. Selbst im Freizeitlook wirkt die New Yorker Büroleiterin wie ein schniekes *working girl.* Die kleine, rundliche Frau ist stark geschminkt und verdient heute mehr denn je den Spitznamen, den Sophie ihr verpasst hat: Würstchen. Ein beeindruckendes Persönchen. Terry umarmt mich und erkundigt sich, wie es Karl und den anderen geht. Ohne meine Antwort abzuwarten, begeistert sie sich lautstark für mein gutes Aussehen und verlangt, dass ich ihr auf der Stelle mein Geheimnis verrate. Ich komme kaum zu Atem, da zieht sie mich schon in den Showroom, damit wir die Sachen auspacken. Wir öffnen fünf oder sechs Koffer. Die Prototypen sind durch undurchsichtige Hüllen vor Blicken geschützt. Wir hängen sie auf die dafür vorgesehenen Kleiderständer. Ich zähle etwa achtzig Bügel. Anscheinend haben unsere Geschäftspartner die vergeudete Zeit wiedergutgemacht. Sie haben die Modelle wahrscheinlich in verschiedenen Materialien gefertigt, um die Einkäufer zu beeindrucken. Umso besser. Dann kann ich aus dem Vollen schöpfen, wenn ich die Looks für die Schau der Vorkollektion zusammenstelle.

Das Telefon klingelt. Terry hebt ab und verdreht die Augen. Wer ruft denn hier an einem Samstagabend an? Unsere Lizenznehmer entschuldigen sich, aber drei der Koffer seien versehentlich zu uns gelangt. Wir könnten sie leicht erkennen, da der Name des Unternehmens in großen Buchstaben auf ihnen zu lesen sei.

Terry findet die Koffer wirklich sehr schnell. Kurz darauf steht auch schon ein Bote vor der Tür. Die anderen haben es sicher genauso eilig wie wir, ihre Looks zusammenzustellen. Wenigstens haben wir jetzt ein paar Koffer weniger, die noch zu öffnen sind.

Der Bote zwängt sich mit den drei Kisten in den Aufzug. Terry schaut auf die Uhr. 20 Uhr. Sie hat Hunger. Und wenn man eine kleine Pause einschieben würde? Gute Idee. Wir beschließen, erst einmal beim Japaner an der Ecke etwas zu essen, bevor wir die Kleider aus den Hüllen nehmen. Würstchen zieht einen Wollmantel über, streift ihre beigefarbenen Lammfellhandschuhe von Hermès über und wickelt sich einen passenden Schal um den Hals. Am Ausgang pfeift uns schon der Wind entgegen. »Warte mal ab, Arnaud, morgen sieht alles ganz wunderbar aus!«

21:30 Uhr. Zurück im Showroom. Die Schneeflocken fallen immer dichter. New York sieht aus wie auf einer Weihnachtskarte. Die goldenen Lichter an den Häusern funkeln im Eis. Mir ist schwindlig vor Müdigkeit. Sechs Stunden Zeitverschiebung, das heißt, in Paris ist es jetzt halb vier am Morgen. Kein Wunder, dass ich mich schlecht fühle. Wie im Blindflug nehme ich die Hüllen von den Kleidern. Seltsam. Ich erkenne nicht alle Modelle wieder. Ach ja, dies hab ich schon bei ihnen gesehen. Aber das Atelier hat Anitas Nähband nicht entfernt. An dieser Seite fehlte doch eine Tasche ...

Die Tasche fehlt noch immer. Unsere Lizenznehmer haben vergessen, das Modell zu überarbeiten. Ungläubig gehe ich die anderen Kleiderständer durch und entdecke noch mehr Nähband. Die Korrekturen sind nicht gemacht. Ich zwinge mich, ruhig zu bleiben. Etwa dreißig Modelle stecken noch in ihren Hüllen. Wir machen morgen weiter, dann sehe ich klarer.

NEW YORK, 28. JANUAR 1996

7:30 Uhr am Morgen. Ich trete aus dem Royalton Hotel an der 44th. Manhattan ist in gedämpfte Stille gehüllt. In der Nacht sind vierzig Zentimeter Schnee gefallen. Meine Wildlederboots knirschen im Pulverschnee … Ich laufe geradewegs zur 5th Avenue.

Unsere Büros sind schon geöffnet. Das präzise und effizient arbeitende Verkaufsteam wandert im Laufschritt über die Korridore. Die Probe für die Modenschau beginnt in zwei Stunden. Die vier Models sind früher als verabredet zum Schminken gekommen. Wir sind in New York, der Stadt der Perfektion, wo die geringste Nachlässigkeit einem beruflichen Fehler gleichkommt.

Es ist gleich 8 Uhr. Terry und ich nehmen die letzten Prototypen aus den Kleiderhüllen. Unsere Geschäftspartner haben tatsächlich die meisten Änderungen ignoriert, die Karl während unseres Besuchs angemerkt hat. Ich lasse das Nähband und die Nadeln an den Stoffen. Im Laufe des Tages wird Würstchen zusammen mit den Ankleidefrauen das Nötigste regeln. Die offensichtlichsten Fehler werden so gut es geht beseitigt, für Versäuberungsarbeiten bleibt keine Zeit. Die anderen Modelle scheinen in Ordnung, aber ich erkenne sie nicht wieder. Auch nicht weiter schlimm. Wir haben die Fabrik ja verlassen, bevor wir alle Prototypen begutachten konnten. Aus meiner Tasche hole ich die Akte, die ich in Paris vorbereitet habe. Darin sind Fotokopien von Karls Entwürfen, Polaroids von den unglücklichen Zuschnitten und Fotos von den ersten Modellen. Ich schlage nach, vergleiche, versuche zu begreifen …

Es ist unglaublich. Zwischen Karls Entwürfen und den Kleidern, die ich vor Augen habe, besteht keine Übereinstimmung. Ich hole Terry, zeige ihr meine Unterlagen und dann die Modelle. Sie haben eine entfernte Ähnlichkeit, wirken aber nicht identisch. Ich habe den Eindruck, nicht mehr ganz klar zu sehen. Würstchen schüttelt den Kopf und macht ein ernstes Gesicht. »Das sieht nach Imitaten aus, Arnaud.« Imitate? Wozu? Das ergibt doch keinen Sinn! Unsere Geschäftspartner sind die einzigen Inhaber der Lagerfeld-Lizenz. Warum sollten sie sich selbst kopieren?

Ich versuche, ruhig zu bleiben und mich auf das Dringliche zu konzentrieren. Die Schau. »Gut, darüber können wir später nachgrübeln. Jetzt beende ich erst einmal meine Looks, dann proben wir die Schau und ziehen Bilanz, okay?« Terry nickt zustimmend. Die Einkäufer kommen in einer Stunde hier an. Ich eile zu meinen Kleiderständern.

Ich habe die Minischau ohne ein einziges Accessoire zusammengestellt und die mir unbekannten Modelle verwendet, weil bei ihnen keine Änderungen erforderlich sind. Ich nehme die gleichen Schuhe wie bei der letzten Präsentation. Die Sache geht durch. Auf eine nüchterne Art ist die Schau sogar gelungen. Dennoch bleibt dieser seltsame Eindruck. Die Kleider sehen aus wie Lagerfeld, obwohl Karl nur für knapp die Hälfte der Entwürfe verantwortlich ist. Die Proben verlaufen ohne Zwischenfall. Das gesamte Team unserer Lizenznehmer ist erschienen. Die kaufmännische Chefin wirkt ganz entzückt. Sie lächelt zufrieden, schaut uns an und lauert heimlich auf unsere Reaktion. Jetzt bin ich mir sicher: Die unbekannten Modelle sind hier nicht zufällig aufgetaucht. Wollen unsere Geschäftspartner uns ihre Produktionsweise aufdrängen, indem sie Einkäufern aus aller Welt vor Karls Augen diesen Pseudo-Lagerfeld präsentieren?

»Die Lizenznehmer übertreiben gerne, Arnaud. Ist doch klar.« Würstchen sitzt an ihrem Schreibtisch und nippt an einer Diet Coke. Sie wirkt nachdenklich. »Stell dir mal vor, wie viel Geld sie auf den Tisch gelegt haben, damit sie Lagerfeld-Etiketten an ihre Kleider nähen dürfen. Ihre Kleider wohlgemerkt. Entwürfe, Stoffe, Herstellung, Vertrieb – die Lizenznehmer organisieren alles, zahlen alles und finden es deshalb auch normal, dass sie alles entscheiden. Karl und die Aktionäre sollen nur die Hand aufhalten und die Gebühren einstreichen. Verstehst du, was ich meine?« Nein. Nicht ganz. »Nun, die Sache ist ganz einfach. Eine Lizenz ist so teuer, dass man sehr viele Stücke verkaufen muss, wenn sie sich rechnen soll. Karl hat etwa fünfzig Modelle entworfen. Den Fabrikanten ist klar, dass die Transaktion so keinen Gewinn abwirft. Also haben sie eine

Parallelkollektion auf die Beine gestellt. Das machen alle. Karls Entwürfe sind vervielfältigt und neu gemischt worden, damit weitere Modelle entstehen, die einfacher zu schneidern und einfacher zu verkaufen sind. Sie sind im Lagerfeld-Stil gehalten, aber es sind nur Nachahmungen.« Wie? Das machen alle so? Ich kenne einige schwarze Schafe der Branche, aber dass im Grunde alle Modehäuser so verfahren, habe ich mir bisher nicht vorstellen können. »Frag mal Saint-Laurent, Dior oder Valentino, wie das funktioniert! Sobald man den Lizenzvertrag unterschrieben hat, hat man nichts mehr zu sagen. Da so ein Coup aber eine Menge Geld bringt, drücken die Aktionäre meist beide Augen zu.« Würstchen scheint sich auf diesem Gebiet gut auszukennen. Ich bekomme langsam ein anderes Bild von ihr. »Hast du mit so etwas gerechnet?« – »Nein. Ganz und gar nicht. Ich bin ganz deiner Ansicht. Karl hat die Kollektion mit derselben Sorgfalt und demselben Anspruch entworfen wie in all den Jahren davor. Unfassbar, dass man ihm jetzt so in den Rücken fällt.« Ich bin erleichtert. Also stecke ich nicht allein in diesem Schlamassel. »Du entscheidest, Arnaud. Ich mache mit. Wenn du meinst, wir sollten in Paris anrufen ...« Später – wenn ich irgendwann einmal dazu komme, meine Gedanken zu ordnen. Im Moment geht es nur darum, alle nachgemachten Lagerfeld-Modelle verschwinden zu lassen.

NEW YORK, 29. JANUAR 1996

Es ist schon 8 Uhr. Terry und ich haben die Nacht durchgemacht und die dreißig Looks für die Schau neu zusammengestellt. Wir haben alle Kopien ausgemerzt. Eine wahnsinnige Arbeit. Wir mussten alle Prototypen überarbeiten, die noch voller Nähband und Stecknadeln hingen. Zwei von Würstchens Schneiderinnen haben den Schein gerettet. Jetzt hoffe ich nur, dass die Einkäufer nicht zu sehr auf Details achten ...

»Arnaud, Telefon für dich. Linie drei. Dort, wo die Taste blinkt.« Am anderen Ende begrüßt mich Mounir Moufarrige. Es ist das erste Mal, dass mich der Präsident des Hauses Lagerfeld persönlich zu sprechen wünscht. Es muss also wichtig sein. Seine Stimme klingt monoton und durch den leichten libanesischen Akzent rau und abgehackt. »Guten Tag, Arnaud. Wie ich höre, machen Sie da in New York gute Arbeit.« Wie bitte? Weiß er, was ich vorhabe? Unmöglich. Der Präsident redet weiter, als habe er meine Gedanken gelesen. »Gestern haben mich unsere Lizenznehmer angerufen. Die Looks der Vorkollektion haben ihnen äußerst gut gefallen. Diese Leute stehen für die Zukunft unseres Labels ... Wir müssen uns mit ihnen gutstellen, verstehen Sie?« Mir verschlägt es die Sprache. Also spielt selbst die Geschäftsleitung bei diesem Theater mit? Das kann ich nicht glauben.

In einer Stunde beginnt die Präsentation. Die Einkäufer der großen Boutiquen treffen nach und nach ein. Sie werden auf der Stelle von unserem amerikanischen Verkaufspersonal in Empfang genommen, das eine raffinierte Annäherungstaktik beherrscht. Die Besonderheit dieser Strategie besteht darin, dem Gesprächspartner ausführlich den Bart zu kraulen, bevor man ihn dann leicht zurückweist, damit sein Verlangen steigt. Große Kunst, perfekt inszeniert von Würstchen.

Wo steckt sie übrigens? Ich laufe über den Flur und suche nach ihr. Wir müssen uns unbedingt noch vor der Schau unterhalten. Da kommt sie frisch geschminkt aus der Toilette. Ich spreche sie leise an: »Können wir in dein Büro gehen?« Sie zieht mich hinter sich her. »Terry, ich habe gerade mit Mounir telefoniert. Weißt du was? In Paris scheinen alle über die Extramodelle Bescheid zu wissen.« Würstchen sieht mich verständnislos an. »Alle? Was soll das heißen? Das kann nicht sein!« Stimmt. Das kann nicht sein. Wie kann man dem größten Pariser Couturier direkt vor seinen Augen einen solchen Coup unterschieben? Eine unverschämte Dreistigkeit. Es sei denn ... »Und wenn Lucien da mitmacht?« – »Warum nicht auch Karl, wenn du einmal dabei bist.« Also gut. Terry hat Recht. Karl hätte dem nie zugestimmt. Jetzt nur nicht paranoid werden. »Arnaud, die Sache ist heiß. Die Lizenznehmer sind hier. Stell dir mal vor, was die für ein Gesicht machen werden, wenn sie sehen, dass wir die Hälfte der Modelle abgezogen haben! Bist du sicher, dass wir nicht vorher mit ihnen sprechen sollten?« Ja, ganz sicher. Ich setze auf den Überraschungseffekt. In der Öffentlichkeit werden sie sich nicht trauen, etwas zu sagen. Das hoffe ich zumindest.

Es ist so weit. Wir betreten den Showroom. Unsere Gäste sind jetzt alle da. Etwa ein Dutzend Einkäufer sind gekommen. Ich erkenne die Vertreter von Bergdorf Goodman, Saks und Neiman Marcus und außerdem jene von Bloomingdale's und anderen großen Warenhäusern. Die Amerikaner sind echte Profis. Man muss sie nicht lange bitten, damit sie zu den Schauen der Vorkollektion erscheinen. Von den Franzosen kann man das nicht sagen ...

Auf unserer Seite ist die Stimmung etwas gespannt. Ich gebe den Startschuss für die Präsentation. Es geht jetzt um alles oder nichts.

Es ist gelaufen. Ich habe während der gesamten Schau gespürt, wie die Lizenznehmer mich beobachteten. Zu Anfang haben sie keine Reaktion gezeigt und bestimmt gedacht, wir hätten die Reihenfolge der Modelle geändert. Terry und ich haben die ganze Zeit über ängstliche Blicke getauscht. Dann haben sie es begriffen. Sie haben sich in ihre Sitze gepresst und blieben unbeweglich wie Statuen. Ungefähr nach der Hälfte der Show fingen sie an, sich zu rühren und miteinander zu sprechen. Sobald das letzte Model verschwunden war, sind sie aufgestanden. Ich habe vermieden, ihnen dabei ins Gesicht zu schauen, um sie nicht unnötig zu provozieren. Mein Herz schlug schneller als die Trommeln der Bronx. Ich hatte den Eindruck, die kaufmännische Chefin würde gleich das Kriegsbeil ausgraben und sich auf uns stürzen. Nichts dergleichen passierte. Mit finsterem Blick verließen sie schweigend den Showroom. Die Schau hatte etwa zwanzig Minuten gedauert. Eine Ewigkeit.

Die Reaktionen der Einkäufer waren gemischt. Sie fanden die Kollektion etwas cheap, zu farblos, zu wenig ausgearbeitet ... Dem können wir nichts entgegnen. Diesen Profis kann man nichts vormachen. Glücklicherweise ist Karl Lagerfeld in den USA eine echte Ikone. Bei den großen Kaufhäusern genießen wir vollstes Vertrauen.

Wir haben mit offenen Karten gespielt und ihnen von der Verlagerung der Fabrikation berichtet, wodurch noch einige Anfangsschwierigkeiten entstünden. Aber das alles würde sich regeln, davon wären wir überzeugt. Innerhalb einer Stunde stehen die Bestellungen. Die Ernte fällt mager aus, aber wir haben den totalen Crash verhindert.

NEW YORK, 29. JANUAR 1996, ABENDS

Es ist fast 17 Uhr, und der Abend bricht über die verschneite Stadt herein. Die Situation hat sich beruhigt. Unsere Verkäufer und Würstchen haben sich zu einer Abschlussbesprechung im Showroom versammelt. Ich gehe in Terrys leeres Büro, um nach Paris zu telefonieren. Es dauert einige Minuten, bis ich mich gesammelt habe. Was soll ich tun? Soll ich Karl Bescheid geben und damit eine schwerwiegende Krise in unserem Haus heraufbeschwören? Soll ich den Mund halten, damit ich Karl nicht beunruhige? Man sagt großen Modeschöpfern nach, sie zögen sich nach und nach in ein Schloss zurück, fern vom Treiben der Welt, um sich dort ganz ihrem Werk zu widmen. Ihren Getreuen obliegt es, ab und zu die Zugbrücke herunterzulassen, damit Nachrichten aus dem wahren Leben zu ihnen dringen. Ich stehe nun zum ersten Mal vor dieser Entscheidung. Ich seufze. Diese Zugbrücke wiegt mindestens eine Tonne.

Ich nehme den Hörer ab. Ich muss mit meinen drei Vorgesetzten in Paris sprechen. Mit ihnen habe ich in den vergangenen fünf Jahren alles geteilt. Sie haben mich angelernt, begleitet, gelobt, angeschrien, gequält ... und in den entscheidenden Momenten stets unterstützt. Ich will wissen, wie sie über die Sache denken. Zuerst melde ich mich bei Eric Wright. Schließlich ist er der Studioleiter. Seine Meinung kann niemand ignorieren. »Arnaud? Schrecklich, ich fasse es nicht, diese Leute sind nicht zu gebrauchen. Du musst es Karl sagen. Unbedingt. Er wartet schon auf Neuigkeiten. Wir haben heute Morgen darüber gesprochen. Die Anproben in dieser Fabrik haben ihn beunruhigt. Sein Name steht auf dem Spiel, Arnaud! Du kannst nicht einfach schweigen!« Ich lege nachdenklich auf. Eric hat Recht. Karl hat in mir den Wunsch geweckt, diesen Beruf zu ergreifen. Ich habe sein Vertrauen gewonnen. Ich darf ihn nicht enttäuschen.

Anschließend telefoniere ich mit Sophie de Langlade. Die Meinung der Pressechefin ist mir wichtig. Sie vertritt einen gegensätzlichen Standpunkt. »Sollen wir alle unseren Job verlieren, Arnaud? Die Geschäftsleitung wusste doch, was sie tat, als sie diesen Lizenzvertrag unterschrieb. Gut, sie haben jetzt ein paar Nachahmungen gefertigt, ist das denn so schlimm? Wurde dadurch etwa der Stil des Hauses zerstört, oder hat man nicht eher die Kollektion um einige Modelle bereichert? Niemand würde behaupten, es sei kein Lagerfeld mehr, weil Karl den Stoff nicht selbst zugeschnitten hat. Unser Metier ist nun mal Teamarbeit, Arnaud!« Ich bin sprachlos. Karl zeichnet selbstverständlich sämtliche Entwürfe für die in Paris oder Mailand vorgestellten Prototypen. Das Schlimmste ist aber, dass ich Sophies Reaktion sehr pragmatisch und gerechtfertigt finde. Wo soll man die Grenze ziehen zwischen dem, was man im Namen eines großen Modeschöpfers tun darf, und dem, was über das Ziel hinausschießen würde?

Ich rufe ein letztes Mal in Paris an, jetzt bei Caroline. Besetzt. Ich wähle immer wieder ihre Nummer, bis sie endlich abnimmt. Sie ist etwas ratlos. »Das erinnert mich an unsere Lizenzen in Asien ... Karl weiß darüber Bescheid und lässt es laufen. Vielleicht ist die Situation jetzt ganz ähnlich? Ehrlich, Nono, ich bin froh, dass ich jetzt nicht du bin.« Vielen Dank auch, Caroline. Mir wird klar, dass ich nach meinem Gefühl entscheiden muss und nicht, »wie man sollte«. Jetzt werde ich aber erst schlafen. Und morgen entscheide ich mich.

NEW YORK, 30. JANUAR 1996

Erledigt. Nach dem Aufstehen habe ich in Paris angerufen. Karl hat mir schweigend zugehört. Am Ende meines Berichts sagte er mir, er müsse erst einige Anrufe erledigen und würde sich anschließend wieder melden. Seitdem warte ich. Ich drehe im Hotelzimmer meine Runden. Seine Gelassenheit hat mich beunruhigt. Habe ich richtig gehandelt? Habe ich ihn enttäuscht? Ich bilde mir ein, dass er schon Bescheid wusste. Vielleicht hätte ich früher anrufen sollen? Ich kann nicht aufhören zu grübeln. Aus dem Fenster sehe ich auf die Häuserdächer von Manhattan. Alles ist weiß und funkelt. Wie in Disneyland.

Ich zucke zusammen. Das Telefonklingeln zerreißt herrisch die Stille. Ich nehme ab. »Arnaud? Also zuerst einmal möchte ich dir sagen, dass du deine Sache gut gemacht hast, mein Lieber. Ich habe gerade mit Lucien gesprochen, wir brauchen Beweise. Was haben wir in der Hand?« Ich denke nach. Im Grunde nicht viel. Wir haben Polaroids von den genähten Entwürfen, Fotos von den Anproben, Karls Entwürfe. Und die Polaroids von der Minischau. »Hast du die Bilder bei dir?« Natürlich. »Also gut. Suche die nachgemachten Modelle heraus, und dann lassen wir uns etwas einfallen.« Mist. Auf einmal wird mir klar, dass ich die Kopien hätte vorführen sollen. Das wäre der beste Beweis gewesen. Wie dumm! »Mach dir keine Sorgen, wir finden eine Lösung. Geh ins Büro und warte ab, was passiert. Wenn die Lizenznehmer wieder auftauchen, rufst du mich sofort an.«

Der Tag verlief ruhig. Terry und ich haben die Imitationen fotografiert und alle uns zur Verfügung stehenden Bilder archiviert. Wie sollen wir beweisen, dass die Lizenznehmer Pseudo-Lagerfeld produziert haben? Wir überlegen hin und her, finden aber keine befriedigende Antwort.

Um genau 19 Uhr kommt uns das Schicksal zu Hilfe. »Terry, Telefon für dich! Auf der vier. Die Lizenznehmer!« Kathrine, Würstchens Assistentin, leitet den Anruf in das Büro ihrer Chefin weiter. Terry schaltet das Gespräch laut, damit ich mithören kann. »Guten Abend, Terry, alles klar? Wir haben ein kleines Paket bei Ihnen vergessen. Ich habe schon jemanden losgeschickt, der es holen soll. Der Bote ist bestimmt gleich da. Geht das in Ordnung? Vielen Dank.«

Die kaufmännische Direktorin der Lizenznehmer legt auf, ohne eine Antwort abzuwarten. Noch ein Paket? Das kann im Grunde nicht sein. Ich habe die Kisten schließlich einzeln aussortiert und weggeräumt. »Arnaud, sie hat von einem ›kleinen‹ Paket gesprochen.« Ja. Also handelt es sich nicht um Modelle. Was aber sonst? Terry sieht mich schweigend an. Ich denke laut nach. »Sie haben es ziemlich eilig, ihr Paket zurückzubekommen. Vielleicht lohnt es sich, ihnen vorzugreifen ...« Also los. Wir müssen das Paket finden, bevor der Bote eintrifft. Wir durchsuchen systematisch jedes Büro, jeden Flur und jeden Schrank.

Schließlich entdecken wir am Eingang, hinter der Empfangstheke, ein verdächtiges Päckchen. »Sieh mal, ihr Name steht drauf!« Terry wiegt die verschnürte Schachtel in den Händen. Es sieht aus, als sei ihr Inhalt furchtbar schwer. »Machen wir es auf?«, fragt sie mich, sichtlich angestachelt. »Wir werden uns noch dafür schämen«, erwidere ich. Mit der Behutsamkeit eines Archäologen entferne ich das Klebeband und schneide mit einem Cutter durch die Verpackung ...

Ich kann es kaum fassen. Ein Wunder. Terry und ich blättern im Verkaufshefter der Lizenznehmer. Darin sind sämtliche nachgemachten Lagerfeld-Modelle der kommenden Kollektion versammelt. Die technischen Zeichnungen für die Imitationen nehmen etwa fünfzig Seiten ein. Terry gerät kurz ins Stocken. »Was sollen wir jetzt tun?« Ich schaue sie aufmunternd an. »Hast du schon einmal Spionagefilme gesehen? Das hier ist so ähnlich. Wir fotokopieren die Seiten und legen sie ordentlich zurück. Als sei nichts geschehen.« Abgemacht. Wir arbeiten uns gemeinsam durch den Stapel. Einer nimmt die Seiten aus dem Ordner, der andere fotokopiert sie. Das Telefon klingelt. Der Bote ist da. Ich schließe den Kopiererdeckel. »Wir haben keine Zeit mehr, Terry, gib mir einen Stoß weißes Papier. Wir nehmen die Originale heraus und ersetzen sie damit. Dann sieht es so aus, als sei alles komplett!«

Wir müssen uns beeilen. Der Bote wird ungeduldig. Er hat offensichtlich strenge Anweisungen bekommen und will uns auf der

Stelle sehen. Die New Yorker Bürochefin geht schon einmal zu ihm und lässt mich das Paket währenddessen wieder zukleben. Ich versuche, ruhig zu bleiben, und bringe das Klebeband genau an den Stellen an, wo es vorher zu sehen war. Fertig. Jetzt merkt man nichts, selbst wenn man ganz genau hinschaut. Ich gebe das Paket an Kathrine weiter, die es seelenruhig zur Rezeption bringt. Phase eins unserer Kommandooperation ist ohne Zwischenfälle verlaufen.

Anschließend telefoniere ich mit Karl und berichte ihm von unserem Fund. »Unglaublich ... Das ist ja fantastisch, Arnaud!« Der Couturier kann es kaum glauben. Ich merke, wie er in Fahrt kommt. »Bring die Papiere an einen sicheren Ort. In den Hoteltresor. Nein, man kann nie wissen, behalte sie bei dir und schließ dich in deinem Zimmer ein. Ja, das wird das Beste sein. Die Unterlagen müssen sofort nach Paris gebracht werden. Ich rufe dich in einer Stunde wieder an. Perfekt, damit haben wir sie in der Hand. Jetzt sollen sie mal sehen, mit wem sie es zu tun haben!« Langsam begreife ich, was hier auf dem Spiel steht. Wir haben den sicheren Beweis in der Hand, dass Karl Lagerfeld, einer der größten Modeschöpfer der Welt, von Fabrikanten zweiter Klasse übers Ohr gehauen wurde. Und ich muss diesen Beweis vor den Augen der Lizenznehmer aus den USA schmuggeln. Ich komme mir vor wie der Held einer Actionserie. »Karl hat Recht, Arnaud. Du solltest in deinem Hotelzimmer bleiben.« Würstchen ist besorgt. »Ich buche dir einen Rückflug. Je eher du diese Unterlagen los bist, umso besser.« Ich bin einverstanden. Wenn ich doch nur schon in Paris wäre, mit seinen Horden von Anwälten und idealen Inkognito-Verstecken. Ich verlasse das Büro im Laufschritt und bereite mir so noch heftigeres Herzklopfen.

NEW YORK, 3. FEBRUAR 1996

Ich habe die ganze Nacht kein Auge zugetan. Karl hat entschieden, dass ich die Concorde nehmen soll, damit ich schneller zurück bin. Ich werde am Nachmittag abfliegen. Würstchen hat sogar einen Helikopter gebucht, damit ich auf dem Weg zum Kennedy Airport nicht im Stau stecken bleibe. Meine Reisetasche steht gepackt vor der Tür. Ich habe die kompromittierenden Dokumente in die Innentasche meines Rucksacks gepackt. Es ist 5:30 Uhr am Morgen, als das Telefon klingelt. Karl ist am Apparat. »Arnaud, du kannst heute nicht fliegen. Es stürmt.« Ich versuche, den Couturier zu beruhigen. »Die Amerikaner kennen sich mit so etwas aus. Am JFK ist sicher schon dafür gesorgt, dass alle Rollbahnen frei sind. Das wird schon klappen.« Ich vernehme ein kurzes Lachen am anderen Ende der Leitung. »Du hast ja keine Ahnung. Ich schaue gerade CNN. Über New York tobt ein Wirbelsturm. Es fliegt keine einzige Maschine. Schau mal nach draußen, dann weißt du Bescheid.« Ich schiebe den Vorhang am Fenster beiseite. Ich sehe nichts. Nichts außer Schnee, der in dichten Flocken durch die Luft wirbelt. Die Stadt steckt unter einer dicken Eisschicht. »Bleib in deinem Zimmer. Wir geben dir Bescheid, wenn sich irgendetwas ändert.«

Ich habe den Tag am Telefon verbracht. Auf dem Bett liegt mein aufgeschlagenes Adressbuch und ich überspiele meine Langeweile, indem ich nacheinander die Nummern meiner Freunde wähle. Die Situation ist absurd. Ich stehe unter Hochspannung, bin aber dazu verdammt, hier nett zu plaudern und Fernsehen zu schauen. Um mich ein wenig zu trösten, habe ich die Karte des Zimmerservice durchprobiert. Der kulinarische Feinsinn amerikanischer Hotels kann mich nicht ganz überzeugen. Ich bestelle, koste, lasse den Teller stehen, überlege kurz und gebe eine neue Bestellung auf. Mit meinen Ferngesprächen und dieser Probieraktion fabriziere ich die dickste Extrarechnung, die das Haus je aufgestellt hat. Dreitausendsiebenhundert Dollar. Nicht schlecht für eine Zeitspanne von vierundzwanzig Stunden.

Würstchen kommt am Abend vorbei. Sie versichert mir, dass morgen alles klargehen wird. Die Wettervorhersage verspricht Besserung, JFK wird am Morgen wieder frei sein und mein Ticket wurde umgebucht. Die New Yorker Bürochefin mustert mich besorgt. »Ist alles in Ordnung?« Ja, sicher. Ich stelle keine Fragen. Ich will gar nicht wissen, ob die Lizenznehmer sich gemeldet haben. Inzwischen haben sie unseren Coup sicher bemerkt. Ein Krieg um Recht und Geld steht vor der Tür. Dem Hause Lagerfeld droht der Kollaps. Was wird aus den Angestellten, wenn die Lizenz gekündigt wird? Indem ich die Praktiken unserer Geschäftspartner angeprangert habe, werde ich wahrscheinlich auch mein berufliches Todesurteil unterschrieben haben. Es sei denn, der anderen Seite fällt ein, dass es vielleicht noch nicht zu spät ist, die kompromittierenden Unterlagen zurückzubekommen ...

Geschafft. Ich sitze in der ersten Concorde, die nach Paris abfliegt. Ich schließe den Sitzgurt. Neben mir hat die wunderbare Karen Mulder Platz genommen, eines der meistbeachteten Topmodels der 1990er-Jahre ... Die schlanke blonde Frau mit blauen Augen und blassem Teint tritt sehr zurückhaltend auf. Ich begrüße sie mit einem wissenden Lächeln. Wir kennen uns von diversen Modenschauen, aber die hübsche Niederländerin braucht offensichtlich Ruhe. Ich bin ja auch nur der Gehilfe des Gehilfen. Sobald sie ihren Sitz eingenommen hat, öffnet sie ihre große Birkin-Tasche von Hermès und holt ein Paar dicke Strümpfe und eine Schlafmaske hervor. Die Stewardess bringt ihr ein Glas Wasser, das sie mit langsamen Schlucken trinkt, bevor sie sich nach hinten lehnt. Sie schläft noch vor dem Start ein und wacht wenige Minuten vor der Landung wieder auf. Mir dagegen gelingt es nicht einmal, ein bisschen zu dösen. Während der drei Stunden, die der Flug dauert, spuken immer dieselben Fragen in meinem Kopf herum. Ich versuche, mich abzulenken, indem ich einen kleinen Rundgang durch das Flugzeug mache. Das berühmte Überschallflugzeug bietet einen eher spartanischen Komfort. Es gibt nur eine Klasse, und die Sitze sind schmal und unbequem. Das Design und die Ausstattung der Kabine sind bewusst knapp gehalten, damit die Maschine nicht zu schwer wird, um die Schallmauer zu durchdringen. Der einzige wirklich beeindruckende Luxus ist der Service an Bord. Während des gesamten Fluges verteilen die Stewardessen und Stewards Kaviar, Gänseleber und Champagner, und das mit einer rührenden Diskretion. Das Ende der Reise verbringe ich also damit, meine Verwirrung mit löffelweise Beluga zu besänftigen.

Eric Wright hat mich mit dem Taxi in Roissy abgeholt. Unser Studioleiter ist immer für eine Überraschung gut. Er ist pingelig, cholerisch und überheblich – aber genauso gut kann er großzügig, aufmerksam und freundlich sein. An diesem Abend begleitet er mich bis vor die Haustür, damit mir unerfreuliche Begegnungen erspart bleiben, bevor ich Karl treffe. Während der Autofahrt hat er mich beglückwünscht und ermuntert, doch ja alles dem »Boss« zu erzählen. Das hatte ich sowieso vor. Im Moment kriege ich aber kaum den Mund auf, denn der Flug und die aufgestaute Anspannung der vergangenen Woche haben mich erschöpft.

PARIS, RUE DE L'UNIVERSITÉ, 5. FEBRUAR 1996

Am nächsten Tag stehe ich um Punkt neun vor Karls Tür, den Rucksack über der Schulter. Man erwartet mich schon. Ohne Umschweife werde ich ins Büro geführt, wo sich die Kunstbände vom Boden bis zur Decke stapeln. Lucien Frydlender, der Geschäftsführer des Couturiers, hat bereits an einem riesigen runden Tisch Platz genommen. Karl steht auf, um mich zu begrüßen. Er nimmt mich gerührt in die Arme. »Wunderbar, wie du das gemacht hast. Das vergesse ich nie.« Lucien drängt darauf, die Papiere in die Hand zu bekommen. Im Grunde bin ich erleichtert, dass ich sie nun loswerde. Ich habe den Eindruck, meine Pflicht getan zu haben.

»Wir werden alles platzen lassen. Und zeigen, dass dieses Unternehmen von einem Haufen unfähiger Leute geführt wird, die nur daran denken, wie sie die Lizenzen mit Gewalt in die Höhe treiben!« Karl skandiert seine Phrasen und klopft dabei mit seinem Ring gegen den Tisch, während Lucien Frydlender schweigend die Unterlagen durchblättert und sich Notizen macht. Der Geschäftsführer wartet, bis der Modezar geendet hat, um mir dann in süßlichem Ton zu verkünden: »Lieber Arnaud, während wir uns eine Strategie überlegen, werden Sie zurück nach New York fliegen, als ob nichts gewesen wäre.« Nein ... Karl stimmt ein: »Doch, mein Lieber, auf diese Weise werden sie keinen Verdacht schöpfen. Dabei haben wir diese unglückseligen Gestalten schon am Wickel!« Ich mache ein ungläubiges Gesicht. »Keine Sorge, wir haben alles erledigt. Du nimmst die Concorde, bleibst einen Tag dort und fliegst am nächsten Abend zurück. Geh einfach ein bisschen shoppen.« Bevor ich auch nur den Mund aufmachen kann, steckt mir Karl einen dicken Dollarumschlag zu und schiebt mich zur Tür. »Gute Reise, mein Kleiner. Toll, wie du das gemacht hast.« Eine Sekunde lang frage ich mich, ob man mir danken oder mein Schweigen erkaufen möchte. Egal. Ich habe die Zugbrücke heruntergelassen, damit Karl wieder Herr der Lage wird. Ich weiß, dass er mir das nie vergessen wird. Zumindest hoffe ich es.

NEW YORK, 6. FEBRUAR 1996

Die Concorde startet um 11:30 Uhr ab Charles de Gaulle und landet um 8:30 Uhr Ortszeit in New York. Der Sturm hat sich gelegt, und die Sonne steigt in einen klaren Himmel. Kurz nach der Landung steige ich in ein Taxi. Mein obligater Rucksack ist das einzige Gepäck, das ich dabeihabe. Wir fahren zur 5th Avenue. Terry erwartet mich in unseren Büros. Ich möchte ihr unbedingt alles erzählen. Im Laufschritt durchquere ich die Eingangshalle. *»Hello Lauren, what's up ?«* Die Empfangsdame lächelt mir gleichgültig zu. Ich stürze singend in Würstchens Büro. Niemand da. Wahrscheinlich hat sie gerade ihr Team zu einem Briefing versammelt. Das Telefon klingelt, und ich greife automatisch nach dem Hörer: »Lagerfeld, *good morning.«* Am anderen Ende der Leitung erkenne ich die süßliche Stimme mit dem gerollten R, die zu Mounir Moufarrige gehört. *»Good morning,* mit wem spreche ich? Arnaud? Ah, sehr gut, wie geht es Ihnen, mein Lieber? Kommen Sie gut voran?« O ja, wir kommen voran. Ich habe wirklich Glück. Ich könnte kein besseres Alibi haben. Der Präsident der Unternehmensgruppe höchstpersönlich kann bezeugen, dass ich an diesem Morgen in New York war. Ich atme tief durch. Mein Gefühl sagt mir, dass wir gewonnen haben.

Der unfreiwillige Kurzaufenthalt in New York hat meine Qualitäten als *»serial shopper«* voll zur Geltung gebracht. Ich habe all meine Lieblingsgeschäfte abgeklappert. Natürlich war es Ehrensache, Karls Umschlag komplett zu leeren. Ralph Lauren, der Levi's Store, Urban, die großen Kaufhäuser – ich habe mir nichts entgehen lassen. Gründlich und entschlossen in allen Lebensbereichen, das ist mein Motto. Wenn man schöne Klamotten liebt, darf man nicht nachrechnen.

PARIS, MÄRZ 1997

Ich begreife es nicht. Letzten Endes hat Karl nichts unternommen. Der Modeschöpfer hat den Argumenten seines Geschäftsführers Lucien Frydlender nachgegeben. Indem er seine Wut begräbt, behält er einen entscheidenden Trumpf in der Hand. Ein großer Rundumschlag würde den Niedergang des Hauses Lagerfeld nur beschleunigen. Wir müssen die Demütigung ertragen und weiter mit den Lizenznehmern zusammenarbeiten, als ob nichts gewesen wäre.

Aber es nützt nichts. Nach der dritten Kollektion zieht sich der internationale Konzern zurück. Nach der monatelang andauernden Kraftprobe liegt unser Team am Boden. Das halbe Büro ist bereits gekündigt. Das Haus Lagerfeld ist leergeblutet. Es wurde von einer unbeteiligten und unwissenden Unternehmensleitung ins Verderben geführt.

Der Vendôme-Konzern wirft das Handtuch und beschließt, das Couture-Haus zu liquidieren.

Karl bittet darum, bei der Geschäftsleitung vorgelassen zu werden. Wir erfahren, dass er nach einer kurzen Unterredung erreicht hat, dass er seinen Namen für einen symbolischen Franc zurückkaufen kann.

Die folgenden neun Monate sind ein einziger Alptraum. Die Schau für den Oktober wurde abgesagt, und die Mitarbeiter werden einer nach dem anderen entlassen. Anita und Sophie gehören zur letzten Fuhre. Eric wird *in extremis* bei Fendi in Rom untergebracht.

Sandrine und ich sind die einzigen Überlebenden. Caroline ist im Mutterschutz. Wir sind zur Untätigkeit verurteilt und komplett isoliert. Unsere Schritte hallen über die Flure. Tausend Quadratmeter Bürofläche stehen leer. Das Haus Lagerfeld erinnert an eine Geisterstadt. Da im Studio nichts mehr produziert wird, dürfen wir auch keine Kosten entstehen lassen. Wir sollen anwesend sein, aber weder Telefon noch Fax benutzen. Noch absurder ist der Umstand, dass uns offiziell vorgeschrieben wurde, die Zeitschriften zu lesen, die immer noch ins Haus kommen, und alle Stifte und sonstigen Büromaterialien aufzubrauchen, die noch ganz hinten in den Schubladen stecken. Der Nervenkrieg hat begonnen. Wir halten auf jeden Fall stand, damit wir nicht wegen Fehlverhaltens gekündigt werden können. Wir sind wie Schiffbrüchige auf dem Floß der Madeleine.

PARIS, 16. JULI 1997

Der Maestro ist tot. Gianni Versace ist gestern Morgen vor seinem Haus in Miami getötet worden. Wir alle stehen unter Schock. Der Mann mit dem Medusenhaupt war ein großer Couturier, dessen unverschämter und strahlender Erfolg alle Neider zu Boden schmetterte. Unsere Telefone laufen heiß. Die kleine Welt der Mode ist in heller Aufregung. Wir erfahren, dass Karl nach Mailand fliegt. Er möchte an der Beerdigung teilnehmen, die offenbar zu *dem* Ereignis des Sommers wird. Ich sehe darin ein Symbol für unser sinnloses, glitzerndes und extrem vergängliches Dasein.

Ich habe heute Morgen die schriftliche Kündigung bekommen. Das Arbeitsverhältnis wird aus wirtschaftlichen Gründen beendet. Ich bin fast erleichtert. Was wird nun aus uns? Gerüchteweise heißt es, Karl habe noch Verwendung für uns. Ich glaube nicht daran. Ich habe zudem beschlossen, mir erst im neuen Jahr Gedanken darüber zu machen.

KAPITEL 9
DER NEUANFANG

PARIS, ANFANG JANUAR 1998

Karl hat uns nicht vergessen.

Mitte Januar meldet sich Sophie de Langlade bei mir, um mir eine neue Aufgabe vorzuschlagen. Karl möchte eine exklusive Boutique mit privater Atmosphäre eröffnen, in der alle Leidenschaften des Couturiers versammelt sind: Mode, Fotografie und Bücher. Die Lagerfeld Gallery soll ihren Standort im Herzen von Saint-Germain-des-Prés finden. Es hat sich bereits eine kleine Gruppe treuer Mitarbeiter um Karl versammelt, die bereit ist, dieses neue Abenteuer ohne guten Vertrag zu wagen.

Sophie entschuldigt sich am Telefon geradezu für ihr Angebot. »Sie müssen wissen, Arnaud, dass es sich nur um einen befristeten Vertrag handelt. Caroline bekommt ein Baby, und Sie sollen sie für vier Monate ersetzen, bis das Projekt steht.« Ich habe mit einem dreiwöchigen Praktikum im Hause Lagerfeld angefangen, und dieses Praktikum hat letztendlich sieben Jahre gedauert. Ich habe ein dickes Fell. Außerdem möchte ich gerne mehr über diese Boutique erfahren. Hat Karl schon ein Ladenlokal gefunden? Wer kümmert sich um was? Wer sind die Investoren? Ich fange Feuer. Sophie erzählt mir, dass der Modeschöpfer eine alte Druckerei an der Rue de Seine im Visier hat, aber es ist noch nichts geklärt. Und was die Investoren angeht: Es gibt keine. Karl schöpft aus seinem privaten Kapital. »Sie hätten Luciens Gesicht sehen sollen!«

Ich kann mir seine Reaktion vorstellen. Karl rechnet nicht mit einem Scheitern. Er denkt nicht eine Sekunde daran, dass sein Name aus dem Modeuniversum verschwinden könnte. Nach dem Rückkauf der Marke Lagerfeld für einen symbolischen Betrag stehen alle Möglichkeiten offen. Der Couturier hat abgewartet, bis seine Aktionäre ihre Anteile verkaufen und von der Bildfläche verschwinden, um dann ein neues Haus aufzubauen. Ganz für sich allein. Mit seiner kleinen Welt um ihn herum.

Hinter dem Wunsch, seine alten Mitarbeiter um sich zu versammeln, steckt noch etwas anderes als Anhänglichkeit. So gerne Karl sich abschottet, wenn er zeichnet, so sehr hasst er es, allein zu arbeiten. Natürlich hat er tagtäglich mit seinen Mitarbeitern bei Chanel und Fendi zu tun, aber dort geht es in erster Linie ums Business. Der Mann mit dem Cadogan sieht sich als »Söldner der Rue Cambon«. In den Häusern, die ihn für ein sagenhaftes Honorar rekrutieren, »erfüllt« er seine Pflicht. Er arbeitet ohne Pause, bestückt die Läden, aber er ist nicht wirklich involviert – obgleich er darauf besteht, den *final cut*[30] der Kollektionen festzulegen. Im Gegenzug garantiert Karl den Aktionären eine Rendite aus ihren Investitionen. Manchmal können Business und Mode eben auch gut unter einen Hut gebracht werden ... Bei seinem eigenen Label stehen die Dinge anders. Der Modezar hat das starke Bedürfnis, seine Mitarbeiter um sich zu wissen. Seine Großzügigkeit ist unermesslich. Dafür erwartet er totale Verfügbarkeit. Karl hat kein Privatleben. Wie soll er sich da vorstellen können, dass andere Wert darauf legen?

Mir fehlt noch eine Information. Wer wird das Unternehmen leiten? Sophie zögert mit einer Antwort. »Im Augenblick gab es keine

---

30 Ein Begriff aus der Filmindustrie. Der *final cut* garantiert einem Modeschöpfer, dass er am Ende als Einziger darüber zu entscheiden hat, welche Elemente in die Kollektion aufgenommen werden.

andere Lösung. Also hat Karl ... Nun ja, er hat an mich gedacht.« Ich pfeife durch die Zähne. Mannomann! Ich wusste gar nicht, dass Sophie Erfahrung mit Firmenmanagement hat. Ich fange mich sofort wieder. »Meinen Glückwunsch! Wenn Karl Sie für diesen Posten ausgesucht hat, dann ist er davon überzeugt, dass Sie die Richtige sind. Bravo!« Sophie fährt schnell fort.

»Also, Arnaud, sind Sie einverstanden? Haben Sie schon irgendwo anders unterschrieben?«

Doch, habe ich. Ich bin soeben mit Marzotto übereingekommen. Ich soll Minischauen für ihre Verkaufsveranstaltungen in Paris organisieren. Mir obliegt die gesamte Planung und zudem die Komposition der Modelle. Für die italienische Prêt-à-porter-Marke werde ich also jene Rolle einnehmen, die Eric bei Karl gespielt hat. Ich stelle die Looks zusammen und ordne den verschiedenen Ensembles meine Accessoires zu, damit die Kollektion eine einheitliche Dynamik erhält. Ich habe diesen Vertrag auf Empfehlung bekommen. In der Modebranche gibt es keine Headhunter für Assistenten der Assistenten. Einen Ruf näht man sich mit kleinen Stichen und beim kleinsten Fehler reißt alles wieder auf. Mein Engagement bei den Italienern ist zeitlich begrenzt, aber ich muss den Vertrag unbedingt einhalten. Irgendwie werde ich das schon hinbekommen. An der Seite von Karl Lagerfeld am Entstehen eines neuen Couture-Hauses mitzuwirken, ist schließlich ein absoluter Traum.

»Ich habe da noch ein Projekt, das ich zu Ende bringen muss. Anfang Februar könnte ich einsteigen. Geht das in Ordnung?« – »Damit können wir uns arrangieren. Karl will unbedingt Sie haben. Er schätzt Ihre Arbeit sehr. Zudem hasst er es, neue Gesichter im Team zu haben.«

PARIS, ENDE JANUAR 1998

Karl hat bekommen, was er wollte. Der Mietvertrag für die Druckerei ist unterschrieben, und der Couturier hat wieder einmal Andrée Putman mit der Gestaltung der geschichtsträchtigen Räume beauftragt. Karl möchte ihre Eigenheit bewahren. Der Fußboden aus Eisenbahnschwellen wird nur abgeschliffen und geölt, die Schubfächer, in denen früher die Druckplatten aufbewahrt wurden, sollen behutsam abgebeizt werden und die Schaufenster baut man originalgetreu nach. Andrée verleiht dem Ganzen einen modernen Touch und eine luftige Strenge, die einen Hauch von edlem Luxus in die ehemalige Produktionsstätte bringt. Das schieferblaue Treppengeländer hebt sich von den hellgrün abgetönten Wänden ab, man spielt mit Raum und Perspektive und das schlichte Holzmobiliar schafft eine gewisse Wärme. Am Eingang thront ein riesiger runder Tisch, auf dem sich später die Bücher stapeln werden. Hohe Arbeitshocker aus Eiche, die man bei Sennelier[31] aufgetrieben hat, laden die Kunden ein, sich kurz hinzusetzen und ein wenig zu schmökern.

Wir stehen am Beginn des 21. Jahrhunderts, und einmal mehr wird mir bewusst, dass Karl ein echter Wegbereiter ist. Er folgt keinen Trends, er gibt sie vor. Genauso bestimmt, wie er Respekt einfordert und seine Bedingungen durchsetzt: mit Persönlichkeit und Autorität.

PARIS, ANFANG FEBRUAR 1998

Wie vereinbart habe ich mich Anfang des Monats dem harten Kern der Vertrauten angeschlossen.

Wir haben uns provisorisch am Boulevard de la Tour-Maubourg eingerichtet, in einer etwa hundert Quadratmeter großen Wohnung. Verglichen mit den tausend Quadratmetern, die uns an der Madeleine zur Verfügung standen, ist das eine ziemliche Umstellung. Aber egal. Alles ist besser als ein totenstiller Palast. Unser kleiner Firmensitz erinnert an eine wilde und lustige Rumpelkammer. Knapp zwei Monate vor der Eröffnung der Lagerfeld Gallery wimmelt es in den fünf Büroräumen vor Betriebsamkeit, und in den

31 Berühmtes Farbengeschäft am Quai Voltaire im VII. Pariser Arrondissement.

Fluren stapeln sich Textilmuster, Stoffrollen, Schnittmuster und Akten, die wir aus dem Büro an der Madeleine geholt haben. An der Wand reihen sich die Schneiderpuppen, an denen wir die Entwürfe feststecken.

Ohne Caroline Lebar, die noch im Mutterschutz ist, sind wir acht Angestellte. Um ein Luxuslabel für Prêt-à-porter auf die Beine zu stellen, ist das sehr knapp bemessen. Anita ist ganz allein für das Atelier verantwortlich, und dann sind da noch Hélène, eine Aushilfsschneiderin, Yvonne und Rose, zwei Näherinnen, die man aus dem Schiffbruch hinübergerettet hat, sowie zwei Designer, die sich um die in letzter Minute geschlossenen deutschen und japanischen Lizenzvereinbarungen kümmern – und Sophie de Langlade und ich.

Während unsere neue Firmenchefin mit Budgets jongliert, die sie noch nicht hat, befasse ich mich mit der Pressearbeit. Ich bin zu meinem Platz und meinen Automatismen zurückgekehrt, ohne mit der Wimper zu zucken.

Der Teamgeist scheint intakt, und unser Elan wird durch die neue Herausforderung angestachelt.

PARIS, 9. FEBRUAR 1998

Heute ist das Fitting. Am Vormittag treffen sich alle Mitarbeiter im größten Büroraum. Als ich das Studio betrete, ist Karl schon da. Ich habe ihn seit dem Debakel an der Madeleine nicht mehr gesehen. Zum Ende meines Vertrags gab sich der Couturier ungewohnt zurückhaltend. Ich bin beeindruckt. Monsieur Lagerfeld hat noch mehr zugenommen. Sein Gesicht ist fast aufgedunsen. Er wirkt außer Atem und versucht, seinen Zustand zu verbergen, indem er einfach sitzen bleibt. An seiner Seite thront Eric Wright. Ich dachte, er sei bei Fendi in Italien. Karl schaut mich lächelnd an und bemerkt meinen überraschten Blick. »Eric wird bis Ende des Jahres zwischen Rom und Paris pendeln und uns hier ein wenig helfen. Prima Neuigkeiten, oder, Arnaud?« Der Modezar wendet sich erneut seinem Assistenten zu und tut auf einmal so, als sei ich gar nicht da.

Mir ist, als hätte ich alles nur geträumt. Karl spricht mit mir, als hätten wir uns gestern noch gesehen. Mit einer einzigen Bemerkung wischt er die vergangenen zwei Jahre fort, mit all ihren Konflikten, Katastrophen und Kündigungen. Mir schwirrt der Kopf.

Die Anproben beginnen. Eric sagt an, welche Änderungen zu machen sind, Karl schaut unbewegt zu. Wieder einmal ist es an unserer Chefschneiderin, den Anweisungen zu folgen, während sie vor dem Vorführmodel kniet, das wir für einen Tag gebucht haben. »Anita, der Saum muss zwei Millimeter höher ... Nein, das ist zu viel. Mehr, mehr ... Gut. Obwohl ... Ich weiß nicht genau. Wir schauen uns das später noch einmal an. Die kleine Falte da links macht alles kaputt. Die müssen wir loswerden.« Ich kann wie immer nicht erkennen, was Eric meint. Anita anscheinend auch nicht. Sie stöhnt leise. »Links. Nein, mehr nach rechts. Siehst du das nicht? Ja, genau da. Was soll das heißen, da ist nichts?« Mister Wright hat sich nicht gebessert. Aus einem Pedanten ist ein Fanatiker geworden. Mit seiner übertriebenen Pingeligkeit stellt er die Nerven unserer Chefschneiderin auf eine harte Probe.

Zum Ende des Fittings wird Karl unruhig. Sophie flüstert mir zu, dass er sich bestimmt gleich davonmachen will, um irgendwo etwas zu essen. Natürlich würden wir eingeladen. Nach einem kurzen Abstecher bei La Hune, dem Lieblingsbuchladen des Couturiers, landen wir im Café de Flore. Der Modezar bestellt kurzerhand ein Festessen, das eines Vielfraßes würdig wäre. Die Kellner laden haufenweise Frankfurter Würstchen auf unserem Tisch ab, und dazu gibt es Riesenportionen Gruyère.

Karl hält eine Cola light in der Hand und unterhält sich mit Eric. Er benimmt sich, als säße niemand sonst in der Runde. »Ich habe letzte Woche mit dem Ehepaar Labro gespeist. Philippe hat eine Sendung auf France 3 und will unbedingt, dass ich komme ... Ich bin mir nicht sicher. Nun, jedenfalls ist seine Frau absolut unglaublich. Françoise ist Generaldirektorin bei Ralph Lauren, und sie hat ein unheimliches Durchsetzungsvermögen.« Auf einmal schaut Monsieur Lagerfeld mir in die Augen. »Übrigens, Arnaud, du kennst sie doch, oder?« Seine Bemerkung trifft mich wie eine Ohrfeige. Ich werde rot. Die Firma Ralph Lauren hat mich letztes Jahr kontaktiert. Françoise Labro lud mich zu einem Gespräch ein, das höchstens ein paar Minuten gedauert hat. Wieso weiß Karl davon? Ich hatte um äußerste Diskretion gebeten. Anscheinend hat das nichts genützt!

Sophie mustert mich von der Seite. Was soll ich sagen? Dass sich zu jenem Zeitpunkt noch kein anderer bei mir gemeldet hatte? Dass ich den Vollzeitjob abgelehnt habe? Dass ich als letzter Matrose auf dem Schiff an der Madeleine geblieben bin und mich dort von allen verlassen fühlte? Ich schweige lieber. Der Couturier fährt unbeeindruckt fort.

»Nun, wir haben fast einen Monat auf dich gewartet, aber jetzt geht es wieder los, Arnaud.«

»Natürlich, Karl. Sie können auf mich zählen.«

Sophie möchte mir etwas zeigen. »Arnaud, die Pressemitteilung ist so noch nicht in Ordnung. Wenn Sie sich das mal ansehen würden.« »Arnaud?« Hinter seiner getönten Brille wirft Karl mir einen letzten Blick zu. Er lächelt breit. »Ich habe Eric gesagt, dass du ihm zur Verfügung stehst. Das schaffst du doch sicher neben der Pressearbeit, oder?« Es hat sich wirklich nichts geändert. Einen Moment lang zögere ich, dann widme ich mich dem Text, den Sophie aus ihrer Tasche hervorgeholt hat. Gehöre ich noch hierher oder bin ich nur eine Schachfigur, die man nach Belieben versetzt? Hätten sie sich überhaupt bei mir gemeldet, wenn Caroline nicht im Mutterschutz wäre?

Dieses Mal wird alles anders. Ich spüre das Adrenalin in meinen Adern. Ich spiele hier nicht mehr den Lehrjungen. Auch wenn ich nur durch Zufall hier bin, werde ich doch alles tun, um zu bleiben. Und ich bleibe, bis die erste Modenschau der Lagerfeld Gallery gelaufen ist. Dann verschwinde ich. Aus eigenem Entschluss!

PARIS, 10. APRIL 1998

Es sind nur noch ein paar Tage bis zur Eröffnung an der Rue de Seine. Die Renovierungsarbeiten gehen dem Ende entgegen und unser kleines Team darf die neuen Räume in der Druckerei einnehmen. Mein Büro befindet sich in einem tiefer gelegenen Teil hinter dem Empfang. Ich sitze in einem Durchgangszimmer zwischen zwei Milchglastüren. Hinter der einen ist das Ladengeschäft, hinter der anderen, in einem ehemaligen Lagerraum, das Studio.

Meine erste Aufgabe besteht darin, die Lagerfeld Gallery überall bekannt zu machen. Ich verfasse Kommuniqués und stelle neue Pressemappen zusammen, da die alten nach dem Debakel an der Madeleine verschwunden sind. Ich mobilisiere die Journalisten, damit sie ihr Publikum über unser Projekt informieren. Für das Studio eile ich in Eric Wrights Auftrag durch Paris und suche die fehlenden Accessoires zusammen – wie zum Beispiel Ebenholzknöpfe, in die unser Logo eingraviert wird. Zudem gehe ich wie alle anderen auch ans Telefon, wenn gerade niemand am Empfang sitzt, ich packe Kisten mit Büchern und Fotos aus, unterschreibe Lieferscheine und hänge die ersten Modelle der Kollektion an die Kleiderständer im Untergeschoss. Nur unsere neue Chefin Sophie hält sich aus diesen gemeinschaftlichen Bemühungen heraus. Von ihrem höherstehenden Posten wacht sie über uns ... und entfernt sich immer mehr.

Die Modelle der Lagerfeld Gallery werden in ganz Europa nur in einer Boutique zu erwerben sein: in unserer. Die dreißig Prototypen der ersten Kollektion thronen im Untergeschoss auf hölzernen Kleiderständern mit Sitzbank. Karl hat sich die Garderoben von einer Umkleide auf einem Tennisplatz in Hossegor abgeschaut, nicht weit von seinem neuen Wohnsitz.

Das Konzept der Rue de Seine ist exquisit und neuartig, aber man weiß nicht, wie der Umsatz aussehen wird. Keines der Modelle wird im Schaufenster gezeigt. Die Kundinnen müssen also ins Untergeschoss kommen, um sich die Stücke anzusehen. Wie viele Kleider werden wir so verkaufen können?

Sophie de Langlade setzt auf Vorsicht. Wir reduzieren den Bestand auf ein Minimum, und es soll keine Nachbestellungen geben. Aus diesem Grund haben wir einige Schwierigkeiten, einen Produzenten zu finden. Welcher Geschäftsprofi ist schon bereit, seine Maschinen stundenlang rattern zu lassen, um zwei oder drei Modelle in jeder Größe anzufertigen? Normalerweise muss man mindestens dreißig Kleider in jeder Größe nähen, damit sich die Aktion rechnet, sonst arbeiten die Hersteller für den Selbstkostenpreis. Wir mussten sie förmlich beknien. Ein Einziger hat schließlich eingewilligt und uns seine Fabriktore geöffnet: Monsieur Guy Sorlut. Er fertigt auch die Kollektionen von Chanel und weiß, dass er mit uns Verlust machen wird. »Er hat Angst, dass er sonst keine Aufträge von der Rue Cambon mehr bekommt«, meint Sophie. Ich kann dem nicht zustimmen. Monsieur Sorlut ist ein Meister seines Fachs, und ich weiß, wie sehr er Karl schätzt. Mit seinen fast siebzig Jahren muss er sich nicht mehr verbiegen und sucht sich lieber Auftraggeber mit einem gewissen Anspruch. Hat unsere Chefin vielleicht vergessen, was »Noblesse« bedeutet?

Wie üblich will Karl von diesen Organisationsschwierigkeiten nichts wissen. Er hat nur sein Fotostudio im Kopf und den Verlag, den er mit seinem deutschen Kompagnon Gerhard Steidl gründen möchte. Wieder einmal hat er ein außergewöhnliches Gebäude ausfindig gemacht, und zwar an der Rue de Lille im VII. Arrondissement. Er entwirft bereits die Umbauten und möchte so schnell wie möglich dort einziehen. Die Katastrophe an der Madeleine hat ihn in der Überzeugung bestätigt, dass die Leitung eines Couture-Hauses nichts für ihn ist. Lieber unterschreibt er ein paar Schecks und lässt andere seine Unternehmen führen.

Für die erste Saison sind keine Modenschauen, keine Interviews mit dem Modeschöpfer und keine internationalen Verkaufsaktionen geplant. Der Couturier hat seine Entwürfe gezeichnet und will nun nichts mehr damit zu tun haben. Seine gleichgültige Haltung soll uns anscheinend zu verstehen geben: Ich habe euch Arbeit besorgt, mein Job ist erledigt – also seht zu, wie ihr klarkommt!

PARIS, HERBST 1998

Caroline Lebar hat ihren Posten wieder eingenommen, und Karl hat mich gebeten, zu bleiben ... auf unbefristete Zeit. Wahrscheinlich hat Eric Wright diesen neuen Vertrag durchgesetzt. Unser amerikanischer Designer erträgt den Ton der Chefetage nicht mehr, und besonders nicht jenen von Sophie. Diese Unstimmigkeiten haben ihn dazu bewogen, der Lagerfeld Gallery den Rücken zu kehren. Eric glaubt, dass ich in der Lage bin, das Studio zu übernehmen. »Ich werde dir noch ein wenig helfen. Dann schaffst du es sicher allein.« Seitdem er beschlossen hat, sich nach Italien zurückzuziehen und nur noch für Fendi zu arbeiten, verhält er sich mir gegenüber fabelhaft. Ich kann nur staunen und frage mich, warum das Gute immer zuletzt kommt.

Was Karl betrifft, so weiß ich immer noch nicht, was er wirklich über mich denkt. Er benimmt sich, als sei nichts gewesen. Oder fast nichts.

Ich überlasse Caro die Pressearbeit, damit ich mich auf die Herstellung der Kleider konzentrieren kann. Die Situation ist im Grunde absurd: Ich kontrolliere alle Stücke, die das Studio verlassen, bin aber auch die einzige Person dort, seitdem Eric in Italien ist! Die meiste Zeit arbeite ich an Karls Seite. Neben der Betreuung der Kollektionen bereite ich seine immer zahlreicher werdenden Fotoshootings vor. Der Couturier geht auf alle Anfragen internationaler Zeitschriften ein. Er fühlt sich geschmeichelt ... Zudem ist die Modefotografie zu seiner neuen Leidenschaft geworden. Wie ein Talentscout organisiere ich ein Casting nach dem anderen, um neue Köpfe und neue Körper zu entdecken, die seine Bilder schmücken könnten. Außerdem bin ich bei jedem Fototermin anwesend, da Karl ausdrücklich wünscht, dass ich neben seiner Kamera stehe. Wir unterhalten uns über Mode und neue Trends. Der Modeschöpfer fragt häufig nach meiner Meinung. Ich bin fast erstaunt über so viel Aufmerksamkeit. In seiner Gegenwart schärfe ich meinen Verstand. Karl ist unwahrscheinlich gebildet und hat ein unglaubliches Erzähltalent. Auf einmal übt alles eine Faszination aus. Ich entdecke doch noch die Lust am Lesen und verschlinge all die vielen Bücher, die Karl mir schenkt. Manchmal muss ich schon in mich hineingrinsen, wenn ich mir vorstelle, wie meine früheren Lehrer gucken würden, wenn sie mich mit einem Buch in der Hand sehen könnten.

Die Boutique ist oft gut besucht. Die Leute schauen sich um wie in einem Museum. Karls Fotoarbeiten sind ein starker Anziehungspunkt, aber es kommen selten einmal Kenner, die auch einen Abzug kaufen. Trotz des Andrangs können wir uns nicht recht freuen. Die Kundinnen interessieren sich nicht für die Kleider. Sie kommen nicht wegen Karls Mode, Karls Büchern oder Karls Brillen und Parfüms. Nein, sie wollen Taschen von Fendi. In unserer Boutique wird als einziger in ganz Paris die berühmte »Baguette«-Handtasche vertrieben. Das Objekt der Begierde hat einen Sturm der Begeisterung ausgelöst. Wir beobachten ein interessantes Gesellschaftsphänomen. Als sie sehen, wie sehr die Frauen für die »Baguette«-Tasche schwärmen, springen viele Modeschöpfer auf den Zug auf. Eine Tasche ist einfach herzustellen, und man muss, anders als bei Kleidern, keine verschiedenen Konfektionsgrößen bereithalten. Weniger Aufwand, mehr Gewinn ... Innerhalb weniger Jahre werden Taschen zu den Stars auf den Laufstegen und den Melkkühen der Modehäuser.

Die begehrte Tasche möbelt unsere Finanzen auf. Die Bestelllisten werden immer länger. Wir erhalten die Taschen aber nur nach und nach: Rom schickt uns etwa einhundert Stück pro Monat, obwohl man ohne Schwierigkeiten fünfmal so viel absetzen könnte. Ob aus Jeansstoff, Webstoff oder Nerz, ob bestickt oder mit Sattelnähten – die »Baguette«-Tasche wird uns in allen Ausführungen aus den Händen gerissen. Das Ganze wächst sich zu einem solchen Ereignis aus, dass Mademoiselle Agnès, Modejournalistin bei Canal+, zu uns kommt, weil sie die Ankunft der Taschen an der Rue de Seine und ihr Verschwinden im Laufe des Vormittags live filmen will. Der Ablauf ist denkbar einfach. Sobald die Boutique öffnet, packt unser Verkäufer die Kisten aus, und die Empfangsdame ruft die auf einer Liste verzeichneten Kundinnen an. »Guten Tag, Madame, Ihre Baguette ist jetzt da. Sie können jederzeit vorbeikommen. Auf Wiedersehen!« Diese Sätze werden zum Sammelruf unserer Truppe. Wir sind zu Taschenverkäufern geworden. Nicht mehr und nicht weniger.

PARIS, APRIL 1999

Ich kann Karl nicht mehr verstehen. Ich habe den Eindruck, er ist im Grunde abwesend und hat keine Freude mehr an Mode und Kleidern. Der Couturier wird von Chanel gefeiert und von Fendi gehätschelt. Alle Erfolgssignale stehen auf Grün. Gerüchten zufolge sollen ihm neue Verträge in Millionenhöhe angeboten worden sein. Ich kann in solchen Summen gar nicht denken. Karl rechnet nicht gern. Er finanziert die Lagerfeld Gallery weiter, ohne sich irgendwelche Fragen zu stellen. Dieser einzigartige Ort steht für seine drei starken Interessen, er ist die Erfüllung eines Traums. Sein Haus. Trotz des Höhenflugs durch die »Baguette«-Taschen sinkt die Boutique an der Rue de Seine ins Minus ab. Um rentabel zu sein, müssten unsere Kollektionen einem größeren Publikum zugänglich gemacht werden. Aber der Couturier kann darüber nur lachen. Anstatt Lebensenergie zu vergeuden, reiht er kurzerhand Nullen auf seine Schecks.

In Wahrheit hat Karl die Gedanken ganz woanders. Auf den Fluren der Lagerfeld Gallery wird das Gerücht laut, der Modeschöpfer sei erneut im Visier der Steuer. Die Angelegenheit zieht sich schon seit seiner ersten Nachveranlagung im Jahr 1985. Da er seinen Wohnsitz nach Monaco verlegt hatte, schien Karl von jeder Abgabe befreit. Aber der französische Staat sah das anders. Der Rechtsstreit dauert nun schon dreizehn Jahre, und der Mann mit dem Cadogan hat es satt, ständig vom Fiskus bedrängt zu werden. Mitte April ändert sich seine Laune auf einmal. Sein Anwalt habe einen Vergleich vorgeschlagen, und die Sache sei auf gutem Wege. Das Finanzministerium persönlich kümmere sich um die Angelegenheit. Karl möchte nur eins: den Streit beilegen und vergessen.

PARIS, SEPTEMBER 1999

Seit Eröffnung der Lagerfeld Gallery fordern wir, dass die Modelle der Presse und Öffentlichkeit im Rahmen einer Modenschau vorgestellt werden. Studio und Atelier vegetieren vor sich hin und fertigen Kleidungsstücke, die anschließend niemand mehr erwähnt. Was die Frauenzeitschriften angeht, so ist die Sache ganz einfach: keine Präsentation, kein Artikel. Kein Werbeetat, kein Artikel. Keine Mund-zu-Mund-Propaganda, kein Artikel. Caroline Lebar rauft sich die Haare. Jeder Versuch, die Presse zu gewinnen, scheitert kläglich. Karl bleibt dabei: Er will keine Modenschau. »Ich habe mit Chanel und Fendi schon genug Theater.«

Aber Mitte August erhört Karl endlich unser Flehen. Woher dieser plötzliche Sinneswandel? In einigen Wochen steht die Eröffnung seiner Buchhandlung mit Fotostudio an der Rue de Lille 7 bevor. Wir bekommen die Erlaubnis, im 7L ein Happening zu organisieren, bei dem auch die neueste Kollektion der Lagerfeld Gallery vorgestellt werden soll.

Enthusiastisch stürzen wir uns gleich nach den Ferien in die Vorbereitungen. Wir werden etwa dreißig Looks auf weißen Gipsbüsten präsentieren. An den Wänden im 7L sollen großformatige Fotos von einem Shooting mit Devon Aoki hängen, einem asiatischen Topmodel, das in diesem Jahr besonders angesagt ist. Eric lässt mich selbstständig entscheiden. Sobald er kann, zieht er sich zurück und ruft mich aus Rom an, um mir nochmals sein Vertrauen auszusprechen. Ich glaube langsam an Wunder. Hat Eric den Bösewicht nur gespielt?

Die Eröffnung des 7L beschließt die Schauen der Oktober-Kollektionen. Die Modejournalistinnen kommen in Scharen. Sie wollen sich unsere Kunstaktion nicht entgehen lassen. Die ersten Artikel sind positiv. Sehr sogar. Aufgrund dieses ersten Erfolgs gibt uns Karl die Erlaubnis und die finanziellen Mittel, um auf dieser Schiene weiterzumachen. Als Dank für meine Tätigkeit im Schatten von Eric überschüttet mich der Modeschöpfer fortan mit Geschenken. Ich bekomme ein Dutzend maßgeschneiderte weiße Hemden von Hilditch & Key. Dazu Sakkos, Hosen, Mäntel, Manschettenknöpfe und Kaschmirpullover. Sophie beäugt meine neuen Sachen spöttisch. »Achtung, so fängt es an. Vorsicht, Arnaud. Sie tragen die Insignien, aber der Titel fehlt noch …«

PARIS, JANUAR 2000

Seit ein paar Wochen macht Karl sich einen Spaß daraus, eine Zeile aus der Internationalen[32] zu wiederholen: »Reinen Tisch macht mit den Bedrängern.« Er tut so, als würde dieser Aufruf ihm persönlich gelten. Für ihn ist der Übergang ins nächste Jahrtausend ein guter Anlass, jeden Ballast über Bord zu werfen: seine Schulden, alles Schwerfällige, seine altmodischen Vorlieben und jeden Kitsch.

Als Erstes nimmt er seine Möbelsammlung aus dem 18. Jahrhundert in Angriff. »Ich kann diese Schnörkel nicht mehr sehen. Ich brauche etwas Leichtes.« Es ist beschlossene Sache: Alles kommt weg. Ein Vorwand ist schon gefunden: Es bleiben ihm nur sechs Monate, um seine Schulden beim Fiskus zu tilgen. Christie's wird seinen Besitz an drei Terminen versteigern. Die zwei ersten finden Ende April in Monaco statt. Es kommen Möbel, Kunstgegenstände, Fayencen und Porzellan unter den Hammer. Einen Monat später wird in New York seine beeindruckende Gemäldesammlung angeboten. Mehr als siebenhundert Stücke werden von internationalen Experten geprüft, geschätzt und klassifiziert. Eine gigantische Aufgabe, die Karl mehrere Wochen von uns fernhält. Er selbst kümmert sich um den dreibändigen, fünf Kilo schweren Katalog mit mehr als tausendzweihundert Fotos. Ein echtes Sammlerstück. »Bei Christie's sitzen die richtigen Leute. Da habe ich nicht das Gefühl, meine Zeit zu vergeuden.« Der Couturier ist mit Begeisterung bei

32 Die Internationale gehört zu den berühmtesten Revolutionsliedern der Welt. Eugène Pottier hat sie 1871, kurz nach Niederschlagung der Pariser Kommune, komponiert. Sie wurde zum Kampflied der Arbeiterbewegung und war bis 1944 Nationalhymne der UdSSR.

der Sache, er ist geradezu entzückt. Er lässt unzählige Fotos schießen, macht Vorschläge zum Layout und verfasst Vorwort und Beschreibungen.

Während er sich auf diese Weise erneut mit dem Stil Louis' XV. beschäftigt, den er so geliebt hat, kommt Karl eine Idee. Wieso sollte man nicht nach Cadogan und Fächer auch die gepuderte Perücke wieder einführen? Gesagt, getan. Schluss mit den gelb gewordenen Haaren und grauen Schläfen, von nun an setzt sich sein durchgehend weiß-schwarzer Look durch. Aber anstatt sich wie einst Bleiweiß auf den Schädel zu stäuben, verteilt Karl von nun an jeden Morgen ein besonderes Trockenshampoo auf seinen Haaren. Der Effekt ist durchaus gelungen. Besonders von weitem. Wenn man näher herankommt, sieht man die kleinen, weißen Schuppen, die den ganzen Tag über auf seine Schultern, seinen Arbeitstisch und die Nebenstehenden fallen. Karl lenkt mit Humor davon ab: »Man könnte meinen, mir rieselt Kokain vom Kopf.« Manche sollen das sogar geglaubt haben ...

Der Couturier ist so begeistert von seiner Idee, dass er sie sogar in seinem Verkaufskatalog anpreist: »Ich bin auf ewig beeindruckt von der Atmosphäre im Frankreich des 18. Jahrhunderts«, schreibt er. »Der gute Geschmack schrieb damals vor, dass man sich schon ab der Jugend die Haare puderte. So schienen alle dasselbe Alter zu haben, und man konnte alt werden, ohne dass es einem auffiel.«

Der Gedanke ist da. Die Zeit vergeht, und man kann sie nicht festhalten. Karl kann die Gestrigen und die Alten nicht mehr leiden. Er hat die sechzig überschritten und fürchtet, mit ihnen verglichen zu werden. Die einzige Lösung lautet: nach vorn schauen und jenen Leuten Interesse entgegenbringen, die unsere Mode von morgen entwerfen.

PARIS, JUNI 2000

Der Verkauf seines Mobiliars erbringt fast 250 Millionen Francs[33]. Karl bezahlt dem französischen Staat seine Schulden und findet neuen Elan. Von nun an widmet er sich seiner neuen Leidenschaft, dem Purismus. Seit dem Durchbruch von Prada erobert der Minimalismus die Welt. Der Couturier studiert diese neue Bewegung sorgfältig und macht sie sich so zu eigen. Zu seinen Lieblingsdesignern gehört der Innenarchitekt Christian Liaigre. Er ist Wegbereiter einer nüchternen und edlen Stilrichtung. Seine Anlehnung an den Art déco, seine Begeisterung für schöne Materialien und sein Perfektionismus sind Karl eine Freude und er denkt nur noch an die neue Einrichtung seiner Wohnungen. Währenddessen arbeiten wir bis zum Umfallen an den Vorbereitungen zur ersten richtigen Modenschau der Lagerfeld Gallery.

In Anspielung auf Karls neues Domizil im baskischen Biarritz wollen wir die Kollektion im Trinquet präsentieren, einer unverfälschten Pelota-Halle, die versteckt am Ufer der Seine liegt. Dieses Mal können wir eine richtige Kollektion zeigen, besser herausgearbeitet und mit etwa hundert Modellen viel umfangreicher. Um die Sache gut voranzubringen, mussten wir drei weitere Arbeitskräfte für das Studio anheuern. Die Lagerfeld Gallery ähnelt langsam einem Couture-Haus. Kaum zu glauben ... Ich kümmere mich nun schon zwei Jahre offiziell um das Studio, als Ersatz für Eric Wright, der inzwischen ganz und gar Italiener geworden ist. Außer zu den großen Schauen setzt er keinen Fuß nach Paris, aber er ruft mich einmal in der Woche an. Er hört mir zu und beruhigt mich, wenn der Stress zu groß wird. Ich erzähle ihm von meinen Entdeckungen, Karls ewig verspätetem Eintreffen zu den Anproben und den kleinen Glücksmomenten mit dem Studioteam. Er erinnert mich an unsere Abenteuer an der Madeleine. Im Austausch mit ihm kann ich ermessen, welchen Weg ich in den vergangenen zehn Jahren zurückgelegt habe. Ich bin zwar immer noch sein kleiner Arnaud,

33 Das entspricht etwa 38 Millionen Euro.

aber ich bin wohl oder übel erwachsen geworden. Als ich ihn einmal frage, warum ich unter ihm so viele Demütigungen ertragen musste, antwortet er kurzerhand: »An der Madeleine herrschte enorme Anspannung. Karl musste sich jeden Tag von neuem mit den Aktionären herumschlagen, und ich habe alles abbekommen. An meiner Stelle hättest du dich auch so verhalten.« Ganz bestimmt nicht.

PARIS, SEPTEMBER 2000

Wir stecken mitten im Méry-Skandal. In der Abendausgabe von *Le Monde* ist die Abschrift des berüchtigten Videobandes veröffentlicht worden, auf dem der inzwischen verstorbene Bauunternehmer Jean-Claude Méry über die illegalen Finanzpraktiken der gaullistischen Partei RPR berichtet. Die kleine Welt der Politik und der Finanzen ist außer sich. Von *L'Express* wird im Zusammenhang mit der illegalen Parteienfinanzierung auch der Steueranwalt Alain Belot ins Spiel gebracht. Er hat auch Karl Lagerfeld vertreten. Belot soll die Videokassette dem damaligen Finanzminister Dominique Strauss-Kahn übergeben und so eine gütliche Einigung im Steuerstreit mit dem Couturier erreicht haben. Es heißt, Karls Steuerschulden seien um 50 Millionen Francs[34] reduziert worden. Uns bleibt der Mund offen stehen angesichts einer solch gewaltigen Summe. Karl flüchtet vor der Presse und zieht sich ins Studio an der Rue de Seine zurück, als sei nichts gewesen.

Plötzlich klingelt mein Telefon. Es ist Virginie, die Studioleiterin von Chanel. »Ist Karl bei dir?« Ja, das ist er. »Sag ihm, dass die Steuerfahndung hier ist. Anscheinend wollen sie auch noch in die Rue de l'Université.« Ich berichte Karl davon. Er springt auf. »Wo ist Monsieur Jouannet? Ich muss sofort dorthin!« Sein Chauffeur ist kurz einkaufen. Wir können ihn nicht erreichen. Dario, unser Mann für alles, schlägt vor, Karl in seinem Golf zu fahren. Karl gerät in

---

34 Etwa 7,5 Millionen Euro.

Panik. »Arnaud, du begleitest mich.« Ich ziehe meine Jacke über und gehe mit den beiden hinaus.

An der Rue de l'Université ist alles ruhig. Dario setzt uns ab und verschwindet gleich wieder, um keine Aufmerksamkeit zu erregen. Karl eilt die Stufen des herrschaftlichen Stadthauses hinauf. Ich folge ihm. In seinem Apartment geht alles rasend schnell. Karl holt Koffer, leert Schubladen und sucht Unterlagen zusammen. Ich packe alles ein, ohne diese Aktion verstehen zu wollen.

Nach wenigen Minuten sind die Koffer voll. Ich kann sie kaum noch hochheben. Jetzt werde auch ich unruhig. »Karl, wohin sollen wir die Sachen bringen?« Der Couturier hält inne. »Du hast Recht. Wir lassen sie im BMW.« Die Limousine, eine Sonderanfertigung mit orangefarbenen Flammen an den Seiten, steht im Innenhof des Gebäudes. Wer hätte gedacht, dass dieser auffällige Schlitten dem Modeschöpfer gehört? Es könnte klappen. Ich schleppe die Koffer ins Treppenhaus, während Karl ein letztes Mal die Wohnung inspiziert. »Lass uns gehen.« Ich kann gerade noch die Sachen in den Kofferraum werfen, als Karl mich schon am Ärmel wegzieht. »Arnaud, mach schnell, wir müssen los!«

Wir treten auf die Straße und drücken uns an den Häuserwänden entlang. Ein leeres Taxi fährt an uns vorbei. Ich halte es an. Sobald wir auf der Rückbank sitzen, hören wir schon Polizeisirenen. Eine Zivilstreife bremst abrupt vor der Rue de l'Université 51. Karls Adresse. Zivilbeamte steigen aus. Das Taxi biegt in die Rue de Solferino. Wir sind gerade noch einmal rechtzeitig entkommen.

Zurück in der Gallery beginnt ein langes Warten. Lucien Frydlender und einer von Karls Anwälten sind in die Rue de l'Université bestellt worden. Der Couturier wird ungeduldig. Er will wissen, was bei ihm zu Hause vor sich geht. Haben die Polizisten einen Durchsuchungsbefehl? Bei dem Gedanken, dass Fremde in seinen Sachen wühlen, gerät er außer sich. Schließlich kann er es nicht länger ertragen und ruft in seiner Pariser Wohnung an. Sein Anwalt nimmt ab. »Hallo? Oh, Madame, da haben Sie sich leider verwählt.« Die Botschaft ist eindeutig. Karl schweigt. Er klopft nervös mit dem Zeigefinger auf Lippen und Kinn. Wir werden uns bis zur Rückkehr seiner Rechtsvertreter gedulden müssen. Kurz nach 20 Uhr kommt Lucien in die Rue de Seine. Er schließt sich mit Karl im Studio ein. Als sie wieder herauskommen, informiert uns der Modezar, dass er noch am Abend mit seinem Chauffeur nach Monaco fährt. Bevor er sich davonmacht, vereinbart er ein Treffen für die Modenschau am 13. Oktober. Er ist sich nicht sicher, ob er vor diesem Datum nach Paris zurückkehren kann. Ich soll ohne ihn zurechtkommen. Ich setze ein zuversichtliches Gesicht auf, um ihn zu beruhigen. »Keine Sorge, Karl. Wir werden uns um alles kümmern.« Sein Vertrauensbeweis spornt mich enorm an.

Einige Wochen später lese ich in den Zeitungen, dass der zuständige Richter Brisset-Foucault am 27. September die Beschlagnahmung der Steuerakte des Modeschöpfers verlangt hat. Um Einsicht in die obskuren Abmachungen zwischen Karl Lagerfeld und Dominique Strauss-Kahn zu bekommen, sollen die Unterlagen aus dem Finanzministerium und der Kanzlei von Monsieur Belot gesichert worden sein. Nirgendwo wird der Besuch der Steuerfahndung bei Chanel erwähnt, genauso wenig ihr Auftauchen in der Wohnung des Modezaren. Ich habe nie erfahren, was sich in den Koffern befunden hat. Das Verfahren gegen Dominique Strauss-Kahn wurde schließlich eingestellt, und Karl ließ man in Ruhe, da seine Transaktion mit dem Fiskus ganz legal vonstattengegangen war.

PARIS, 13. OKTOBER 2000

Für die erste richtige Modenschau der Lagerfeld Gallery haben wir bewusst die Größe des Raumes und die Zahl der Gäste reduziert. Nur fünfhundert Personen werden die Ehre haben, die Frühjahr/Sommer-Kollektion 2001 zu begutachten. Die Journalisten sitzen in den Startlöchern. Unser Slogan lautet ganz einfach: »Karl is back.« Wenn die Moderedakteurinnen wüssten, wie wahr dieser Spruch ist ... Der Couturier wird hinter den Kulissen zu uns stoßen, damit er nach der Show auf den Laufsteg treten kann.

Nach einigen Jahren der etwas zu avantgardistischen Avantgarde präsentiert der Modeschöpfer eine klare, frohe und leichte Kollektion. Die Presse bleibt misstrauisch, und die Moderedakteurinnen machen uns das Leben schwer. Sie sitzen missmutig und unbewegt in der ersten Reihe und haben ihre dunklen Brillen hervorgeholt, um unsere Pressemappe auseinanderzunehmen. Alle vermeiden es, uns anzusehen. Wie üblich hat Karl die verschiedenen Looks der Kollektion fotografiert. Die Beschreibungen des Katalogs sind knapp und nüchtern, ohne jeden lyrischen Schnörkel. Ich stehe hinter der Bühne, beobachte die Journalisten und versuche vergeblich, ihre Gedanken zu lesen. Mich plagt das Lampenfieber. Furchtbares Lampenfieber, das mir die Brust zuschnürt, bis ich fast ersticke. Ich lenke mich ab, indem ich immer wieder die Details der Show durchgehe. Die perfekt frisierten und geschminkten Mädchen sind schon bereit für den Laufsteg. Caro eilt mit ihrem Headset umher. Es ist so weit! Die Models betreten den Laufsteg. Ich bin überall, meine Hände bewegen sich von selbst, die Models kommen zurück, ziehen sich um, werden kurz angeschaut und laufen noch einmal. Ich höre mich schreien, sehe alle Menschen um mich herum in Bewegung … und dann nichts mehr. Ich sehe nichts mehr. Nur der Lärm dringt zu mir. Ein unglaublicher Lärm. Applaus, der anschließend von lautem Rufen übertönt wird. Das kann nicht wahr sein. Ich schaue auf die Videomonitore. Das Publikum draußen in der Halle klatscht stehend Beifall. Auch die erste Reihe erhebt sich unter Bravorufen, als Karl Lagerfeld ins Scheinwerferlicht tritt. Unglaublich. Unvorstellbar. Wahnsinn! Mir schnürt es die Kehle zu. Mein Team stürzt sich lachend auf mich. Alle umarmen sich. Ich atme tief durch. Wette gewonnen! Karls Label reiht sich wieder ganz vorne ein.

Am Tag nach der Schau spricht Sophie mir auf Karls Bitte offiziell den Titel des Studioleiters zu. Die Presse ist begeistert von unserer neuen Kollektion. Karl auch. Ich fühle mich leergepumpt und habe den Eindruck, nun keinen Traum mehr vor Augen zu haben … Eric Wright ist entzückt. »Schlaf nicht ein, kleiner Arnaud! Jetzt geht es erst richtig los!«

KAPITEL 10
DIE SPEZIALDIÄT

PARIS, ENDE OKTOBER 2000

Karl ist voller Energie und guter Absichten aus Monaco zurückgekehrt. Ab jetzt wird abgenommen, so viel ist klar. Nun, da der Modeschöpfer von seinen schweren Möbeln und seinen finanziellen Sorgen befreit ist, bleibt noch ein großes Vorhaben: die Wiederherstellung seiner Figur.

»Das wird das Projekt des Jahrhunderts!«, ruft er freudig, bevor er etwas leiser hinzufügt: »Ich sehe ja wirklich aus wie ein Bocksbeutel ...« Natürlich kommt es nicht infrage, irgendeine Diät zu machen. Wie üblich eignet sich der Couturier erst einmal Fachwissen an. Er durchforstet Buchhandlungen, das Internet und die Adressbücher seiner auf diesem Gebiet sehr bewanderten amerikanischen Freunde.

Zwei Wochen später ist Karl absoluter Experte. An der Rue de Seine legt er uns die Vor- und Nachteile der verschiedenen Diäten dar. Seine Erläuterungen sind etwas schwer verdaulich. Da ist zum Beispiel die Mayonnaise-Diät. Eine Abscheulichkeit. Man schluckt den ganzen Tag über Eier herunter, wodurch der Cholesterinspiegel blitzartig in die Höhe schnellt und man einen Vitamin- und Kalziummangel erleidet. Dann also Trennkost? Ein Irrsinn. Das Verbot, keine Fette und keinen Zucker in einer Mahlzeit zu sich zu nehmen, führt zu erheblichen Mangelerscheinungen. Und die Atkins-Diät, die auf der Unterdrückung jeglicher Kohlehydrate basiert, ist gelinde gesagt »kriminell«[35]. Dann gibt es noch die Scarsdale-Methode, bei der die Lebensmittel peinlieh genau abgewogen werden, und natürlich die etwas überholten Weight Watchers. Zu guter Letzt haben wir das Protein Spoonlight, das im Grunde genommen ... gar nicht so schlecht ist. Uff! Wir haben schon an Karls Motivation gezweifelt.

Er lässt also tatsächlich Taten folgen. Nach mehreren Untersuchungsterminen bereitet er sich auf seine Diät vor, als handle es sich um seinen Eintritt in einen Orden: mit unerschütterlichem Glauben und einer gewissen Willenlosigkeit. Der Abt seines Ordens heißt Dr. Houdret, ein Allgemeinmediziner, der sich auf Ernährungsfragen, Pflanzenheilkunde und Homöopathie spezialisiert hat. Dieser konstatiert ein Übergewicht von zwanzig Kilo. Karl schätzt seine präzisen Anordnungen und die vergleichsweise geringe Zahl von Verboten. Es gibt drei feste Mahlzeiten, der Couturier muss auf Zucker und schlechte Fette verzichten und jeden Tag sechs Beutel mit einem Proteinpräparat und etwa zwanzig Vitaminpillen mit Pflanzenextrakten und Spurenelementen schlucken.

Zum Aufwärmen beginnt der Modezar mit einer Mono-Diät: einen Tag Bananen, einen Tag Hühnchen, einen Tag Mangos ... Wir sind beeindruckt, welche Nahrungsmengen dieser Gargantua mit Pferdeschwanz verschlingen kann. In seinem Magen verschwinden zwölf Bananen, sechs Hühnchen und etwa zwanzig Mangos. Monsieur Lagerfeld hat immer großzügig gedacht. Wer liebt, ist nicht kleinlich.

PARIS, NOVEMBER 2000

Karl hat am 1. November mit seiner Diät begonnen. Zu Anfang bemerkte man nicht viel. Der Couturier schneite herein, trank literweise Cola light und arbeitete wie ein Wahnsinniger. Um 19:30 Uhr

35 Karl beschreibt diese verschiedenen Diäten in dem in Zusammenarbeit mit Dr. Houdret entstandenen Buch »Le meilleur des régimes« (dt. »Die 3D-Diät«), das 2002 bei Robert Laffont erschienen ist.

wurde er langsam unruhig und bat seinen Chauffeur, ihn nach Hause zu fahren. Nach einigen Wochen machten wir es uns zur Gewohnheit, die Anproben zwanzig Minuten vor seinen festen Mahlzeiten zu beenden.

Die erste offensichtliche Veränderung seines Erscheinungsbilds war das Verschwinden seines Fächers. Während einer Anprobe in der Lagerfeld Gallery überreichte Caro dem Modeschöpfer ein Geschenk von einem Verehrer. Huldigungen dieser Art sind keine Seltenheit. Dieses Mal handelte es sich um ein kleines Flabellum[36] aus schwarzen Federn mit einem fein verzierten Griff aus Elfenbein. Karl betrachtete das Stück kurz und legte es dann mit einer schroffen Geste auf den Tisch. »Ich brauche keine Fächer mehr. Das ist vorbei. Zu altmodisch.« Auf diese Feststellung folgte langes Schweigen. Als der Modezar unsere starren Blicke bemerkte, fügte er rasch hinzu: »Man muss mit der Zeit gehen. Jetzt beginnt etwas Neues. Wir sind schließlich nicht mehr unter dem Ancien Régime!«

Die zweite revolutionäre Umwälzung seiner Gewohnheiten kam folgendermaßen zustande: Bei einem Fernsehinterview wurde Karl aus Versehen eine Pepsi statt seiner geliebten Cola light serviert. Eine echte Entdeckung. Gleich am nächsten Tag erhielt ich den Auftrag, alle weiß-roten Dosen aus der Lagerfeld Gallery zu verbannen und durch das neue Wundergetränk zu ersetzen, das offenbar länger nach Cola schmeckt und bekömmlichere Blasen hat.

Als er gerade wieder einmal an einer Dose nippte, bemerkte der Couturier, dass das Getränk nach einem Schluck Kaffee leicht nach Kakao schmeckt. Für einen Schokoladenjunkie auf Entzug kommt diese Entdeckung einem Wunder gleich.

Nun sieht sich jeder Gast des Modeschöpfers verpflichtet, die Kombination zu testen und anschließend vom unterschwelligen Kakaogeschmack zu schwärmen. Wir sind schon alle durch – auch

---

36 Ein langstieliger Fächer oder Wedel aus Blättern oder Federn, mit dem in der Antike Sklaven ihren Herren Luft zufächelten.

jene, die Kaffee, Cola und Schokolade nicht ausstehen können. Aber kann man Karl Lagerfeld etwas abschlagen?

Zu guter Letzt hat der Couturier beschlossen, jeden Vorwand zu nutzen, um seine Mitarbeiter mit Süßigkeiten zu verwöhnen. »Ich will euch mästen«, meint er scherzhaft. Es bereitet ihm eine kindliche Freude, wenn alle um ihn herum dicker werden, während er abnimmt. Überall in der Lagerfeld Gallery stehen Kartons mit Karamellbonbons von Dodin, der besten Confiserie an der baskischen Küste. Die Süßigkeiten werden uns von Boten geliefert, und dazu erreicht uns ein kleiner handgeschriebener Gruß: »Damit ihr schön dick bleibt, schicke ich euch diese kleinen Unverschämtheiten von Dodin.« Wir zögern es immer so lange wie möglich heraus, die Riesenpakete zu öffnen. Denn wenn wir sie morgens auspacken, verschwindet ihr Inhalt todsicher bis zum Abend in unseren Bäuchen. Der Mann mit dem Cadogan kennt unsere Schwächen – und ergötzt sich daran.

PARIS, DEZEMBER 2000

Karl hat fast acht Kilo abgenommen. Voller Begeisterung holt er seine italienischen Anzüge aus den 1980ern hervor, die aus dem berühmten Couture-Haus Caraceni[37] stammen. Er steht im Studio und dreht sich immer wieder vorm Spiegel. »Schau mal, mein Jackett.« Er zeigt mir das Etikett auf der Innentasche. Ich lese dort seinen Namen, Karl Lagerfeld, und das Jahr, in dem das Modell entstanden ist: 1983. »Zwanzig Jahre später und es sieht immer noch passabel aus, oder? Sechs Wochen, acht Kilo. Das soll mir mal einer nachmachen.« Bei diesen Worten streift sein Blick über die Anwesenden. Caroline Fragner bekommt einen roten Kopf. Caro Lebars Presseassistentin ist ziemlich mollig. Bis zu diesem Tag hat Karl nie Anspielungen in diese Richtung gemacht. Aus gutem Grund. Inzwischen

37 Zu den Stammkunden von Caraceni zählten Humphrey Bogart, Cary Grant und Aristoteles Onassis.

erwartet er, dass das gesamte Team auf die schlanke Taille schwört. »Bei einem Mann ist Dicksein hässlich. Und bei einer Frau ist es, wie soll ich sagen ... schade!« Während der Anprobe kommt Caroline auf den Couturier zu und fragt ihn nach der Methode Spoonlight.

Karl ist begeistert. Er spielt den Großzügigen. »Aber das hättest du mir doch früher sagen sollen, Caroline. Ich werde sofort mit Dr. Houdret telefonieren und einen Termin für dich vereinbaren. Keine Sorge, ich übernehme die Kosten. Monsieur Jouannet kann die Medikamente aus der Apotheke holen. Das sind spezielle Rezepturen, die bekommt man nicht überall.« Caroline sitzt in der Klemme. Sie ist zwar motiviert, aber nun ist sie dazu verurteilt, eine Diät zu machen, deren Ergebnisse der Couturier live kommentiert. Jede Woche fragt er sie, wie es denn läuft, wie viel sie schon abgenommen hat, ob sie auch durchhält ... Letztendlich verliert sie fünfzehn Kilo, aus Angst, den Meister zu enttäuschen.

Um seine Lust am Essen zu vergessen, bleibt Karl ständig in Bewegung. Sein Lieblingssport sind die Shootings. Die Modemagazine verlangen lauthals nach ihm und seinen Fotos, und er nimmt alle Angebote an. Der neueste Auftrag stammt von einem amerikanischen Monatsblatt. Eine Fotoreportage über die erste Schau von Hedi Slimane, dem neuen Designer bei Dior Homme. Karl bekommt freie Bahn, um hinter den Kulissen seine Bilder zu schießen. Hedi Slimane, der Überläufer von Saint Laurent, steht hoch im Kurs, und seine Kollektion wird mit Spannung erwartet. Karl freut sich ungemein. Er weiß gerüchteweise, dass sein ewiger Rivale Yves Saint Laurent und sein Mentor Pierre Bergé in der ersten Reihe sitzen werden. Backstage ist er in der besten Position, um die beiden leiden zu sehen.

PARIS, 28. JANUAR 2001

Die Show findet im Gewächshaus des Jardin des Plantes statt. Karl bittet mich einmal mehr, ihn zu begleiten. Die Arbeit im Studio nimmt mich sehr in Anspruch, aber ich habe gleich zugesagt, weil ich gespannt und erfreut bin, Slimanes Modelle zu sehen. Schließlich ist er der Liebling der Modejournalistinnen aus aller Welt. Am Tag selbst treffen wir vor allen anderen Gästen ein, um das Terrain zu sondieren. Hedi Slimane begrüßt uns kurz. Er wirkt schüchtern. Der Designer von Dior Homme ist ein polyglotter, gebildeter junger Mann, der sich für Kunst, Literatur und Rockmusik begeistert. Karl erliegt seinem Charme. Hedi freut sich über das Interesse, das ihm die Modewelt entgegenbringt, lässt sich aber nichts vormachen. Außerdem hindert ihn der Stress daran, sich weiter zu unterhalten. Mit Kris, seiner rechten Hand, geht er noch einmal die Frisuren und die Abfolge der Modelle durch. Die Atmosphäre ist seltsam entspannt. Einige der männlichen Models sitzen an den Tischen, lesen Zeitschriften oder spielen Gameboy. Andere gehen mit einem Walkman im Ohr auf und ab und singen leise. Karl wirft einen Blick auf die Kleiderständer. Die Jacketts, die dort auf Bügeln hängen, sind sehr auf Taille gearbeitet und haben lange Ärmel. Die Linienführung ist präzise und schlicht. Man könnte meinen, es handle sich um Lagerfeld-Modelle. Der Couturier mit dem gepuderten Haarzopf schaut sich einige Stücke genauer an und streicht über die Stoffe. Er hat sich sofort verliebt. »Hast du diese Schnitte gesehen? Fantastisch. Sieh dir mal die Kragen an, die sind perfekt. Genau so etwas möchte ich tragen.« Karl tut so, als falle ihm nicht auf, wie ähnlich die Modelle seinen eigenen Entwürfen sind. »Ich habe nie gerne für Männer entworfen. Jetzt ist endlich jemand da, der verstanden hat, wie es geht ...« Die Schau beginnt. Wir haben unseren Platz hinter der Bühne eingenommen, zwischen dem Ausgang zum Laufsteg und den Videomonitoren. Karl fotografiert mit leuchtenden Augen die Modelle. Er reiht Großaufnahmen und Porträts aneinander. Die Show geht ihrem Ende entgegen, der Saal erhebt sich und klatscht wild Beifall. Karl denkt jetzt nur noch daran, so schnell wie möglich Abzüge von seinen Bildern zu bekommen. Wir gratulieren dem Designer und schleichen uns fort.

Als wir den Jardin des Plantes verlassen, ist der Mann mit dem Cadogan bester Laune. »Wann kommen die Sachen in die Geschäfte?

In einem halben Jahr? Bis dahin habe ich weitere zehn Kilo runter. Vielleicht auch mehr. Da bleib ich dran, ich will der Erste sein, der diese Kollektion trägt.«

PARIS, FRÜHJAHR 2001

Ab diesem Tag hat der Couturier nicht aufgehört, die Arbeit des Dior-Designers in den höchsten Tönen zu preisen. In Interviews, auf Empfängen, in Fernsehrunden und auf Vernissagen singt er ein Loblied auf Hedi. Gerüchte kommen auf. Böse Zungen behaupten, Karl habe sich verwandelt, weil er verliebt sei. Der deutsche Modeschöpfer freut sich, dass ganz Paris sich aufs Rätselraten verlegt hat. Er sät bewusst falsche Spuren und amüsiert sich wie ein kleiner Junge. Während man noch darauf wartet, dass die Kollektion in den Handel kommt, schickt Dior einige Modelle an Karls Adresse, um ihm für die gute Publicity zu danken. Er passt kaum hinein, aber es wird zu seinem erklärten Ziel, Slimane zu tragen. »Vor dem Herbst will ich in die kleinste Größe passen.« Es ist beschlossene Sache. Karls Pfunde schmelzen wie Schnee in der Sonne.

Zugleich entwirft er für Hilditch & Key weiße Hemden mit hohem, steifem Kragen, mit denen er die Auswirkungen der Zeit an seinem Hals verdecken möchte. Offiziell ist die Rede von Strenge, Haltung und einer Rückkehr zur Vornehmheit. »Diese Hemden wirken sehr elegant, findest du nicht?« Hinter den Kulissen spricht er von weniger eleganten Alltagssorgen. »Es geht alles den Bach runter, wenn ich nicht aufpasse. Du kennst mich, ich will keine Schönheitsoperationen. Ich hasse es, mich unters Messer zu legen. Wenn man Pech hat, sieht man danach aus wie ein Schrumpfkopf, den die Navajos malträtiert haben!« Ich mag die ironische Distanz, mit der Karl über sich spricht. Ich habe viel zu lachen, wenn er mir mit Humor und Leichtigkeit von den Begleitumständen seiner Diät erzählt.

Karl ist sehr stolz, weil die Leute sich fragen, mit welchem Geheimrezept er seine Physis erneuert hat. »Ich kann verstehen, warum sie sich wundern. Nach Männern wie mir muss man suchen. In meinem Alter sehen sie alle aus wie alte Opas. Man braucht einen eisernen Willen, wenn man so etwas erreichen will.« Der Couturier erzählt mir auch von seiner täglichen Schönheitspflege. »Ein wahnsinniger Aufwand, glaub mir. Ich bin gezwungen, im Morgengrauen aufzustehen.« Nach der Dusche reibt der Modeschöpfer seinen Körper eingehend mit Crème Caviar von La Prairie ein, der teuersten Kosmetikmarke der Welt. »Man muss sie zweimal täglich auftragen, wenn es etwas bringen soll. Ich creme mich überall ein, selbst zwischen den Zehen. Aber vor allem nehme ich das selbst in die Hand, ich ertrage es nicht, angefasst zu werden!« Nach der Fußmassage schlüpft Monsieur Lagerfeld in Frotteehausschuhe aus dem Ritz. Jeden Morgen in ein neues Paar. »Dann falle ich nicht auf die Nase, wenn ich aus dem Bad komme. Gute Idee, oder?« Anschließend legt Karl eine sehr enge Bauchbinde um, die den gleichen Effekt hat wie ein Korsett. »Wie die Wöchnerinnen von damals. Um einen flachen Bauch zurückzubekommen, haben sie ihn fest umwickelt. Mein Bauch ist verschwunden. Außerdem wird so das Hungergefühl unterdrückt.« Zum Schluss kümmert sich der Modezar um seinen Haarzopf, das Pudern und sein Gesicht. »Dazu brauche ich noch einmal eine halbe Stunde. Aber wenn die Marionette dann fertig ist, finde ich immer, die Mühe hat sich gelohnt!«

Nach und nach geht der Couturier dazu über, von sich selbst in der dritten Person zu sprechen. Diese Distanz zu seiner fleischlichen Hülle wirkt fast schizophren. »Verdammte Marionette ... was für eine Baustelle. Und es ist noch nicht vorbei ... Wir werden ihr das Tanzen beibringen, und danach lassen wir sie raus.«

Seitdem er mit der Diät begonnen hat, treibt Karl wieder ein wenig Sport. »Aber nicht zu viel! Mit dem Krafttraining fange ich nicht wieder an. In meinem Alter wäre das lächerlich!« Seine eigentliche Leidenschaft ist das Tanzen. In seinem Wohnzimmer wurde schwimmendes Parkett verlegt und sämtliche Möbel sind verschwunden. Hundertzwanzig Quadratmeter Tanzfläche für einen einzigen Schüler, das lässt viel Spielraum ... Zweimal in der Woche bestellt Karl einen berühmten Mambo-Lehrer zu sich. Er ist begeistert von seinen Fortschritten. »Ich habe anscheinend ein gutes Rhythmusgefühl. Du solltest sehen, wie biegsam ich bin ... wie Gummi!«

Manchmal führt er nach den Anproben ein paar Salsa-Schritte vor, nur für uns. »Es ist ganz einfach! Seht mal! Eins, zwei, drei ... fünf, sechs, sieben.« Diese Momente sind göttlich. Wir lachen, bis uns die Luft wegbleibt ... Der Modeschöpfer legt ein gutes Tempo vor, aber er wirkt dabei derart unsinnlich, dass er zur Karikatur mutiert. »Die Marionette hat noch ein ganzes Stück Arbeit vor sich, aber wir werden es schon schaffen!« Außer uns hat ihn noch niemand tanzen sehen. Er plant seinen ersten Auftritt ganz im Geheimen. »Noch ein paar Monate und ich bin bereit! Ihr werdet sehen ... Vielleicht!«

PARIS, SOMMER 2001

Über einem weißen Hemd mit hohem Kragen und plissierter Brust, unterstrichen durch eine schmale Krawatte aus Seidensatin, prägt nun der schwarze Anzug von Dior Homme Karls neues Erscheinungsbild. Er wirkt elegant und schlank. Um das Ganze perfekt zu machen, trägt der Couturier eine Sonnenbrille, die schmaler und eckiger ist als ihre Vorgängerin. Karl ist entzückt. Er hat die Wette gewonnen und fast vierzig Kilo abgenommen, ohne dass dies irgendwann seiner Lebensfreude Abbruch getan hätte. Durch die wundersamen Mechanismen der Medien wird mit jedem Auftritt, bei dem Karl über seine Diät spricht, der Bekanntheitsgrad der Lagerfeld Gallery gesteigert. Immer mehr Journalisten, Einkäufer und Kunden aus aller Welt interessieren sich für unser Label.

Mit Karls Einverständnis erhöht Sophie die Zahl der Lizenzen und Angestellten, was zur Folge hat, dass wir in diesem Sommer das Studio, unser Atelier und alle Büros in dreimal so große Räumlichkeiten an der Rue Vivienne verlegen müssen. Karl übernimmt einmal mehr die Innenausstattung. An den Wänden des Studios lässt er riesige Spiegel anbringen. »So kann man die Modelle besser von hinten betrachten«, meint er. In Wahrheit ist der Modezar die ganze Zeit damit beschäftigt, sich selbst zu betrachten ... aus jedem Blickwinkel. Es ist zu einem Tick geworden. Er bestaunt seine schlanke Gestalt und kann den Blick nicht mehr abwenden – als wolle er sich versichern, dass er es auch wirklich ist.

Sein Narzissmus wird langsam peinlich. Er spricht mit uns, ohne uns dabei anzuschauen. Wenn er uns antwortet, mustert er sich über unsere Schulter hinweg in einem Spiegel, und auch während der Fittings hat er nur sein Ebenbild im Blick. Sein Adlerauge benötigt nur einen Bruchteil einer Sekunde, um über ein Modell zu entscheiden. Leider. Denn trotz seiner überragenden Professionalität vermittelt der Couturier den Eindruck, als interessiere er sich neben seiner eigenen Erscheinung für nichts und niemanden. Wir wissen nicht mehr, woran wir sind. Die »Marionette« drängt sich immer mehr in den Vordergrund. Unser Team fragt sich schon, wer hier eigentlich die Fäden zieht, er oder sie.

Karl nimmt jedes Shooting zum Anlass, Porträts von sich selbst zu schießen. Nie kann der Erschlankte einfach nur dasitzen, ständig ist er in Bewegung. Während der Umbauphasen oder der Schmink- und Umkleidepausen fängt er gleich an, sich zu fotografieren. Ihm ist jede Ausrede recht: »Dieses neue Hemd ist einfach zu schön« oder »Wie wäre es, wenn ich vor meiner neuen Lampe posiere?« und »Soll ich mal die Bücherwand mit aufs Bild nehmen?« Nach jedem Fototermin thront ein neues Selbstporträt auf Caro Lebars Schreibtisch, das sie an alle Journalisten weitergeben soll, die darum bitten. Schließlich können wir uns über das Theater nur noch amüsieren. »Zeig mal, liegt da das 357. Bild der Marionette?« Wir imitieren Karls liebste Posen. Auf seinen eigenen Fotos lächelt der Couturier nie, aber er lichtet sich gerne stehend ab, mit überkreuzten Armen oder den Händen seitlich am Jackett. Manchmal legt er auch die Hand unters Kinn und mimt den *Denker* von Rodin. Die Aufnahmen ähneln sich sehr. Sie sind nüchtern, streng und emotionslos. Wie Stillleben.

PARIS, SEPTEMBER 2001

Karl hat eine neue Idee. »Diese Moderedakteurinnen stellen mir immer die gleichen Fragen zu meiner Diät. Das geht mir furchtbar auf die Nerven. Ich werde jetzt alles schwarz auf weiß festhalten, und dann kann man sich wieder anderen Dingen widmen!« Von nun an verwendet er die winzigen Lücken in seinem Zeitplan, um zusammen mit Dr. Houdret ein Buch über seine Diätmethode zu schreiben. »Wir haben das alles schließlich nicht umsonst gemacht. Die Marionette sollte schon zu etwas nutze sein«, erklärt er mir lachend am Telefon. Ich weiß nicht, was seine wahre Intention ist: einen Bestseller schreiben oder sich zum Thema der Medien machen? Ich kann mir einfach nicht vorstellen, dass sich ein Modeschöpfer seines Formats für die Idee begeistert, Details über seine Diät zu veröffentlichen. Ist das Ganze ein Spaß?

Unter der Leitung seines Kompagnons Gerhard Steidl stürzt sich Karl in das Mammutprojekt. Sein Buch wird von Frauenzeitschriften in aller Welt sehnlich erwartet. Der Chefdesigner der Lagerfeld Gallery bereitet sich für das kommende Jahr auf eine Werbetournee vor. Das heißt für uns: Er überlässt das Studio sich selbst. Seit einigen Wochen kommt er nur noch selten in die Rue Vivienne. Zum Glück scheint sein Vertrauen in mich sehr fest. Ich darf ihm meine Vorschläge unterbreiten, und die meisten meiner Ideen segnet er ab. Das freut mich, und außerdem spornt es mich ungemein an.

Die Stimmung in der Lagerfeld Gallery dagegen wird immer angespannter. Karl hat ein Vakuum hinterlassen, und Sophie kämpft mit der Situation des Hauses. Unsere Geschäftsführerin hat eine Pechsträhne. Die Finanzberater machen ihr zum Vorwurf, dass die Lagerfeld Gallery chronisch überschuldet ist, immer mehr Gehälter gezahlt werden müssen und potenzielle Investoren fehlen. Sophie ist dafür nicht verantwortlich, aber sie gerät immer mehr unter Stress. Das wirkt sich auch auf ihr Erscheinungsbild aus, und wann immer Karl sie sieht, lässt er sie nicht verschont. Er mustert ihre Kleidung und meint: »Sie ist immerhin unsere Generaldirektorin. Was soll man denn von uns halten, wenn man sie so sieht?« Sobald sie uns den Rücken kehrt, fragt er mich mit betroffener Miene: »Hat sie zu Hause Probleme?« Ich weiß es nicht. Aber ich bin enttäuscht. Meine alte Sophie ist verschwunden, weil zu viel Verantwortung auf ihr lastet. Ich erinnere mich mit Wehmut an früher, als wir zusammen nach Versailles zurückfuhren und uns einen Spaß daraus machten, uns gegenseitig Angst einzujagen. Ich glaube, jetzt hat Sophie wirklich Angst. Aber wir machen auch schon lange keinen Spaß mehr.

Die Lagerfeld Gallery steigt weiter im Wohlwollen der Moderedakteurinnen. Sie sind bestrebt, uns auf die Sprünge zu helfen. Die Verkaufsschauen sind noch nicht angelaufen, aber wir sind guten Mutes. Ich habe mehrere Ideen, die ich Karl bald vorstellen möchte.

Wie erwartet, wird Karls Buch ein Riesenerfolg. Die Journalisten reißen sich um den Couturier. Er stöhnt der Form halber, stürzt sich aber dennoch in die mediale Flut. Caroline Lebar hat einen Interviewtermin in Belgien vereinbart. Sie schlägt mir vor, mit nach Brüssel zu fahren. Mit Monsieur Jouannet, Karls Chauffeur und Sekretär, sind wir vier. »Es dauert nur einen Tag. Du wirst sehen, wir werden uns gut amüsieren.«

-Da bin ich mir nicht so sicher. Wir reisen schon um 7 Uhr morgens mit dem Thalys von Paris ab und kommen etwas zerschlagen am Bahnhof Bruxelles-Midi an. Die Pressemitarbeiterin erwartet uns am Gleis. Sie wirkt hektisch. Als erste Überraschung erweist sich der Wagen, der uns zum Hotel bringen soll, in dem die Interviews stattfinden, weder als Limousine noch als Taxi, sondern als der alte Kombi einer Freundin. Im Kofferraum erahnt man ein beängstigendes Durcheinander. Monsieur Jouannet runzelt schweigend die Stirn, Karl macht ein skeptisches Gesicht und Caroline lacht gezwungen. Die Freundin setzt sich ans Steuer. Damit bleiben weitere fünf Personen, die sich in das Auto quetschen müssen. Die Pressefrau namens Charlotte prescht vor. »Monsieur Lagerfeld, Sie nehmen am besten vorne Platz. Wir anderen passen auf die Rückbank.« Monsieur Jouannet verdreht die Augen. Der Modeschöpfer hilft uns aus der Klemme und antwortet, er sitze lieber hinten.

Charlotte weiß einen Moment nicht weiter und stammelt: »Nun ... Gut, dann hocke ich mich in den Kofferraum.« Caroline hat Recht gehabt. Wir werden hier einiges zu lachen haben.

Am Hotel angekommen, führt uns die Pressedame in einen großen, düsteren Konferenzsaal. Schwere Vorhänge verdecken aufeinandergestapelte Plastikstühle. »Hier werden wir die Journalisten empfangen. Vielleicht lässt sich eine gemütliche Ecke einrichten?« Karl greift sofort ein. »Ich kann unter solchen Bedingungen nicht arbeiten. Sicherlich können Sie uns eine Suite mit Badezimmer und Salon zur Verfügung stellen. Ansonsten sehe ich mich gezwungen, auf der Stelle nach Paris zurückzukehren. Danke vielmals.« Sein Ton ist höflich, aber ernst. Man spürt sofort, dass er auch tun wird, was er sagt.

Charlotte stammelt: »Ja, gut, ich verstehe, ich kümmere mich darum«, und eilt darauf zur Rezeption. Wir vier bleiben stumm am Fuß des Berges aus Plastikstühlen stehen. Nach einigen Minuten kommt die Pressefrau wieder angetrabt.

»Alles erledigt. Wir bekommen die Suite in der obersten Etage. Ich hoffe, sie sagt Ihnen zu.«

Die Suite ist in Ordnung. Sauber, hell und recht geräumig. Das wird gehen. Charlotte weist uns darauf hin, dass die ersten Journalisten in der Lobby warten. Karl bittet um eine Viertelstunde, in der er sich frischmachen und etwas anderes anziehen möchte. Der Couturier hat extra mehrere Hemden und Jacketts mitgenommen, damit er nicht alle Gäste im selben Outfit empfangen muss.

Bis zur Mittagspause reihen sich die Gespräche ohne besonderen Zwischenfall aneinander. Wir bleiben neben Karl sitzen und hören zu. Zuerst noch aufmerksam, dann immer gelangweilter von den gleichförmigen Fragen. Wir müssen ein leises Stöhnen unterdrücken. Einige Journalisten sind sehr humorvoll, andere kennen sich in der Mode gut aus, wieder andere haben bis zu diesem Tag nicht von Karls Buch gewusst. Trotz dieser verschieden gelagerten Qualitäten ähneln sich die Gesprächsthemen. Karls Diät scheint die Presse nicht besonders zu interessieren.

Um Punkt 13 Uhr serviert Monsieur Jouannet dem Modeschöpfer sein in Paris zubereitetes und vorsichtig hierher transportiertes Diätgericht. Wir ordern derweil Hamburger mit dicken belgischen Pommes frites, und dazu Cola – ein Haufen Kalorien und Zucker. Vielleicht kann uns das wieder aufmöbeln.

Am Nachmittag soll Karl noch mit etwa fünfzehn Journalisten sprechen. Die Angelegenheit gestaltet sich immer schwieriger. Die in Gang gekommene Verdauung und die Monotonie der Interviews haben eine verhängnisvolle Wirkung. Sobald sein Gesprächspartner eine kurze Pause macht, schlummert der Interviewte hinter seinen getönten Brillengläsern leicht ein. Peinlich. Caro und ich versuchen, davon abzulenken, indem wir ein breites Lächeln aufsetzen und mit lauter Stimme ein paar Sätze von uns geben. Karl richtet sich dann sofort auf und beschließt das Interview im Eiltempo, wobei er kurz noch die Schlüsselwörter unterbringt, die auf jeden Fall im Interview auftauchen sollen.

Wir bitten Charlotte um eine letzte Pause. Karl will sich ein wenig frischmachen und versuchen, wieder wach zu werden. Vergebens. Jetzt müssen wir das Programm schnell durchziehen.

Pflichtbewusst nehmen Caro und ich erneut unsere Plätze neben Karl ein. Gleich wird es dunkel, und wir haben nicht einmal dem Manneken Pis guten Tag gesagt. Was für ein Job!

Die junge Frau, die nun hereinkommt, wirkt absolut kompetent, aber der Modeschöpfer ist ganz woanders. Genau wie wir hat er offenbar genug von der ganzen Sache. Wieder einmal reihen sich langatmige und weitschweifende Fragen aneinander. Ich habe das Gefühl, der Couturier antwortet einfach, was ihm gerade in den Sinn kommt. Und dann auf einmal antwortet er überhaupt nicht mehr.

Ich schaue zu Karl hinüber. Da ich neben ihm sitze, kann ich im Profil seine Augen hinter der Brille sehen. Sie sind fest verschlossen. O je! Ich versuche es mit einem kleinen Fußtritt unter dem Tisch. Der Getretene öffnet für einige Sekunden die Augen und murmelt etwas. Noch eine Frage? Caroline übernimmt lächelnd das Ruder.

»Entschuldigen Sie, aber ich glaube, das ist jetzt die letzte, wir müssen das Hotel in wenigen Minuten verlassen ...« Karl rührt sich nicht mehr. Er schläft tief und fest, aber sein Kopf bleibt stolz und aufrecht wie in Stein gehauen. Meine einzige Befürchtung ist, dass der Modezar zu schnarchen anfängt. Caro und ich starten ein Ablenkungsmanöver und befragen die Journalistin zu ihrer Arbeit. Währenddessen machen wir verzweifelte Gesten in die Richtung von Monsieur Jouannet, damit er uns zu Hilfe kommt. Endlich schaut uns der Chauffeur an und begreift, was los ist. Er steht auf, atmet tief durch, nähert sich langsam dem Couturier und stößt absichtlich die Wasserkaraffe um, deren Inhalt sich auf den Tisch und unsere Schöße ergießt.

Karl erschrickt, weil plötzlich überall Wasser heruntertropft, und öffnet sofort die Augen. Kein einziger seiner Gesichtsmuskeln hat gezuckt. Er schaut nach rechts, dann nach links. Und dann beginnt er, zu sprechen. Ich kann nur staunend zusehen. Der Mann mit dem Cadogan nimmt den Gesprächsfaden genau dort auf, wo die belgische Journalistin stehengeblieben war. Caroline wischt hastig den Tisch ab. Karls Worte sind klar, überlegt und humorvoll. Ich fasse es nicht. Schließlich steht er sogar auf und begleitet die Dame zum Flur.

Die Tür geht zu. Karl stöhnt und reibt sich über die Hosenbeine. »Ich konnte das arme Mädchen nicht mehr ertragen. Fast wäre ich eingeschlafen.«

Die Rückfahrt nach Paris wird zum Höhepunkt des Tages. Wir lassen die Interviews Revue passieren und lachen uns kaputt. Caro gibt einige Persiflagen zum Besten, Karl antwortet im etwas schwerfälligen Tonfall der Ardennen und ich erinnere an die peinlichen Pausen und unsere Erklärungsnöte ... Zum Schluss überlegen wir gemeinsam, welchen Titel Karls nächstes Buch tragen könnte. Ich habe schon einen Vorschlag.

»Vielleicht ein Buch über die Kunst, sich die Haare zu pudern, mit Testurteilen zu allen Trockenshampoos, die auf dem Markt sind?«

»Nicht schlecht«, meint Caro. »Aber bis dahin ändert Karl bestimmt noch einmal seinen Look!«

»Genau. Nach dem Pferdeschwanz kommt dann ein punkiger Irokesenschnitt!«

Der Couturier lacht wie ein kleiner Junge. »Schön. Eine gute Idee, Monsieur Arnaud. Ist bestimmt außerordentlich kleidsam. Übrigens bin ich gar nicht so weit davon entfernt, wenn ich morgens aufstehe ...« Ehrlich? Wir wollen mehr wissen. Ich fordere Karl auf, uns einen Beweis zu liefern. Caroline hat Schwierigkeiten, sich zu artikulieren, weil sie furchtbar lachen muss, als sie sich den Modeschöpfer mit zerzauster Mähne vorstellt. Karl schwört, dass sein krauses Haar nach dem Aufstehen den Afro-Look angenommen hat. Wir sehen Karl mit einem abstehenden Haarbusch vor uns und kriegen uns bis Paris nicht mehr ein. Als wir uns trennen, erinnere ich den Couturier noch einmal daran, dass er versprochen hat, uns diesen Zustand einmal vorzuführen.

Zwei Tage später reicht mir Karl lächelnd einen Umschlag. Darin liegt ein etwas unscharfes Polaroidbild. Sieht aus wie Albert Einstein. Aber nein, wenn man genauer hinschaut, erkennt man ... natürlich, das ist Karl! Ohne Brille, ohne Zopf, ohne Schminke. Seine struppigen grauen Haare stehen in alle Richtungen vom Kopf ab. Er ähnelt eher einem verrückten Wissenschaftler als einer Ikone der Modewelt. Ich pruste vor Lachen. »Das sind wirklich Sie?« – »Aber ja, mein Lieber. Es ist jeden Morgen das Gleiche. Was glaubst du, wie lange man da Hand anlegen muss, bis die Marionette sich sehen lassen kann!«

Kurz darauf nimmt Karl mir das Foto wieder ab. Man kann nie wissen.

KAPITEL 11
MEINE BESTE SAISON

PARIS, ANFANG JANUAR 2002

Für die kommende Saison werden wir Karl eine der besten Ideen des Studios vorstellen ... Seit Bestehen der Lagerfeld Gallery! Etwas unerwartet Neues, ganz Einfaches und sehr Modernes, mit dem wir unsere Kreativität unter Beweis stellen und die Verkaufszahlen steigern. Eine Jeanskollektion.

Alles begann im vergangenen Sommer. Im Juli, kurz bevor Monsieur Lagerfeld nach Biarritz entschwand. Ein Freitagmorgen. Es ist gerade 10 Uhr, als mich der Couturier im Büro anruft. »Guten Tag, Monsieur Arnaud!« Karl fragt immer erst, wie es allen geht, bevor er sein Anliegen äußert. »Ich möchte gerne deine Meinung hören. Was glaubst du, welche Jeansmarke ist momentan die interessanteste?« Ich muss lächeln. Der Modeschöpfer möchte nun doch Denim tragen, obwohl er immer dagegen gewettert hat. »Für Männer in meinem Alter sind Jeans einfach albern. Die laufen herum wie alte Cowboys. Da fehlt jede Eleganz. Denk mal an den tiefen Bund ... Man hat etwas Bauch angesetzt und merkt gar nicht, wie er über dem Gürtel heraushängt. Furchtbar! Und wenn man ein zu enges Modell wählt, wird der gesamte Fortpflanzungsapparat eingeschnürt ... In meinem Alter macht das ja nichts mehr, aber bei dir. Du solltest aufpassen.« Ich kenne all seine Argumente. Aber an diesem Morgen im Juli 2001 hat Karl anscheinend seine Meinung geändert.

Ich lege kurz dar, welche Vorteile die verschiedenen Marken haben, und fälle mein Urteil dann eindeutig zugunsten der Diesel-Jeans. Das italienische Label befindet sich derzeit im steten Aufstieg. Überall auf der Welt haben modebewusste junge Leute diese Hosen zu ihrem Erkennungszeichen gemacht. Doch die Firma Diesel will sich auch langfristig auf dem Markt etablieren und legt besonderen Wert auf gute Schnitte und hochwertige Verarbeitung.

Karl bittet mich, noch am Nachmittag einen kleinen Ausflug zum Diesel-Store an der Rue Étienne-Marcel zu unternehmen.

Der Wachmann macht große Augen, als uns Monsieur Jouannet mit dem Mercedes-Geländewagen vor dem Geschäft absetzt. Karl ist eine Mode-Ikone. Ganz gleich, in welchem Kontext er sich bewegt, er trägt stets einen schwarzen Dior-Anzug, ein weißes Hemd mit hohem Kragen, und dazu eine schmale Krawatte und Massaro-Halbstiefel mit Absatz. »Ich kann es nicht leiden, wenn man sein Äußeres vernachlässigt. Gerade in meinem Alter ist so etwas unverzeihlich.« Karl wird immer schon von Weitem erkannt. Als der Modeschöpfer den Diesel-Store betritt, herrscht auf einmal vollkommene Stille. Alle Blicke richten sich auf uns. Schließlich wagt sich eine Gruppe lächelnder Japaner heran, die Hand auf dem Mund und den Kugelschreiber in der Hand. Schnell folgen weitere, etwas eingeschüchterte Kunden. Karl zwinkert mir kurz zu. »Sieh mal, selbst die jungen Leute kennen mich! Nicht schlecht, oder?« Der Modezar signiert eilig Notizbücher, Einkaufstüten und T-Shirts.

»Wir hätten gern einige Jeans …« Karl ist auf einmal ganz angetan von der Idee, seinen Look zu verändern. Innerhalb weniger Sekunden hat sein Blick alle Regale gescannt. Der Couturier weiß bereits, was er will. Denim, nichts als Denim. Die Verkäufer zeigen ihm mehrere Modelle mit unterschiedlichen Bleichungen. Der Modezar möchte keine Zeit mit der Anprobe vertun. »Das mache ich zu Hause. Sie müssen mir nur mehrere Größen von jedem Modell mitgeben.«

Karl lächelt mir zu, als er die Etiketten sieht: »Sie haben mir eine 28, 29, 30 und 31 herausgesucht. Ganz kleine Größen. Die Marionette hat also nicht umsonst gefastet!« Der Filialleiter kann Karls schnellem Tempo nur mit Mühe folgen. Er versucht, seine Verlegenheit zu überspielen, und fängt ein Gespräch an. »Man braucht bestimmt einen wahnsinnig starken Willen, um in so kurzer Zeit so viel abzunehmen, oder?« Ja, das ist sein Thema! Der Couturier ist in seinem Element. Er liefert wissenschaftlich fundierte Erläuterungen zu der medizinischen Betreuung und den Nahrungsergänzungen, die für eine solche Diät erforderlich sind. Der Verkäufer runzelt die Stirn. Karls Redefluss überfordert ihn. Der Modeschöpfer schaut mich an und flüstert: »Er hat nichts verstanden, aber das macht nichts! Sehr nette Leute hier!« Ich lenke die Unterhaltung zurück auf die Jeansmodelle und Karl hält einen Vortrag zum niedrigen Bund. »Mein Arzt hat mir gesagt, diese Hosen sind schlecht für die Durchblutung. Der Bund drückt auf eine Arterie in der Leiste. Stimmt's, Arnaud?« Ich nicke zaghaft. Karl fährt eilig fort. »Also gut, es ist so Mode. Welche Modelle hast du dir ausgesucht?« Wie üblich möchte mein Mentor mir unbedingt ein Geschenk machen. Ich lehne höflich ab und erkläre ihm, dass ich einen ganzen Schrank voller Jeans zu Hause habe. »Nun ja, ich suche mir dann das Passende heraus und gebe die anderen Jeans ans Studio weiter.« Es ist immer dasselbe. Karl hasst es, sich etwas zu kaufen, wenn er nicht auf der Stelle seiner Umgebung etwas davon abgeben kann. Man kann eben nicht aus seiner Haut.

Zwanzig Minuten später verlassen wir das Geschäft, beladen mit Einkaufstüten. Karl hat auf einmal Lust, ein wenig zu flanieren. Wir landen in Beaubourg, ganz in der Nähe des Brunnens von Niki de Saint Phalle, setzen uns in eine Ecke und versuchen, nicht aufzufallen. Der Couturier genießt diese ruhigen Momente, die er seinem strengen Terminplan abringt. Er wirkt frei und entspannt, ganz ohne Darstellungszwang. Er erzählt mir von Niki. Die Künstlerin bereise die Welt, um sie bunter zu machen. Sie pflanze überall ihre exzentrischen »Nanas« – kugelrunde Skulpturen, kunterbunt wie ein Kinderbild. Ich schätze diesen Karl, der gerne teilt, woran ihm liegt ... und gerne mitteilt, was er weiß. »Saint Phalle ist nicht gerade der Frauentyp, der mir gefällt. Schwer einzukleiden, falls du verstehst, was ich meine.« Wir lachen, als wir uns vorstellen, unsere Models würden die ausladenden Proportionen von Nikis Werken annehmen. »Wäre doch eine gute Übung, oder? Vielleicht würde sich dann das Image der Mode ändern?« Karl denkt eine Weile nach. »Wir bleiben lieber bei unseren Garderobenständern. Ich bevorzuge gerade Linien.« Die Diskussion ist beendet.

Gleich am Montagmorgen bekomme ich ein langes Fax ins Büro. »Lieber Arnaud. Ich habe alles anprobiert. Gar nicht schlecht. Die Diesel-Jeans sind sehr gut geschnitten, und die Bleichung ist perfekt. Danke für den Tipp.« Eine halbe Stunde später ruft der Couturier an. »Zuerst ist es ein merkwürdiges Gefühl, auf einmal wieder Jeans zu tragen. Die erste Stunde fühlt man sich nicht wirklich wohl. Der Stoff ist rau, der Komfort mittelmäßig. Aber irgendwann gewöhnt man sich daran. Ich glaube, ich muss diese Woche noch einmal dorthin, ich brauche mehrere Exemplare von jedem Modell.«

Nun ist es also so weit. Seit dem Sommer 2001 trägt Karl in der Öffentlichkeit nur noch Jeans. Er verschönert sie mit verschiedenen Gürteln, die er locker um die Hüfte trägt. Zuerst hat er sich diese Accessoires bei Lagerfeld und Chanel zusammengesucht. Aber dann ist er eines Tages auf Chrome Hearts gestoßen. Das Schmucklabel ist seine neueste Entdeckung seit Slimane. Der Modeschöpfer hat sich in einen Weihnachtsbaum verwandelt. Er bedient sich aus den Kollektionen des amerikanischen Juweliers Richard Stark wie ein Kind aus einem Bonbonglas. Es ist alles dabei: Armbänder, Halsketten und besonders Ringe.

Karl bekommt nicht genug. Erst einer, dann zwei, dann zehn und schließlich drei an jedem Finger. Der Modezar hat sich innerhalb weniger Monate einen gebrochenen Gothic-Look zugelegt: ausgewaschene Jeans, weiße Hemden und die zum Kult gewordenen Jacketts von Dior. Seine Erscheinung ist zu einem solchen Symbol geworden, dass der Couturier verstärkt die Aufmerksamkeit der Modeblätter auf sich zieht. Er lässt sich von ihnen zu allen Themen interviewen und aus allen Blickwinkeln ablichten. Zu solchen Gelegenheiten spricht er dann über Jeans und Couture – seiner Ansicht nach der Mix des Jahrhunderts.

Es liegt auf der Hand: Karl muss eigene Jeans auf den Markt bringen, und zwar unter der Ägide der Lagerfeld Gallery. Die Herbst/Winter-Kollektion 2002/2003, an der wir derzeit arbeiten, eignet sich hervorragend dafür. Karl hat Modelle in Nachtblau und Schwarz ersonnen. Sie sind dunkel, kontrastreich, nüchtern und sehr elegant. Wir haben taillierte Jacken in verschiedenen kunstvollen Ausführungen, weich fließende Musselin-Röcke und lange Mäntel mit breiten Kragen und betonten Schultern. Wir favorisieren in dieser Saison Strick- und Häkelware mit durchbrochener Spitze. Zudem arbeiten wir mit Strickpelzen und Nerz, indem wir zum Beispiel Leder- und Pelzstreifen kombinieren. Das sehr zeitgemäße Ensemble hat den Monsieur Lagerfeld stark beeindruckt und er wartet noch auf die letzten Vorschläge aus dem Studio.

Ich habe beschlossen, Karl unsere Idee vorzustellen. Falls das Offensichtliche nicht überzeugt, haben wir weitere Argumente auf Lager: Seit die berühmten Modedesigner Marithé und François Girbaud vor dreißig Jahren Jeans entworfen haben, weiß man, dass Denim einerseits ein Produkt für den Massenkonsum ist, andererseits aber auch ein Prestigeobjekt und Luxusartikel. Das Symbol einer Generation wird uns ein frisches Image verleihen und unseren Kundenkreis erweitern – und das ganz ohne Risiko, wenn wir uns im Rahmen eines befristeten Co-Brandings[38] mit einem internationalen Modekonzern zusammentun.

Kurz bevor der Mann mit dem Cadogan im Büro eintrifft, bestellt mich Sophie in den Konferenzraum. Sie hat durch Sandrine, unsere kaufmännische Chefin, von der Präsentation erfahren und scheint nicht überzeugt. Sie sitzt kerzengerade auf ihrem Stuhl, hält die Arme vor der Brust verschränkt und mustert mich von oben herab. »Lagerfeld Gallery ist eine Edelmarke, Arnaud. Ich denke, Sie wis-

38 Befristete und streng geregelte Zusammenarbeit von zwei Marken.

sen, was das heißt? Wir sind hier kein Jeansladen.« Ich habe keine Lust, mit ihr zu diskutieren. Ich spare mir meine Energie lieber für später auf, wenn ich Karl mein Vorhaben anpreise. Ohne weiter darüber nachzudenken, lüge ich: »Zu spät. Er fand es eine ausgezeichnete Idee. Wenn das für Sie ein Problem ist, sollten Sie das mit ihm besprechen.«

Ein paar Stunden später sitze ich immer noch in meinem Büro. Der Couturier verspätet sich. Mein Telefon klingelt. Karl kommt heute Abend gar nicht mehr. Er sitzt in der Rue Cambon fest, wo sich die Anproben für Chanel in die Länge ziehen. Ich kann nicht mehr warten. Ich muss mit ihm reden, also springe ich ins kalte Wasser. Bevor ich meine Argumente vor ihm ausbreiten kann, fällt schon das Urteil.

»Sehr gute Idee, Arnaud. So gut, dass sie von mir stammen könnte ... Ich werde am Wochenende zwei oder drei Modelle entwerfen. Wir sehen uns Montag. Weißt du schon, wo die Sachen gefertigt werden sollen?«

Natürlich. Ich werde Diesel davon überzeugen, dass sie für eine Saison mit uns zusammenarbeiten. Das bietet sich doch geradezu an.

Diesel ist mit unserem Konzept einverstanden. Renzo Rosso, der Big Boss, war anscheinend sehr angetan von unserer Idee. Über seine Pressesprecherin Delphine Bouston haben wir ihm eine eilig zusammengestellte Mappe zukommen lassen. Ich habe Entwürfe in Wildleder überarbeitet, die Karl schon vor einiger Zeit gezeichnet hat: einen Mantel, eine kurze Jacke und eine perfekt geschnittene Hose. Drei Modelle für einen ersten Versuch, das ist annehmbar. Aber Karl reicht es nicht. Ihn begeistert die Vorstellung, dass er bald seine eigenen Jeans tragen kann und so reicht er uns eine Woche später etwa zehn weitere Entwürfe herein. Anita ist sprachlos. »Wir können das niemals alles bearbeiten.« Ich stimme unserer Chefschneiderin zu. Wie sollen wir Diesel klarmachen, dass es nicht mehr drei, sondern zwölf Modelle sind, die sie innerhalb von drei Wochen in zwei Farben und allen Größen fertigen sollen, und das mehr als tausend Kilometer von Paris entfernt?

Nun sind noch die Verträge zu unterschreiben. Sophie und Lucien Frydlender untersuchen die Dokumente mit der Lupe. Sophie erachtet das Projekt als schlimmen Fehler. Sie sagt zwar nichts, aber ihr finsterer Blick folgt uns vom Studio ins Atelier. Die Zeit drängt. Die Prototypen müssen schnellstens in die Fertigung. Karl und ich haben zwei Jeansstoffe ausgewählt, einen helleren und einen dunklen. Dem Gewebe ist ein wenig Lycra beigemischt, damit sich die Formen dem Körper perfekt anpassen.

Ende Januar steht die Vereinbarung mit Diesel, zuerst einmal für vier Modelle. Wir müssen äußerst strenge Fristen einhalten. Neu hinzugekommen ist eine knielange Hose, die Karl »culotte à la française« getauft hat. Die vier Modelle werden die Kollektion nicht nur beschließen, sondern ihr Herzstück bilden. Karl ist entzückt. Und ich auch.

Die ersten Anproben der Jeans finden in Paris statt. Ich kümmere mich mit Anita, unserer Chefschneiderin, und Wilbert, dem Kreativdirektor von Diesel, um die Organisation. Der Mann mit dem Cadogan vertraut mir. Er wird nicht einmal anwesend sein. Unsere Jeans werden bei Venedig gefertigt. Die Italiener engagieren sich sehr für diese erste Kollektion. Ihnen ist klar, dass ihrer Marke ein entscheidender Imageschub bevorsteht, wenn auf den Pariser Prêt-à-porter-Schauen plötzlich Diesel-Jeans auf den Laufsteg kommen. Die Marketingabteilung des Unternehmens hat bereits vorgesehen, dass die vier Lagerfeld-Modelle in den größten Concept Stores des Labels überall auf der Welt verkauft werden sollen.

Die Fittings verlaufen traumhaft. Keine Verspätungen, keine ungenauen Korrekturen. Unsere Partner sind genauso anspruchsvoll und gewissenhaft wie wir. Die ersten Prototypen entsprechen genau unseren Erwartungen. Wir können uns nun ganz sorgenfrei um die Fotos für die Pressemappe kümmern. Ich habe ein junges brasilianisches Model angeheuert, mit braunen Haaren und hellen Augen, hochgewachsen, schlank, sinnlich und erhaben. Clara steht in meinen Augen für all das, was die Lagerfeld Gallery ausmachen sollte. Karl ist sofort einverstanden mit meiner Wahl. Er interessiert sich im Grunde nur für die ersten Jeansmodelle aus Italien, die er unbedingt anprobieren möchte. »Sehen Sie sich das an! Eine 34 für Damen! Und ich bekomme sogar den Reißverschluss zu!« Gesagt, getan. Der Couturier führt uns den Prototyp in einer kleinen, privaten Modenschau vor. Das Modell ist ... wie soll man sagen? Es hat einen hohen Bund und liegt sehr eng an. Logisch, es soll ja auch von Frauen getragen werden. Aber egal. Karl will die Hose nicht mehr ausziehen. »Monsieur Arnaud, ich behalte sie an, damit wir sehen, wie sich der Stoff beim Tragen verhält ... Du brauchst sie doch heute Abend nicht, oder?« Ich lächle. »Das wird schon gehen. Aber vergessen Sie nicht, mir die Hose morgen früh zurückzubringen.« Der Couturier eilt davon, bevor ich meine Meinung vielleicht ändere. »Versprochen!«

Es ist nach 20 Uhr, als ich auf einmal höre, wie Karl nach mir ruft. »Monsieur Arnaud? Ich habe da ein Problem ...« Der Mann mit dem Cadogan zieht ein klägliches Gesicht. Nur sein Kopf schaut über den weißen Paravent, der mein Büro vom Studio trennt. Offensichtlich traut er sich nicht herein. Das gesamte Team ist noch da, aber trotz der Betriebsamkeit ist es erstaunlich ruhig. Wenn wir gerade an einer neuen Kollektion arbeiten, kommt Karl gerne abends vorbei. Auf seine elegante Art und Weise lässt er sich stets durch Monsieur Jouannet telefonisch ankündigen, damit er uns nicht mit einem unvorhergesehenen Besuch überrascht. Das Atelier und die Büroräume sind leer. Wir sind die Einzigen, die noch so spät beschäftigt sind. Dabei haben wir unsere kleinen Angewohnheiten und Rituale: Kekse, leise Musik, Altarkerzen und VH1[39]-Clips auf dem großen Plasmafernseher im Studio. Es ist unsere gesegnete Stunde. Kein Telefon läutet, keine Geschäftsleitung macht Druck. Wir haben einfach nur Freude daran, wie die Präsentation Form annimmt.

Ich sehe von den Bestellscheinen auf, die ich gerade überprüfe. »Ah, Monsieur Karl, welche Überraschung! Was ist denn geschehen?« Der Modeschöpfer kommt mit kleinen Schritten auf mich zu

39 Musiksender im Kabelnetz.

und tut ganz schuldbewusst. Er hält mir die Jeans hin, die ich ihm am Nachmittag geliehen habe. Der Reißverschluss am Hosenbund ist gerissen. »Vielleicht sollte man diesen Leuten mitteilen, dass ihre Verschlüsse nicht den Anforderungen entsprechen?« Ich muss innerlich lachen, als ich die Hose in Empfang nehme. Sie ist eindeutig zu eng für einen Mann. »Ich kümmere mich darum. Ich werde Anita bitten, sich das mal anzuschauen.« Der Couturier lässt nicht locker. »Es ist so ... Ich finde diese Hose perfekt. Hast du nicht noch einen Prototypen da, den du mir für heute Abend leihen könntest?« Ich runzle die Stirn. »Aber Sie wissen doch, dass wir das Shooting mit Clara haben! Ich muss die Hosen hierbehalten, falls ...« Der Modeschöpfer überlegt kurz.

»Wie viele haben die Italiener geschickt?«

»Etwas weniger als ein Dutzend.«

»Gut. Ich nehme drei. Das ist alles.«

Ich beiße mir auf die Zunge. Karl ist verknallt in diese Jeans. Er wird nicht nachgeben. Ich hätte meine Vorräte kleiner machen sollen. Ich habe mich einwickeln lassen wie ein Anfänger!

In den folgenden Tagen bekommen wir ein lustiges Schauspiel geboten. Karl erscheint zu jedem Fitting im Studio und tut so, als sei er schwer beschäftigt. Er ruft Anita und überreicht ihr eine geheimnisvolle Tasche. Zum Ende der Anproben gibt Anita ihm seine Einkaufstasche voller Seidenpapier zurück. »Erledigt, Karl.« Der Mann mit dem Cadogan wirkt erfreut. »Glauben Sie, dass es diesmal hält?« Anita verzieht die Mundwinkel und scheint nicht überzeugt. »Das hängt ganz von Ihnen ab ... Vielleicht sollte man ein größeres Modell in Betracht ziehen?« Aha, daher weht der Wind. Karl malträtiert die Reißverschlüsse seiner Jeans, die dann vom Atelier repariert, gebügelt und liebevoll in Seidenpapier verpackt werden. Präzisionsarbeit, die Karl zunichtemacht, sobald er unvorsichtig Platz nimmt. Wie sollte es auch anders sein? Die Verschlüsse sind sehr fein gearbeitet, damit sie unter dem Jeansstoff nicht zu sehen sind. Sobald das Lycra über die Maßen gedehnt wird, zerreißen sie. Der Couturier erklärt uns ein wenig beschämt: »Monsieur

Arnaud weigert sich, mir neue Jeans herauszugeben. Unglaublich, oder? Ich habe sie doch schließlich entworfen! Also muss ich die alten so gut es geht zusammenflicken.« Alle lachen. Die Vorstellung, dass der Modeschöpfer seine zweiundsiebzig Stunden alten Jeans ausbessern muss, amüsiert uns sehr. Karl ist zufrieden mit seinem Auftritt. Er verlässt das Studio erhobenen Hauptes, und seine Augen blitzen vor Freude. Die aktuelle Saison scheint ihm wirklich Spaß zu machen.

Es bleiben noch zehn Tage bis zur Präsentation. Unsere Kollektion steht, das Design der Show ist in Arbeit, die Abfolge der Modelle ist quasi im Kasten und mein Team ist damit beschäftigt, die letzten Details zu regeln.

Wie schon in der vorangegangenen Saison hat Karl L'Wren[40] Scott gebeten, sich um die Accessoires zu kümmern. L'Wren ist eine tolle Designerin, 1,92 Meter groß, talentiert, exzentrisch und rockig. Sie kennt ganz Hollywood und ist eine gute Freundin von Sharon Stone. Als i-Tüpfelchen kommt noch hinzu, dass sie Nicole Kidman für die in einigen Tagen stattfindende Oscar-Verleihung einkleiden wird. Bis dahin weilt sie in Paris und verleiht der Lagerfeld-Schau ihre Note. Als Sophie de Langlade erfuhr, welches Tageshonorar sie dafür bekommt, blieb unserer Generaldirektorin fast die Luft weg. Aber wenn Karl es so wünscht ... Der Couturier hat also die große L'Wren eingeladen und bezahlt ihr Zimmer im Ritz aus eigener Tasche. Als Gegenleistung für den Nachlass, den sie uns großzügigerweise auf ihre Gage gewährt, darf Mademoiselle Scott sich zehn Modelle aus der Kollektion aussuchen, die dann für sie maßgeschneidert werden. Wenn es mehr nicht ist. Diese kleinen Gefälligkeiten sind in der Modewelt gang und gäbe. Wir zeigen uns natürlich nicht nur bei unseren hochangesehenen freien Mitarbeitern erkenntlich, sondern auch bei den Journalistinnen, die uns während der Schauen unterstützen. Marie-Christiane Marek zum Beispiel, die über die Eröffnung der Lagerfeld Gallery im Fernsehen berichtet hat, wird

40 L'Wren wird wie »Lauren« ausgesprochen.

dafür auf ewig von der Pressestelle verhätschelt. Sobald sie sich ein Modell genauer anschaut, ist Caroline Lebar ganz versessen darauf, es ihr zu schenken. Das ist doch das Mindeste, oder?

L'Wren ist ein echter Profi, nach amerikanischer Art. Sie kommt *»right on time«* hereingeschneit und begrüßt alle mit einem *»Hi sweety!«*. Die Stylistin beweist Geschmack und findet all unsere Ideen ganz prima. Die Stoffe sind »wunderbar«, die Schnitte »hinreißend« und die Idee mit den Jeans ist *»so great«!* Kurzum, sie weiß, wie sie den Modedesignern schmeichelt, um dann ihre eigenen Ideen durchzusetzen. Sie kommt zu den Castings, beurteilt die Models, sucht Accessoires aus, trifft eine Auswahl der Halbedelsteine, die ich habe einfassen lassen, findet eine etwas ausgefallene Art, die Taschen zu präsentieren, die in dieser Saison seitlich getragen werden ... Und sie verwertet eine sehr schöne Frisurenidee, die Karl einmal bei einem Shooting für die Zeitschrift *Interview* getestet hat: Den Mädchen werden Musselinbänder in die Haare gewickelt.

Der Effekt ist grandios. Der Couturier segnet ihre Ideen ab, beglückwünscht sie und verschwindet wieder. Anschließend geht L'Wren zu Caroline und fragt, ob ihr »Verlobter« zur Schau kommen kann. Unerkannt. Karl hat uns schon verraten, dass die Designerin seit einigen Monaten mit Mick Jagger liiert ist. Der Sänger der Rolling Stones ist dem Charme der großen Braunhaarigen vollkommen erlegen. Die einundzwanzig Jahre jüngere und vierzehn Zentimeter größere L'Wren schwebt auf Wolke sieben, als sie uns von ihrem Glück erzählt. Caro ist weniger erfreut. Wir berufen eine Dringlichkeitssitzung ein. Mitten in der Woche der großen Modenschauen sollen wir also für die Sicherheit eines Megastars sorgen, der zudem noch inkognito bleiben möchte. Eine Kleinigkeit!

Wir schlagen vor, Mick Jagger in die Regie zu setzen, zu Charles Schillings, unserem Lieblings-DJ, der wie immer die Musik für unsere Schau zusammenstellt. Wir werden das Sicherheitspersonal verdoppeln und einen Weg von der Tiefgarage zum Salle Delorme frei machen, damit der Rolling Stone um die Massen und Journalisten herumkommt. Sonst noch etwas?

Ja, da ist noch etwas. Die Models sind eingeschnappt. Die großen Modenschauen sind ein entscheidender Moment in ihrer Karriere. Wenn die neuen Kollektionen präsentiert werden, können die Mädchen bis zu achtzig Prozent ihrer jährlichen Auftragssumme zusammenbekommen und zudem ist ihnen eine gute Medienpräsenz gesichert. Die Models sind zu allem bereit, um so viele Shows wie nur möglich in einen Tag zu pferchen. Oft sind es drei oder vier, für die ganz Harten auch bis zu sieben. Einige haben einen Chauffeur, der sie am Ausgang erwartet, andere rennen den ganzen Tag herum, aber alle haben ihre kleinen Tricks, um zwischen den Schauen Zeit zu gewinnen.

Nach Ansicht der Mädchen setzen die Modeschöpfer alles daran, sich das Model des Tages zu sichern, indem sie dafür sorgen, dass es nicht noch woanders läuft. Und wie? Durch sanfte Erpressung. Oder indem die Anfangszeiten bis zum Schluss umgeworfen werden, bis alle komplett verwirrt sind.

Wenn man bei diesen Mauscheleien nicht mitmischen will, muss man sie einfach ignorieren. Wir haben das Glück, bei den Agenturen ein gutes Ansehen zu genießen. Karl Lagerfeld ist nun einmal ein Casting-Schwergewicht. Mit Chanel, Fendi und der Gallery hat der Couturier allein sechs Modenschauen und sechs Werbekampagnen pro Jahr zu besetzen, ganz abgesehen von seinen privaten Shootings als Modefotograf. Somit ist den Agenturen auf jeden Fall daran gelegen, ihn nicht zu verärgern.

PARIS, 6. MÄRZ 2002

Dieses Mal hat unser Ansehen aber nicht gereicht. Mehrere Agenturen rufen bei uns an und beschweren sich, weil die Mädchen so früh zu uns kommen sollen. Ausnahmsweise haben wir sie für 5 Uhr morgens ins Caroussel du Louvre bestellt, also fünf Stunden vor Beginn der Schau. Mir ist klar, dass wir die Zeit brauchen, um die dreißig Models vorzubereiten und vor allem, um die Musselin-Bänder in ihrem Haar zu befestigen. Die ersten Versuche waren höchst unerfreulich. Die Bänder lösen sich, und die Frisuren fallen zusammen, sobald sich die Mädchen bewegen. Wir müssen bedenken, dass sich die Models ja auch umziehen müssen und deshalb jedes einzelne Haarband sehr sorgfältig mit winzigen Nadeln feststecken.

Ich muss mit Karl reden. Ich habe keine Zeit, ein neues Casting mit unbekannten Mädchen zu organisieren, deren Aussehen und Energie wir nicht einschätzen können. Auf dem Laufsteg müssen die Models innerhalb weniger Sekunden ein Kleidungsstück zur vollen Geltung bringen können. Es reicht nicht, einfach nur geradeaus laufen zu können, wenn man etwas auf dem Podium präsentiert. Wir brauchen temperamentvolle Charaktere und wahre Energiebündel, die das Publikum mitreißen und die Vision eines Couture-Hauses darstellen. Gar nicht so einfach ...

Karl hört mir zu und hat eine äußerst pragmatische Antwort: Wenn die Mädchen nicht kommen, laufen sie auch nicht für Chanel. Ganz einfach. Gestärkt durch diese Ansage, rufe ich noch einmal bei den Agenturen an, die auf einmal freundlich und entgegenkommend reagieren. »Wir geben ihnen ein bisschen Vitamin C und ein Kopfkissen, damit sie zwischen den Kleiderständern schlafen können. Du weißt ja, wie sie sind: jung und ein wenig verwöhnt ...«

PARIS, 8. MÄRZ 2002

Alle Mädchen sind da. Karolina Kurkova, Natalia Vodianova, Mariacarla Boscono, Carmen Kass, Clara, Eugenia, Jacquetta und Ai Tominaga – alle derzeit angesagten Topmodels sind pünktlich erschienen. Die Atmosphäre ist gereizt, und die Anwesenheit eines Sicherheitsdienstes, der strenger auftritt als sonst, trägt nicht gerade zur Entspannung bei. Ich setze mich nach Kräften ein, da ich weiß, was für das Haus auf dem Spiel steht ... und für mich.

Hinter der Bühne schlängelt sich L'Wren zwischen den Kleiderständern der Mädchen hindurch. Ab und zu tritt sie heraus und winkt der Regie zu, wo ihr Verlobter sich ohne viel Federlesens niedergelassen hat. Mick wird das Team am Ende der Show begrüßen und allen danken, dass sie die durch ihn verursachte Störung in Kauf genommen haben. Wenn ich mir vorstelle, wir hätten ihn in die erste Reihe gesetzt! Die Moderedakteurinnen hätten sich nicht mehr eingekriegt! Aber gut, Karl hat recht. Bei Chanel redet man über Stars. In der Lagerfeld Gallery redet man über Kleider. Nicht mehr und nicht weniger. Das ist im Grunde alles, was wir erhoffen.

Die Show geht millimetergenau über die Bühne. Ich kann backstage spüren, wie die Spannung steigt. Hat es den Moderedakteurinnen gefallen? Karl tritt als Letzter heraus und stellt sich neben seine Models, die im Rhythmus der Musik klatschen. Er trägt natürlich eine etwas zu enge Jeans, deren Reißverschluss Anita aber besonders gut gesichert hat. Seine langen, ganz leichten O-Beine verleihen ihm die Gestalt von Lucky Luke. Fehlt nur noch Jolly Jumper. Ich stehe lächelnd in meiner Ecke und applaudiere. Die ersten Reihen jubeln dem Couturier zu. Ich verstehe gut, warum Karl auf diese eindrucksvollen Momente nicht verzichten kann …

Die schönste Ermunterung bekomme ich wieder einmal von Eric Wright. Er ist aus Rom gekommen, um sich die Präsentation anzusehen. »Volltreffer, Arnaud. Sehr modern, diese Kollektion. Nicht so streng und dafür lebendig. Aber pass auf, das nächste Mal musst du noch besser sein. Und dann noch besser …« Ich merke, wie bewegt Eric ist. Auch für ihn hat hier alles angefangen. Zwischen ihm und dem Haus Lagerfeld wird es immer eine sehr starke Verbindung geben. Immer.

KAPITEL 12
DER ANFANG VOM ENDE

STOCKHOLM, OKTOBER 2003

Margareta van den Bosch sitzt ihren Mitarbeitern gegenüber und blättert in den Ergebnissen einer internationalen Umfrage, die vergangenen Sommer in Auftrag gegeben wurde. Sie ist um die vierzig, eine imposante und gepflegte Erscheinung. Die Kreativdirektorin von H&M flößt Respekt ein. Margareta spricht nicht viel, aber ihr Schweigen ist vielsagend. Wenn sie sich Gehör verschaffen möchte, genügt ein Lidschlag. Sie hat ihre Sache im Griff, und ihre Entscheidungen sind unwiderruflich.

Wieder einmal kann die H&M-Designpäpstin nichts verwundern. Klar, dass die breite Masse Karl Lagerfeld als den bekanntesten Couturier der Welt angibt. »Er ist der Beste. Und außerdem sind alle anderen in Rente.« Ihre Zuhörer erwarten das Urteil.

Margareta erinnert sich, in einem Interview gelesen zu haben, Karls Vater sei schwedischer Herkunft. Für sie steht fest: »Er wird die erste Kollektion entwerfen.« Margareta kann sicher sein, dass ihre Botschaft angekommen ist. Sie steht auf, beendet die Sitzung und kehrt ruhig in ihr Büro zurück. Sie möchte Gerüchten nachgehen, die behaupten, es stehe ein Konzern bereit, der die Lagerfeld Gallery aufkaufen möchte. Wann, für welche Summe und zu welchen Konditionen soll das geschehen? Margareta lässt sich nicht gern in Verlegenheit bringen. Sie wird den richtigen Moment abwarten, um sich mit Monsieur Lagerfeld zu treffen und die Details einer nie dagewesenen Zusammenkunft von Luxus-Prêt-à-porter und Massenmode à la H&M zu besprechen.

PARIS, 4. MÄRZ 2004, 6 UHR

Die Hauptstadt erwacht unter einem klaren, eisigen Himmel. Ich hauche über meine steifen Finger, während ich auf ein Taxi warte. In fünf Stunden werde ich den Startschuss für die Präsentation der Herbst/Winter-Kollektion 2004/2005 geben – wie immer unter den kritischen Blicken von etwa tausendfünfhundert Journalisten, Fotografen, Einkäufern und Kunden aus aller Welt.

Diese Kollektion ist von großer Bedeutung. Das Label steht in den roten Zahlen. Die Geschäftsleitung versucht wieder einmal, die Kosten zu senken, aber es hilft alles nichts.

Ein nicht vorhandenes Rechnungswesen, eine manisch-depressive Unternehmensleitung und ein Mangel an Image ... Wenn Karl von Moderedakteurinnen interviewt wird, geht es zum Schluss immer um Chanel. Chanel überflutet die Modemagazine mit seitenweiser Werbung, während wir uns schon abstrampeln müssen, um eine kleine Notiz zu bekommen. In den letzten beiden Saisons sind unsere Verkaufszahlen stark gesunken. Nachdem sich unsere Lage 2002 durch den Verkauf der Diesel Jeans kurz gebessert hatte, befindet sich das Label wieder im Abstieg. Die Auswirkungen des 11. September auf den Absatz von Luxus-Prêt-à-porter sind noch immer zu spüren, da er vor allem von den Dollars der amerikanischen Kundinnen abhängt. Karl ignoriert das alles und wie ein Baron füllt er die Konten des Unternehmens aus eigener Tasche wieder auf. Das Studio ist teuer, und der Couturier will in der Auswahl der Materialien und der Qualität der Fertigung keine Kompromisse machen. Die Finanzberater wollen die Kassen füllen und schlagen Karl vor, Lizenzverträge zu schließen. Ich bin besorgt um unser Image und profitiere von meinem Status als Studioleiter, um vor diesen Mesalliancen zu warnen. Ich befürchte, sonst wird uns das »Pierre

Cardin«-Syndrom ereilen. Während der 1970er-Jahre hat Cardin seinen Namen eifrig verkauft, bis er ihn auf Dosenöffnern im Schwarzhandel wiederfinden konnte. Dank meines Starrsinns werde ich Karl davon überzeugen, dass er Diesel keine Lizenz erteilt. Ich selbst habe zwar eine befristete Zusammenarbeit mit ihnen angebahnt, gegen den Willen der Geschäftsleitung ... aber heute lehne ich alle weiteren Bemühungen in diese Richtung ab. Obwohl wir mit unserem Co-Branding recht erfolgreich waren, weiß ich, dass es Wahnsinn wäre, ihnen nachzugeben. Die italienische Marke möchte den Markt mit einer neuen Modelinie namens »Karl by Diesel« erobern, die weitab vom Studio entwickelt werden soll. Hat unsere Geschäftsleitung vielleicht ein schlechtes Gedächtnis? Vor sechs Jahren hat doch der Lizenzvertrag mit einem großen internationalen Textilkonzern den Kollaps des Hauses Lagerfeld beschleunigt. Das Prinzip der Mode ist wohl die ewige Wiederkehr ...

Im Taxi gehe ich noch einmal alle wichtigen Punkte durch: bei den Agenturen nachfragen, ob die siebenundzwanzig Models für unsere Schau auch rechtzeitig erscheinen, den Kleiderständer No. 10 zum Eingang des Podiums rücken, damit Mariacarla mehr Zeit zum Umziehen bleibt, Coco, meine Castingassistentin, bitten, die Sohlen der Schuhe mit der Spitze einer Schere leicht einzuritzen, damit die Mädchen auf dem Laufsteg nicht ausrutschen. Die Liste ist endlos, aber ich werde an alles denken. Karl schenkt mir nicht umsonst sein Vertrauen. Mode ist eine verzehrende Leidenschaft. Ich lebe nur für den Adrenalinkick, den ich durch eine neue Kollektion bekomme. Ich bin ein arbeitswütiger Perfektionist. Aber mir steht ein erstklassiges Team zur Seite, das erst im Laufe der Jahre zusammengefunden hat. Da ist zuerst einmal Sofia, meine rechte Hand. Sie ist die Schwedin in unserer Bande und die Einzige, die mich duzt. Mit ihren fünfunddreißig Jahren glaubt sie, dass ihr die paar Monate, die sie älter ist als ich, gewisse Privilegien verschaffen ... Ihr Humor, ihr Sinn fürs Praktische und ihre Ausgeglichenheit machen sie zu einer wertvollen Verbündeten. Sie leitet auch das Studio, wenn ich einmal nicht da bin. Auf der anderen Seite sekundiert mir die blonde Caroline mit den grünen Augen. Sie ist sportlich und aufgeweckt, gründlich und direkt. Mit einem Wort: die Effizienz in Person. Dann gibt es noch Alvaro, einen aufdringlichen Spanier, der so lange an die Studiotür geklopft hat, bis man ihn hereinließ. Der gelernte Modedesigner ist für Pelz und Leder zuständig, er ist polyglott, diskret, lustig und gewissenhaft. Wunderbar! Belén, die Spanierin mit der rauen Stimme, ist nach den Anschlägen aus New York geflüchtet und kümmert sich nun bei uns um die technischen Zeichnungen. Sie arbeitet sehr genau, lacht viel und als große Schauspielerin entschuldigt sie ihr Zuspätkommen immer mit einer grandiosen Frechheit. Zuletzt haben wir noch Karin, ebenfalls Schwedin. Sie sieht aus wie Grace Kelly und übernimmt die Verbindung zwischen Studio und Produktion.

Alle haben viel Talent und mein absolutes Vertrauen. Sie haben unser Studio in einen Turmbau zu Babel verwandelt, in dem sich Sprachen mischen und Ideen entfalten. Wenn Karl uns besucht, spricht er wie immer rasend schnell, bis er dann merkt, dass zwar alle eifrig mit dem Kopf nicken, aber kein Wort verstanden haben. Ich übernehme dann unauffällig die Simultanübersetzung, was natürlich für unvergleichliche Lacher sorgt.

Der schönste Moment ist der Freitagabend. Vor dem Wochenende legen wir immer eine Extraschicht ein. Wir schieben die Tische zusammen, drehen die Musik auf und jeder bringt eine Delikatesse aus seiner Region mit: Tortillas, Karottenkuchen, Serranoschinken, Veilchenschokolade und mit Streuseln überbackenes Kompott. Ich selbst bin für den Champagner zuständig, während Nicole, unser Vorführmodel, regelmäßig Seminare zur Verwendung von Kräutern der Provence gibt. Wir entspannen und erfinden die Welt und die Mode neu ... bis wir dann ganz selbstverständlich den normalen Arbeitsrhythmus wiederaufnehmen.

Es würde alles recht gut laufen, wenn die Geschäftsleitung nicht für solche Spannungen sorgen würde. Sophie nutzt meine gelegentliche Abwesenheit, um mein Team unter Druck zu setzen. Ich glaube, sie möchte bestimmte Leute aus ihrem Job ekeln. »Ein Gehalt weniger ist ein Gehalt mehr in der Kasse«, hört man oft in den Sitzungen. Meine Bemühungen um eine Einigung waren erfolglos. Karl will sich nicht direkt einmischen. Ich bin furchtbar wütend, finde aber keine Lösung.

Seit wir in den Vorbereitungen für die Modenschau stecken, sehen die Dinge anders aus. Ich habe bei dieser Gelegenheit gemerkt, dass unser Verhalten in keiner Weise Anlass zu Kritik gibt. Die Terminplanung, die Bestellungen und all die nervenaufreibenden Details sind von uns mit größter Genauigkeit und Transparenz erledigt worden. Das Studio ist unangreifbar. Und die Kollektion, die gleich präsentiert wird, ist einmalig! Das hoffe ich zumindest.

PARIS, 4. MÄRZ 2004, 6:30 UHR

In seinem Stadthaus an der Rue de l'Université macht Karl sich gerade fertig. Sein erster Anruf gilt mir: »Guten Morgen, mein Lieber. Hast du gut geschlafen?« Die Ironie dieses ewig schlaflosen Mannes verlangt keine Antwort. Eigentlich hat er auch andere Sorgen. »Was meinst du, was soll ich anziehen?« Seit seiner Diät ist Karl fixiert auf sein Äußeres. »Im Fernsehen wirkt man leicht etwas dick. Wenn ich mir schon die Mühe gemacht habe, so viele Kilos abzunehmen, will ich in den 20-Uhr-Nachrichten nicht aussehen wie eine Wurst. Also, was soll ich anziehen, Arnaud?« Ich schlage vor, einen stahlgrauen Slimane-Anzug, allerdings ohne besonderen Nachdruck. Der Couturier mit dem Cadogan spielt sein eigenes Spiel und zögert es bis zum letzten Moment hinaus, vor seinen großen Ankleidespiegel zu treten. Er bittet mich, ihm zu beschreiben, was ich anhabe: eine schwarze Jeans zu ledernen Derbys von Louis Vuitton. Ich habe eins der hundertzwanzig weißen Hilditch & Key-Hemden angezogen, die Karl mir geschenkt hat. Sie sind maßgeschneidert und in Handarbeit mit seinen Initialen bestickt worden. Kurz bevor ich meine Wohnung verließ, habe ich noch sein neuestes Geschenk aus der Kleiderhülle genommen: ein Dior-Jackett aus Gabardine, natürlich schwarz und eng geschnitten. Kurz vor den Schauen verwöhnt uns Monsieur Lagerfeld immer besonders. Es würde ihn verärgern, wenn wir in diesen Tagen nicht sehr elegant gekleidet wären. Auf den Fotos sieht das nach gutem Stil, einer klaren Linie und ganz nach Karl aus.

Mein Team freut sich immer riesig über diese Geschenke. Ich verstehe das, gebe mich aber zurückhaltend. Diese Gefälligkeiten hindern mich daran, eine Lohnerhöhung zu fordern. Meine Assistenten schlittern gerade noch am Mindestlohn vorbei und die Näherinnen im Atelier schlagen sich nur mit Überstunden durch. Wenn die Gemüter sich erhitzen, weiß Karl sie mit ein paar Naturalien zu beruhigen. Ich muss endlich reagieren und eine Lösung finden, die unser aller würdig ist.

PARIS, 4. MÄRZ 2004, 6:45 UHR

Das Taxi hält in der Rue Rivoli. Ich zahle und springe auf die Rolltreppe zum Carrousel du Louvre. Der Countdown läuft. Im Saal Delorme, wo unsere Schauen traditionell stattfinden, ist mein Team bereits schwer beschäftigt. Die Models kommen stoßweise herein und werden sofort von einer Horde Assistenten, Visagisten und Friseuren in Beschlag genommen. Es brummt wie in einem Bienenkorb. Dann erscheint auch die Königin: Karls spindeldürre Beine stecken in einer grauen Hose von Hedi Slimane. Seine neueste Errungenschaft. »Weiß du was? Sie ist ein Prototyp. Den Models war sie zu eng, aber mir passt sie!« Ich verdrehe die Augen und schiebe den Träger eines Abendkleids auf Mariacarlas Schulter zurecht. »Doch, doch! Ehrlich, Hedi hat sofort an mich gedacht. Wenn das so weitergeht, lande ich noch auf dem Laufsteg.« Karl scherzt und lacht. Sein Humor steckt an. Alles bestens. Der große Tanz kann beginnen.

PARIS, 4. MÄRZ 2004, 11:30 UHR

Die Show ist beendet. Der Saal applaudiert heftig. Ich stehe hinter der Bühne und beobachte neugierig die ersten Ränge. Haben wir unsere Gäste beeindruckt? Haben wir ihnen ein wenig von dem Gefühl vermittelt, das uns jeden Tag beflügelt, wenn wir die Kollektionen entwickeln? Ich hoffe es, auch wenn es im Grunde nur um Stoffe geht ...

Ich gehe zurück hinter die Bühne, bedanke mich und beglückwünsche alle Beteiligten. Karl dreht noch seine Ehrenrunde im Saal. In der kommenden Woche werden wir alle ein Bouquet von Lachaume, seinem Floristen in der Rue Royale, bekommen, zusammen mit einem kleinen handgeschriebenen Gruß. Gestern habe ich ihm die Adressenliste gegeben. Diese Tradition hat mich schon während meines ersten Praktikums beeindruckt. Ich habe all die Karten aufbewahrt, die Karl mir in fünfzehn Jahren geschrieben hat, jedes liebevolle Wort, zu dem er in so besonderer Weise fähig ist. Welch seltsame Persönlichkeit. Seine Freundschaftsbekundungen streicheln die Seele, seine Kritik aber trifft mitten ins Herz.

PARIS, 4. MÄRZ 2004, 14:30 UHR

Obwohl alle müde sind, kommt das gesamte Studioteam am frühen Nachmittag ins 7L in der Rue de Lille. Karls Buchhandlung mit Fotostudio wurde für diese Gelegenheit zu einem internationalen Showroom umfunktioniert. Wir sollen den Verkäufern unter die Arme greifen, die etwas erschlagen von dieser Kollektion sind. Während ich mit Sofia die Verkäufer einweise und ihnen schlagende Argumente an die Hand gebe, stellen meine Mitarbeiter sicher, dass kein Teil fehlt. Eine Kommandooperation, die in weniger als vier Stunden erledigt sein muss. An diesem Morgen haben sich Besitzer und Einkäufer von Boutiquen aus aller Welt die Modenschau angesehen. Morgen werden sie hier ihre Show abhalten und zwischen den Kleiderständern und dem großen Plasmabildschirm herumlaufen, auf dem das Video von der Präsentation zu sehen sein wird. Jeder unserer Gäste möchte die Modelle anfassen, die Stoffe in der Hand halten, bestimmte Details genauer anschauen und dann Stücke nach seinem Geschmack zusammenstellen. Die Amerikaner tauchen grundsätzlich als kritische und steife Delegation auf, die

Japaner verteilen Verbeugungen und Visitenkarten in alle Richtungen und empören sich über die Länge der Röcke. Die Saudi-Araber möchten Ärmel an die Trägerkleider genäht haben, und die Deutschen haben nur die strengen Kostüme im Blick. Wieder wird ein minutiös orchestrierter Tanz zu sehen sein, bei dem die Verkäufer jeden Seufzer in Habtachtstellung erwarten und erhoffen. Fünf entscheidende Tage. Die ersten Bestellungen werden zeigen, ob unser Label darauf hoffen kann, dass die Konten in diesem Jahr ausgeglichen werden.

PARIS, 5. MÄRZ 2004

Am nächsten Tag erfahre ich, dass die Rue de Lille schon am frühen Nachmittag gestürmt wurde. Ein gutes Zeichen. Jetzt müssen wir nur noch abwarten. Ich ziehe meine blaue Daunenjacke mit Fuchskragen über und stehle mich davon. Niemand weiß, wohin ich gehe. Ich laufe leichten Schrittes durch die Straßen. Am Place Vendôme lasse ich mich durch die Drehtür eines ganz besonderen Hotels gleiten. Dem Ritz. »Guten Tag, Monsieur Maillard. Ist gestern alles gut gelaufen?« Yvonne, die Empfangsdame im Health Club, begrüßt mich mit einem Lächeln und lässt mich dann in die Tiefen des Palastes hinabsteigen.

Ich betrete das luxuriöseste Kellergeschoss von Paris. Hinter den Scheiben, die das Schwimmbecken abtrennen, erkenne ich eine amerikanische Sängerin im Chanel-Badeanzug mit passender Gummihaube, die ins Wasser taucht und ihre Bahnen zieht. Die Meerjungfrau ist allein im Becken. Wahrscheinlich hat die Kälte die Pariser abgeschreckt. Pech für sie.

Ich gehe in die Umkleide. Es ist warm, gedämpftes Licht glimmt und aus kleinen Lautsprechern umfängt mich klassische Musik. Beethoven. Konzert in D-Dur für Geige und Orchester ... Das lärmende Paris wird ausgeblendet. Ich entkleide mich zu den sanften Bogenstrichen von David Oistrach. Ich ziehe noch kurz einen Bademantel über, und dann führt mich Alexandra, die große Shiatsu-

Priesterin, in ihr Gemach. Inzwischen ist es zu einem Ritual geworden. Nach jeder Modenschau verabreden wir uns zu einer göttlichen Massage.

Ich verlasse den Palast wie auf einer Wolke. Als mein Handy klingelt, schrecke ich auf. Caroline hat eine Nachricht hinterlassen. Am Klang ihrer Stimme erkenne ich, dass es sich um einen Notfall handelt.

Auf dem Weg zum Studio rufe ich meine Assistentin zurück. Sie fasst mir das Geschehene kurz zusammen. Im Showroom an der Rue de Lille hängt die neue Kollektion auf unterschiedlichen Bügeln, die Praktikanten der Verkaufsabteilung nach der Schau zusammengesammelt haben. Was geht uns das an? Sophie hat anscheinend verlangt, dass ein Assistent mit fünfzig Lagerfeld-Bügeln und einer guten Entschuldigung ins 7L kommt. Das ist der Tropfen, der das Fass zum Überlaufen bringt. Ohne wirklich zu verstehen, was mit mir passiert, steigere ich mich in einen sagenhaften Wutanfall.

Ich komme im Büro an. Niemand traut sich, mich anzuschauen, aber die Anspannung ist deutlich spürbar. »Was ist hier los?« Sofia, meine rechte Hand, erklärt mir, dass Sophie de Langlade die Praktikantin gebeten hat, das Haus auf der Stelle zu verlassen. Ich explodiere. »Die Geschäftsleitung hat absolut kein Feingefühl! Wir sind hier nur die Lakaien! Ich hab's endgültig satt!« Ich schlage mit der Faust auf die große Holzplatte meines Schreibtischs, ich beschimpfe das Ledersofa von Moroso[41], sämtliche Verantwortliche in der Verwaltung und die ganze Welt.

Dann läutet das Telefon. Auf dem Display erscheint die Nummer vom 7L. Bestimmt ist es Sophie. Meine Assistentin Caroline nimmt zögernd ab. In zwei Sätzen erklärt sie, dass es im Moment nicht so gut passen würde. Ich reiße ihr den Hörer aus der Hand und lege unserer Generaldirektorin meine Sicht der Dinge dar, während ich die Armlehne eines Sessels mit Fußtritten bearbeite. »Sie haben nichts verstanden. Seit zwei Jahren werden wir hier komplett ver-

41 Italienische Möbelmarke, die Arbeiten verschiedener Designer anbietet.

arscht!« Mein Team ist entsetzt. Jemand hat Anita aus dem Atelier geholt. Sie kennt mich sehr gut, vielleicht kann sie etwas tun? Karls Chefschneiderin betritt verwundert das Studio. Sie sieht mich das erste Mal seit vierzehn Jahren in einer solchen Verfassung. Und das nur wegen ein paar Kleiderbügeln? Ich rede mich in Rage und bete Sophie all meine Beschwerden herunter. Als die Armlehne schließlich abbricht, wird mir klar, dass ich mich besser beruhigen sollte. Ich lege auf.

Anita nähert sich vorsichtig. »Arnaud, beruhige dich. Du siehst erschöpft aus. Wir können doch darüber reden.« Die Chefschneiderin wirkt bestürzt. »Nicht nötig, Anita. Ich steige aus.«

Karl lässt das Wochenende verstreichen, bevor er sich bei mir meldet. Meine Wut ist verebbt. Langsam komme ich wieder zu Verstand und begreife nicht, dass ich mich in aller Öffentlichkeit derart aufführen konnte. Der Couturier ist ein feinsinniger Stratege. »Sind Sie auch nicht zu müde, Monsieur Arnaud?« Der Ton ist ganz neutral. Ich versuche eine Erklärung. »Ich fühle mich, als hätte ich in der Waschmaschine gesteckt und nacheinander alle Programme durchlaufen.« Karl lacht. »Ich habe auch etwas Muskelkater ... Aber sonst ist alles in Ordnung.« Das Signal ist eindeutig. Der Modeschöpfer hasst es, wenn jemand jammert. Also ziehe ich die Sache durch. »Karl, man behandelt uns wie den letzten Dreck, so geht das nicht weiter.« Die ständigen Vorwürfe, der Dauerstress und die fehlende Anerkennung von der Geschäftsleitung – ich zähle alles auf. Aber im Grunde bereitet mir das nicht die schlimmsten Sorgen. Ich habe den Eindruck, erneut einen Schiffbruch wie an der Madeleine zu erleben. Die Unternehmensbilanz ist schlecht, und ich habe das ungute Gefühl, dass unser Schicksal bereits besiegelt ist. Ich muss mit meinem Team weggehen, solange noch Zeit dazu bleibt. Karl hat Takt, er unterbricht mich nicht. Er pflichtet mir sogar bei, bevor er wieder die Oberhand gewinnt. Dann breitet er seine Argumente aus: Er spricht von dem Vertrauen, das er mir entgegenbringt, von der sehr unsicheren Situation des Unternehmens, von einem bevorstehenden Verkauf der Lagerfeld Gallery ... Aha? Die Gerüchte stimmen also. Und Sophie weiß Bescheid? Niemand weiß davon, versichert er mir. Der Couturier ist direkt kontaktiert worden, und er allein wird die letzte Entscheidung fällen. »Bedenken sind jetzt unangebracht, Arnaud. Das Schiff muss weiter vorwärtsgelenkt werden. Und dazu brauche ich dich.« Seine Worte tun mir gut, aber ich lasse mir nichts vormachen. Meine Zeit an Karls Seite ist vorbei. Ich bin sein Studioleiter, seine Hauptsicherung, und ich springe raus wie alle anderen vor mir. Bis dahin sorge ich dafür, dass in der Gallery alles reibungslos läuft. Denn im Grunde möchte Karl nur eins: in Ruhe kreativ sein, umgeben von einem Team, dem er vertrauen kann.

»Du weißt genau, dass ich mich um eure Gehälter nicht kümmere. Meine Job ist es, das Geld auszugeben, und nicht etwa, es zu verwalten.« Er versucht, sich herauszuwinden, und will mich von meiner Forderung abbringen. Aber ich leiste Widerstand. »Es wäre aber an der Zeit, sich um Ihr Haus zu kümmern. Ich habe mit mehreren Headhuntern gesprochen, die mir den Kopf geradegerückt haben. Wenn Sie nichts tun, lassen Sie uns wenigstens gehen, bevor wir alle entlassen müssen!«

Karl tut meine Vorschläge ab und entgegnet mir geheimnisvoll: »Hör mal, mein Lieber. Ich habe einen Plan.« Der Couturier lässt die Spannung steigen. »Außerdem kommt deine Assistentin Sofia aus Schweden. Perfekt.« Wieder eine Kooperation? Jetzt muss ich gegenhalten. »Denken Sie an Ihr Image. Wenn unser Partner nicht erster Klasse ist, wird es zum Desaster.« Karl wischt meine Bedenken fort. »Keine Sorge. Dahinter steht ein enormes Medienbudget. Ich habe alles in der Hand: Werbekampagne, Fotos, Presse ... Und weißt du, was das Beste ist? Sie möchten, dass ich ihnen als Model diene! Unglaublich! In meinem Alter ...« Verstehe. Karl erfüllt sich seinen Teenagertraum. Bei der Vorstellung, dass er auf drei mal vier Meter großen Postern erscheint, streckt der Modezar die Waffen. »Dieser Vertrag ist Gold wert, Arnaud. Mehrere Millionen Euro für einen One-Shot[42], den ihr innerhalb von zwei Monaten im Kasten

42 Einmalige Kollektion.

habt. Ich habe die Angelegenheit mit Lucien besprochen, es werden alle davon profitieren. Garantiert!«

Ich bin selbst überrascht, dass ich nun lächeln muss. Er benimmt sich vielleicht wie ein Teenager, ja, aber er ist ein Verhandlungsgenie. Ich gebe nach. »Was ist das für ein Vertrag?« – »H&M, mein Lieber, eine Exklusiv-Kollektion für die Schweden von Hennes & Mauritz.«

KAPITEL 13
KARL, H&M

PARIS, 8. MÄRZ 2004

Lucien Frydlender sitzt in seinem Büro. Ihm bleibt fast die Luft weg, als er den Hörer auflegt. Karl hat soeben angeordnet, dass man mir Zeit lassen soll, damit ich erst einmal zur Ruhe komme. Monsieur Lagerfelds Finanzberater schätzt mich nicht besonders. Seiner Ansicht nach bin ich »unbelehrbar«. Lucien öffnet die Tür zu seinem Büro und lässt mich mit einem breiten Lächeln eintreten. Ich begrüße ihn ebenfalls mit einem Lächeln. Er beginnt seine Ausführungen in einschmeichelnder Tonart. »Bei dieser Zusammenarbeit mit H&M zählt Karl besonders auf Sie, mein lieber Arnaud. Es liegt ihm sehr viel daran.« Ich zeige keine Reaktion. »Also gut, ich werde sehen, was sich machen lässt. Ich hätte Ihnen ja gerne einen Vertrag angeboten, aber das ist auf rechtlicher Ebene gar nicht so einfach. H&M will sich mit Karl direkt einigen, nicht mit der Lagerfeld Gallery. Aber das Studio gehört nun einmal zur Gallery. Wie soll man da vorgehen? Wir werden schon eine Lösung finden, vertrauen Sie mir.« Ich vertraue nur Karl. Punkt, Schluss, aus. Lucien fährt fort. »Das Wichtigste ist doch, dass sich das Studio an die Arbeit machen kann, stimmt's?« Aufrichtigkeit. Das ist genau die Eigenschaft, die mir nicht in den Sinn kommt, wenn ich an Monsieur Frydlender denke. Dieser Mann ist ein Aal, und seine Geldangebote sind leere Worte. Aber ich weiß, dass Karl sein Versprechen halten wird.

PARIS, 9. MÄRZ 2004

Meine Rückkehr ins Studio ruft eine Schockreaktion hervor. Mein Team ist verunsichert und zögert, wieder an die Arbeit zu gehen. Nach einer langen Diskussion überzeuge ich meine Leute davon, dass es besser ist, die Sache zu vergessen. Obendrein erkläre ich, dass wir dieses Mal der Geschäftsführung keine Rechenschaft schuldig sind, weil diese nicht an dem H&M-Abenteuer beteiligt sein wird. Die einzige Forderung an uns lautet: Die Kollektion muss Anfang Juli stehen. Ich verstehe jetzt, warum Karl und Lucien so entgegenkommend waren. Sie hatten keine andere Wahl. Entweder mich ... oder ein leeres Studio. Und das gerade in dem Moment, da H&M eine kurzfristige Entscheidung und endgültige Antwort forderte.

Es ist alles wieder im Lot. Mein Team tritt in Aktion. Ich weiß, warum ich da bin.

PARIS, ENDE MÄRZ 2004

Sofia schaut nachdenklich in ihren Terminkalender und wendet sich dann langsam Anita und mir zu. »Das wird eng.« Meine rechte Hand ist gerade aus Stockholm zurückgekehrt. Unsere Schwedin hat sich mit dem Team von H&M getroffen, um sicherzugehen, dass ihre Produktionsnormen mit den unseren vereinbar sind. Das heißt im Klartext: Sind diese Leute in der Lage, die von uns entworfenen Teile zu fertigen? Die Antwort lautet Ja. Die Serienfabrikation der Prêt-à-porter-Marke arbeitet gründlich, unermüdlich und äußerst strukturiert. Ich habe eine dringende Sitzung von Studio und Atelier einberufen, um die Hintergrundplanung zu besprechen. Anita holt ihren Feuerwehrkalender hervor und zählt die Tage. Unsere Chefschneiderin hat ein Blitzen in den Augen. »Lieber kleiner Karl, ich weiß zwar nicht, wo du gerade steckst, aber hör mir gut zu. Wenn du diese Kollektion nicht ganz schnell aufs Papier bringst, landet die Karre im Dreck!« Ich kenne diese Symptome zu gut. Je enger die Frist, desto schneller steigt das Adrenalin ... und desto schärfer wird der Ton.

PARIS, APRIL 2004

Ich habe alle auf das H&M-Projekt eingeschworen. Zuerst einmal geht es darum, die verschiedenen Trends in Ordnern zusammenzustellen. Diese Arbeit ist enorm wichtig. Die Sammelmappe wird zur Bibel für unsere Kollektion und zur Inspirationsquelle für Karl – wie eine Reisebroschüre.

Wir beginnen damit, so viele Informationen wie möglich über die Marke, ihr Image und ihren Kundenkreis zu sammeln. Indem wir diese Maßstäbe mit Karls Leitlinien vergleichen, entwerfen wir ein bestimmtes kreatives Umfeld. Dazu stellen wir uns nach dem Prinzip des chinesischen Porträts vor, die Kollektion sei eine Farbe, eine Zeitschrift, ein Künstler ... In diesem Stadium kennen wir weder die Intentionen unseres Kunden noch Karls Vorstellungen in Bezug auf die Zusammenarbeit. Ich gebe also klischeehafte Antworten und versuche zu erraten, was H&M durch Karl gewinnen möchte. Die Kollektion sollte nach meinem Empfinden sehr geradlinig, einfach und streng wirken und durch eine Betonung auf Karls Markenzeichen leicht zu identifizieren sein. Dazu gehört natürlich die Kombination von Schwarz und Weiß. Mit ein wenig Rot, als kleiner Hinweis auf das Markenlogo.

Wenn H&M eine Zeitschrift wäre ... Wir entscheiden uns für *Interview,* das von Andy Warhol gegründete amerikanische Monatsblatt. Karl erzählt manchmal, dass er 1971 in *L'Amour* aufgetreten ist, einem Kultfilm des Pop-Art-Künstlers. Neben Louis XIV. und seiner Mutter gehört Warhol zu seinen drei Ikonen ... Ich werde ihn also in unsere Ideenmappe aufnehmen.

All diese Ideen, Bilder, Stoffproben und unterschiedlichsten Relikte sollen auf Papier gebracht und im kommenden Monat den H&M-Chefs präsentiert werden. Eine immense Arbeit. Und ein unerhörter Bluff. Karl müsste unsere Recherchen natürlich anweisen und überprüfen. Tatsächlich ist es aber so, dass er dafür keine Zeit hat. Also bleibt es meine Aufgabe. Aber er sollte die Ideen schon verinnerlichen, damit er unsere Vorschläge vor den Kunden verteidigen kann.

PARIS, 19. MAI 2004

Seit vorgestern stelle ich Karl am Telefon nach. Vergebens. Der Couturier ist nicht zu erreichen. Eine Viertelstunde vor unserem Treffen mit der Geschäftsleitung von H&M treffe ich ihn in seiner Wohnung an der Rue de l'Université. »Und wie fanden Sie unsere Lookbooks?« Ich bin beunruhigt. Das Arbeitsessen mit den Schweden ist von strategischer Bedeutung. Wenn sie mit unseren Vorschlägen einverstanden sind, haben wir freies Spiel. Wenn nicht ... Es kann gut sein, dass sie auf Kleinigkeiten herumreiten, wie alle Kunden, und sicherstellen wollen, dass ihre Wünsche auch respektiert wurden. In diesem Fall verlieren wir Zeit und können unmöglich die gesetzten Fristen einhalten.

Karl wollte sich die Mappen alleine ansehen. Er hat sie vor fünf Tagen bekommen. »Sehr schön, mein kleiner Arnaud. Hast du schon gesehen, was es heute zu Essen gibt? Ich werde sie mit Kaviar füttern.« Karl hat meine Frage umgangen. Ein schlechtes Zeichen. Wenn ihm unsere Zusammenstellung nicht gefallen hat, wird er sie kurzerhand ignorieren.

Die Ankunft der H&M-Geschäftsführer lenkt mich ab. Aus dem Fenster sehe ich, wie Margareta van den Bosch gemächlich die Eingangstreppe heraufsteigt, gefolgt von ihrem Präsidenten und dem Marketingchef. Die Schwergewichte der Modebranche wirken ein wenig verschüchtert, als sie den großen weißen Salon in der ersten Etage betreten. Karl führt Regie. Er lässt sie eine Weile warten, dann begrüßt er sie majestätisch. »Ich freue mich, Sie hier in Paris empfangen zu dürfen ...« Sofia und ich bleiben etwas abseits und lassen Monsieur Lagerfeld seine Show. Wirklich große Kunst. Auf seine brillante und geistreiche Art genießt er es, die Schweden durcheinanderzubringen. Sie haben arge Schwierigkeiten, seinem verbalen Maschinengewehrfeuer zu folgen. Als Karl ein kleiner Junge war, machte es sich seine Mutter zur Gewohnheit, ihm das Wort zu verbieten, wenn er zu reden anfing. Auf diese Weise wollte sie ihm klarmachen, dass er sich nicht für den Mittelpunkt der Welt halten sollte. Ich bin mir nicht sicher, ob ihre Erziehungsmethode gefruchtet hat.

Unsere Gäste sind beeindruckt. Das Stadthaus, die Inneneinrichtung, der Service, das Geschirr – alles ist so edel, nüchtern und überwältigend. Der Kaviar ist ein Gedicht. Ossietra aus dem Iran, der in großen schwarzen Salatschüsseln aus Terrakotta serviert wird. Es stehen mehrere Kilos bereit. Das H&M-Team ist in seinen Bann geschlagen. Karl setzt sein Spiel fort, formvollendet und redselig. Er stellt Fragen, lässt eine geistreiche Bemerkung nach der anderen fallen und tut so, als interessiere er sich für jeden. Die Unterhaltung kommt in Gang, und irgendwann lächelt Margareta sogar. Beim Dessert bittet mich Karl feierlich, nun die Stilbücher zu holen. Ich stehe beruhigt auf. Sie haben ihm also gefallen. Ich betrete sein Arbeitszimmer. Die Mappen liegen noch dort, in vier Einkaufstüten der Lagerfeld Gallery. Ich habe sie eigenhändig gepackt, damit unterwegs nichts verloren geht. Die Ösen sind verschlossen. Karl hat sie nicht angefasst. Mein Magen schnürt sich zusammen.

»Bravo, lieber Karl, Sie haben das Wesen unseres Labels erfasst. Es ist uns eine Ehre, mit Ihnen zusammenarbeiten zu dürfen.« Margareta ist entzückt. Unsere Vorschläge haben alle beeindruckt ... auch Karl. Erst war ich am Boden zerstört, dann erleichtert und zuletzt überglücklich. Als Karl die Mappen nacheinander öffnete, hat Sofia mich kurz angeschaut. Wie ich fragt sie sich: Soll man sich durch Karls blindes Vertrauen geschmeichelt fühlen oder sich darüber ärgern, wie wenig er sich für diese Kollektion interessiert?

Nachmittags verabschiedet sich das H&M-Trio. Alle sind vollauf zufrieden. Karl genießt seinen Sieg. »Diese Margareta ist prima. Eine irrsinnig tolle Frau. Etwas kräftig gebaut ... Aber sie hat Geschmack.« Ich schaue auf die Uhr. In einer Viertelstunde muss ich mir die ersten Prototypen von Taschen der Lagerfeld Gallery ansehen. »Übrigens, Arnaud, wie fandest du den Kaviar?« – »Königlich, Karl.« – »Sehr treffend. Prinzessin Caroline und Ernst August haben ihn mir geschenkt. Ich habe ihn für das Essen mit H&M aufbewahrt. Ich dachte mir, dass es Eindruck machen würde.« Als ich ihn lächeln sehe, begreife ich, was er eigentlich sagen möchte: Wenn man ihn nicht bezahlen muss, schmeckt der Kaviar nochmal so gut.

PARIS, 2. JUNI 2004

Die Entwürfe präsentieren sich auf dem Schreibtisch. Es ist alles perfekt, wie immer. Die Farben, die technischen Anmerkungen, die Silhouetten der Kleider ... Karl hat am Wochenende eine fantastische H&M-Kollektion gezeichnet. Vierzig Modelle in achtundvierzig Stunden. Der berühmteste Modeschöpfer der Welt ist und bleibt ein Arbeitstier.

Ich unterschlage ein paar Entwürfe, die zu sehr nach Chanel aussehen, und lege weitere beiseite, die zu kompliziert zu fertigen sind. Am Ende habe ich etwa dreißig Modelle, zu denen noch zehn Prototypen aus der Strickmode hinzukommen. Um die Kollektion zu vervollständigen, hat Karl auch einige Accessoires entworfen: Armreife, Ringe und Gürtel. Und dann ist da noch das Parfüm. Der Couturier achtet auf kleine Feinheiten – so hat er darum gebeten, dass mit den Entwürfen auch eine Probe des Parfüms nach Stockholm geschickt wird. Er hat den Duft vor einigen Monaten kreiert, und sein Codename lautet: »Liquid Karl«. Das Parfüm riecht nach warmem Brot und Schokolade, die Karl »lieber in der Nase als auf den Hüften« hat. Die Schweden werden bestimmt schwach ... Und tatsächlich akzeptieren sie alle Accessoires und das Parfüm. Zur großen Freude des Modezaren sollen die Sachen zum Selbstkostenpreis verkauft werden.

Währenddessen macht sich Anitas Atelier eifrig an die Arbeit. Alle brennen darauf, ein paar erste Toiles anzufertigen – unsere Stoffentwürfe in Originalgröße, die dann als Vorlage für die Modelle dienen. Acht Tage arbeiten wir wie verrückt, beantworten Faxe und Telefonate aus Schweden und kümmern uns um die Vorkollektion für Frühjahr/Sommer 2005 der Lagerfeld Gallery. Die Geschäftsleitung schleicht um das Studio und vergeht vor Ungeduld. Da Karl den Vertrag mit H&M direkt abgeschlossen hat, ist ihnen der Deal komplett entgangen, und sie hatten nicht einmal die Möglichkeit, Kritik zu äußern. Aber wenn Karl es so wünscht.

FLUGHAFEN ROISSY, 12. JUNI 2004

An diesem Morgen fliegt unser kleines Team zu H&M nach Stockholm, um bei den ersten Anproben dabei zu sein. Die ganze Aktion darf nur achtundvierzig Stunden dauern. Wieder einmal eine absolute Kommando-Operation. Im Flugzeug sitzt Sofia ganz in meiner Nähe. Sie schließt ihren Gurt und lächelt mich an. Sie ist sehr stolz, dass sie mir nun endlich ihre Heimat vorstellen kann. Schweden, das ist das Land der Wikinger, das Land von Alfred Nobel, ABBA und Greta Gustafsson, der großen Greta Garbo. Ich hätte Lust, mehr über Schweden zu erfahren, obwohl mir mein Gefühl sagt, dass wir wahrscheinlich pausenlos arbeiten werden.

Caro, Anita und Alvaro lernen eifrig das Überlebensvokabular, das Sofia uns nun seit zwei Tagen beizubringen versucht: »Guten Tag!«, »Wie geht es Ihnen?«, »Ich habe Durst«, »Danke«, »Zum Wohl!«. Meiner Ansicht nach ist Schwedisch vollkommen unaussprechbar. Ich lese also lieber in dem Stapel Zeitschriften, den ich am Flughafen gekauft habe. *Vogue, Vanity Fair, Harper's Bazaar, Elle* ... Ich bin etwas im Rückstand, und in der Modebranche kommt es einem Berufsfehler gleich, wenn man nicht über die neuesten Trends und den neuesten Tratsch Bescheid weiß.

Das Flugzeug hebt ab. Wir werden am späten Vormittag ankommen.

STOCKHOLM, 12. JUNI 2004

Wir zwängen uns zu fünft in ein Taxi und fahren in das Zentrum der schwedischen Hauptstadt. Häuserreihen ziehen an uns vorbei. Ihre Pastellfarben wirken nüchtern und kalt. Die Limousine setzt uns vor dem Hotel ab. Den Rest des Sonntags nutzen wir für eine Stadtbesichtigung.

STOCKHOLM, 13. JUNI 2004

Um 8 Uhr am anderen Morgen laufen wir zu Fuß zu einer riesigen, ultramodernen Einkaufsgalerie im Herzen der Stadt. Dann stehen wir vor einer gläsernen Drehtür mit den Buchstaben H&M und gehen hinein. Anita hat einige Entwürfe mitgenommen, um die »Handschrift[43]« des Hauses Lagerfeld zu verdeutlichen, also die spezielle Art, wie wir Schnitte verschlanken, Ärmel verlängern und verengen oder Schultern herausarbeiten. Sofia hat fertige Kleidungsstücke dabei, mit denen sie veranschaulichen möchte, wie sehr wir auf Details achten: auf Knöpfe, den Ausschnitt und den schmalen Kragen, der stets eng am Hals sitzen sollte ...

An der Rezeption, die uns futuristisch und kalt erscheint, werden wir von unseren schwedischen Gegenparts begrüßt. Sie lächeln uns an und haben es offenbar eilig, mit der Arbeit zu beginnen. Die schwedischen Modedesigner begleiten uns durch ein Labyrinth aus weißen Gängen mit nummerierten Türen. Eine von diesen führt in einen großen leeren Raum. Nur eine Stuhlreihe empfängt uns. »Das ist ja hier wie in einem Krankenhaus«, flüstert Alvaro ein wenig entsetzt. Einer der Schweden greift zu einem Haustelefon und spricht einige nüchterne Worte in den Hörer. »Er gibt seinem Team Bescheid, dass wir bereit sind«, erklärt mir Sofia leise. Meine Assistentin bleibt ab jetzt in meiner Nähe, damit ich den Gesprächsfaden nicht verliere. Wir haben gerade Platz genommen, als sich eine Tür an der hinteren Seite des Raumes öffnet und Margareta van den Bosch im Laufschritt hereinkommt. Eine schwarze, etwas zu große Hose, eine weite Bluse und glatte, zusammengebundene Haare: Die H &M-Majorin steckt in ihrer Arbeitsuniform. Ihre Armee setzt sich in Bewegung. Drei Chefschneiderinnen schieben Kleiderständer mit Entwürfen herein. Sie sind umringt von sämtlichen Assistenten aus den Bereichen Tages-, Abend- und Strickmode. Margareta begrüßt uns, fragt, ob uns auch nichts

---

43 Damit ist die besondere Art gemeint, nach der in einem Couture-Haus ein Kleidungsstück zugeschnitten und genäht wird.

fehlt, und gibt dem ersten Model mit einer Kopfbewegung das Startzeichen.

Eine junge Frau präsentiert sich unseren Blicken. Instinktiv betrachten wir nur ihre Bekleidung. Sie trägt einen schwarzen Wollmantel mit doppelter Knopfleiste und Klappentaschen.

Anita holt ihr Schneiderinnenetui aus der Handtasche und hängt es sich wie gewohnt um den Hals. Sie nähert sich dem Model. »Die Länge ist fast in Ordnung, wenn man den Saum noch um zwei Zentimeter kürzen könnte ...« Die Schweden hören zu und machen sich Notizen. Die Kleider werden der Reihe nach von zwei Models vorgeführt, damit wir nicht unnötig Zeit verlieren. Wir arbeiten ohne Pause und sind beeindruckt von der Professionalität der H&M-Mitarbeiter. Ihre treffenden Fragen beweisen, wie sehr sie ums Detail besorgt sind. Sie werden all unsere Anmerkungen berücksichtigen, denn sie haben den gleichen Ehrgeiz wie wir: Sie möchten eine erstklassige, kompromisslose Luxus-Kollektion herausbringen.

Gegen Abend stehle ich mich kurz davon und rufe in Paris an. Karl wartet ungeduldig auf Neuigkeiten.

»Also, wie läuft es?«

»Wenn Sie wüssten. Wir rattern hier wie die Maschinen! Nein, ehrlich, diese Leute sind unglaublich. Professionell, aufmerksam ... Sie stellen die richtigen Fragen, arbeiten wie die Verrückten und achten auf jedes Detail. Man hat den Eindruck, sie haben unheimlichen Spaß daran, auch einmal Luxusmode zu nähen!« »Natürlich! Was glaubst du, wie sehr sie davon profitieren werden ... Und die Schnitte? Sind sie gut?«

»Sie folgen dem Fadenlauf auf den Millimeter genau und haben uns die Aufnähte, Biesen und Knöpfe aussuchen lassen ... Ehrlich, Karl, das haben wir nicht erwartet! Diese Kollektion wird erstklassig!«

»Na ja ... Die Stoffe sind trotzdem nicht mit unseren zu vergleichen. Schließlich müssen sie ihre Preise einhalten!«

»Doch, ich versichere Ihnen, wir haben sie alle gesehen, es ist sehr gutes Material. Margareta hat darauf bestanden, unsere Lieferanten zu nehmen. Es fasst sich ganz wunderbar an. Ich bin sicher, es wird Ihnen gefallen!«

STOCKHOLM, 14. JUNI 2004

Zweiter Tag der Fittings. Wir sind in demselben schmucklosen Raum ohne Fenster eingesperrt, stecken in Nonstop-Anproben und verlieren nach und nach die Orientierung. Nur eins ist klar: Wir müssen die etwa vierzig Modelle der Kollektion durchgegangen sein, bevor wir in ein paar Stunden zum Flughafen fahren. Mittags essen wir ein Sandwich und gehen nicht einmal vor die Tür, um den schwedischen Himmel zu bewundern. Im Juni bleibt die Sonne im Zenit stehen und macht keine Anstalten, sich weiterzubewegen. Vielleicht ist das bei bestimmten großen Modeschöpfern ja ganz ähnlich. Sie stehen seit Jahrzehnten ganz oben und vermitteln den Eindruck, als müssten sie niemals einem anderen Platz machen.

Wir reisen ab. Margareta begleitet uns noch bis zum Empfang. Sie weiß unsere Fähigkeiten und unseren Einsatz für diese Kollektion sichtlich zu schätzen. Ich beglückwünsche sie zur Arbeit ihrer Ateliers und erinnere sie an unser nächstes Treffen. »In einer Woche in Paris. Sie werden sehen, bei den Fittings ist Karl genauso sorgfältig wie Sie.«

Ich hätte besser den Mund halten sollen ...

PARIS, 22. JUNI 2004

Das Team von H&M kommt an diesem Morgen zur letzten Anprobe ins Studio. Wir sind in Alarmbereitschaft. Es muss alles perfekt über die Bühne gehen, so wie in Schweden. Margareta achtet auf Exaktheit. Ob es nun um Pünktlichkeit, präzise Arbeit oder die Feinheit im Detail geht – sie schätzt Menschen, die offen reden, Taten folgen lassen und sich an Vereinbarungen halten. Genau wie Karl. Obgleich ...

Für das ungewöhnliche Bündnis von Luxus-Schneiderkunst und billiger Kleiderproduktion hat der Modeschöpfer mit dem Cadogan Carine Roitfeld engagiert, die Chefredakteurin der französischen *Vogue.* Sie soll der H&M-Werbekampagne ein wenig auf die Sprünge helfen. Carine ist durch und durch Profi und sie ist trotz der hohen Funktion, die sie seit 2001 bei einem so angesehenen Modemagazin innehat, eine freundliche und zugängliche Person geblieben. Die Redakteurin, der wir auch den Porno-Schick der 1990er-Jahre zu verdanken haben, besitzt einen Sinn für dezente, sinnliche und neuartige Looks. Abgesehen von ihren Fähigkeiten hat Karl sie vermutlich auch deshalb eingeladen, um ihr einen exklusiven Blick hinter die Kulissen zu bieten und sich damit der *Vogue* als Sprachrohr zu bedienen.

Am frühen Nachmittag sind alle in der Rue Vivienne. Außer Karl. Er ist unauffindbar. Ich mache mich unauffällig auf die Suche nach ihm. Er ist nicht zu Hause und auch nicht bei Chanel. Wahrscheinlich ist er auf Shoppingtour und weiß gar nicht, wie spät es ist. Wir verwickeln Margareta in ein Gespräch über dieses und jenes, damit wir ein wenig Zeit gewinnen. Das geht eine Weile gut, aber dann schaut die schwedische Riesin immer deutlicher auf die Uhr ... Sie erinnert uns daran, dass ihr Flugzeug noch am Abend startet. Eine Stunde warten wir, dann beschließe ich, zu reagieren. Es steht zu viel auf dem Spiel. Ich lasse die Anproben beginnen und gebe vor, der Couturier werde bei Chanel aufgehalten, käme aber so schnell wie möglich.

Karl trifft schließlich mit vier Stunden Verspätung ein und tut ganz unschuldsvoll. »Sie sind hier? Warum hat mich denn niemand benachrichtigt?« Wir reagieren schon gar nicht mehr auf derlei Provokationen. Das macht sicher die Gewohnheit.

Die Anproben gehen weiter. Die Schweden haben ihr Produktionsmodel mitgebracht, das eine üppige 38 trägt. Mir schwant schon, dass sie in den Augen des Modeschöpfers keine Gnade finden wird.

Tatsächlich ignoriert Karl sie total. Er reicht Carine eine riesige Einkaufstüte von Chanel und zieht sie mit sich fort. Im Vorübergehen haucht er mir eine ziemlich einfallslose Entschuldigung ins Ohr: »Tut mir leid, aber dieses Vorführmodel inspiriert mich kein bisschen. Kümmere du dich darum, ich komme später!« Ich sehe durch die Spiegel, wie die Chefredakteurin der *Vogue* im Nebenraum des Studios einen schwarzen Blazer aus der Tüte hervorholt. Er hat lauter Paspeln und ist mit einem Wappen bestickt. Ein Modell aus der vergangenen Zwischensaison. Carine zieht ihn über, und wir versuchen, uns auf die Hose zu konzentrieren, die uns gerade vorgeführt wird. Anita stupst mich mit dem Ellbogen: »Hast du das gesehen? Karl sind die Anproben völlig egal!« Ich hüstele und bitte dann in ruhigem Ton: »Das nächste Modell, bitte!«

Im gleichen Augenblick stürzt Karl herein. Er hält den Chanel-Blazer in der Hand. Carine folgt ihm. Ihr ist die Situation sichtbar peinlich. »Anita! Das kann einfach nicht sein. Sehen Sie sich diesen Blazer an! Carine, könnten Sie ihn noch einmal anziehen? Er ist nicht tailliert. Das lässt sich doch sicher ändern, nicht?« Anita wird rot und antwortet schnell: »Natürlich, Karl. Ich kümmere mich später darum.« Karl erwidert in einem Ton, der keine Widerrede duldet: »Nein. Carine braucht ihn heute Abend. Nicht wahr, Carine? Sie müssen unbedingt sofort etwas tun!« Unsere Chefschneiderin entfernt sich auf Zehenspitzen. Ich beruhige sie leise: »Keine Sorge! Wir kommen schon zurecht!«

Als Anita mit dem Blazer im Atelier verschwindet, wirft der Couturier einen kurzen Blick auf das gerade vorgeführte Modell. »Ja, wirklich schön, Arnaud. Ich bin sehr zufrieden. Das Kleid fällt wunderbar. Es wirkt sehr elegant, finden Sie nicht auch, Margareta?« Die Stilwächterin von H&M wirkt kein bisschen verunsichert. Wahrscheinlich hat man sie auf die spezielle Gemütslage berühmter Pariser Modeschöpfer vorbereitet. In ruhigem Ton antwortet sie auf Englisch. »Ja, mein lieber Karl, ich bin beeindruckt von Ihren Mitarbeitern. Sie leisten perfekte Arbeit. Sie haben enormes Vertrauen in sie, nicht wahr?«

Mein Team ist entzückt. Karl auch. Er hält es nicht für notwendig, sich noch den Rest anzusehen, und zieht sich stattdessen mit Carine

Roitfeld zurück, um ihr den neuesten Tratsch aus der Modewelt zu erzählen.

Wir arbeiten ohne Pause, um sicherzugehen, dass alle Änderungen, um die wir in Stockholm gebeten haben, nach unseren Anweisungen ausgeführt worden sind. Es gibt nichts zu beanstanden. Diese Schweden besitzen eine unglaubliche Anpassungsfähigkeit. Mit ihnen zu arbeiten, ist das reinste Vergnügen. Zum Glück. Denn angesichts der Fristen, die sie uns gesetzt haben, wären wir jetzt schon am Rande des Nervenzusammenbruchs ...

Margareta und ihre Assistenten verabschieden sich. Letztendlich hat Karl sich drei oder vier von den etwa vierzig Modellen angesehen, die ab Herbst in die Läden kommen. Was soll's. Er weiß, dass mein Team und ich Garanten für den Lagerfeld-Stil sind. Wir vereinbaren, uns Mitte Juli noch einmal in Paris zu treffen, wenn das Shooting für die Werbekampagne startet. Bis dahin sind die letzten Prototypen fertig und werden in die Produktion geschickt.

PARIS, 13. JULI 2004

Das Fotoshooting für H&M findet morgen statt. Es ist alles vorbereitet. Friseur, Visagist und Stylist stehen bereit. Als Model für die Kampagne wurde die Amerikanerin Erin Wasson ausgewählt. Sie ist schon seit mehreren Tagen in Paris. Der Abend scheint ruhig zu bleiben ... Bis zu dem Augenblick, als Caroline Lebar vollkommen aufgeregt im Studio anruft. »Ein T-Shirt fehlt! Karl ist außer sich vor Wut!« Hat der Couturier unter den siebenundzwanzig Prototypen, die wir in dieser Woche aus Schweden bekommen haben, denn nichts gefunden, was ihm zusagt? »Du bist lustig! Das T-Shirt mit seinem Bild darauf ist nicht dabei. Du verstehst, was ich meine ...« Ich verstehe. Karl betrachtet diese Werbekampagne als wunderbare Gelegenheit, die junge Generation und die breite Masse für sich zu gewinnen. Es soll nicht nur sein Name überall auf der Welt in großen Lettern zu lesen sein, auch sein Abbild soll erscheinen. Warum soll man nur ein klein bisschen egozentrisch sein, wenn man seine

Überspanntheit voll ausleben darf? Caro drängt weiter. »Ich habe schon mit Stockholm telefoniert. Sie konnten es nicht schicken. Sie hatten Probleme mit der Einstellung ihrer Maschinen, glaube ich. Eine Katastrophe! Karl will unbedingt bis morgen früh sein Konterfei auf einem T-Shirt haben, ansonsten will er das Shooting absagen. Was sollen wir nur tun?« Ich schaue auf die Uhr. Es ist 17 Uhr. Paris beginnt bereits mit den Feiern zum 14. Juli. Das wird nicht einfach. Ich hole tief Luft und versuche, Caro zu beruhigen. »Ich kümmere mich darum.« Ich rufe bei Laulika an, unserer Fabrik in der Pariser Vorstadt. Es nimmt niemand ab. Also versuche ich es auf dem Handy der Chefin. »Malika? Hier ist Arnaud Maillard. Sind Sie vor Ort?«

Malika und ihr Partner Laurent sind gerade vollauf mit der Fertigung der Winter-Kollektionen beschäftigt. Die Maschinen sind auf die laufenden Bestellungen eingestellt, und alle Angestellten sind bereits im langen Wochenende. Laurent hört sich meine Geschichte an und beschließt dann, eigenhändig eine der Maschinen umzuprogrammieren. Caroline, meine Assistentin, schickt ihm die notwendigen Dateien per E-Mail. Die beiden verbringen einen Großteil des Abends damit, unseren Prototypen herzustellen. Die Reproduktion des Siebdrucks ist eine schwierige Angelegenheit. Laurent lässt nicht locker, bis er das perfekte T-Shirt in der Hand hält. Aus Respekt vor Karl und aus Freundschaft zu uns. Ich bin überwältigt, unendlich dankbar und ... erleichtert.

PARIS, 14. JULI 2004

Die Schweden sind verblüfft. »Wie haben Sie das geschafft?« Sie betrachten ungläubig das T-Shirt, und ich genieße meinen bescheidenen Triumph. »Ach, wissen Sie, das gehört zu den Geheimnissen von Paris. Der französische Luxus muss ja auch seine Vorteile haben, oder nicht?« Dieses Mal konnten wir H&M richtig beeindrucken. Gar nicht so einfach, aber es ist uns gelungen. Allen ist bewusst, dass wir eine schlimme Krise umschifft haben. Wenn Karl das Shooting verlegt hätte, wäre sein gesamtes Mediaplanning[44] in sich zusammengebrochen.

Eine Aufnahme folgt der anderen, in lockerer und professioneller Atmosphäre. Karl ist entzückt. »Hast du die Probeaufnahmen gesehen, Arnaud? Macht sich gut, oder? Mit Erin sind wir Bonnie und Clyde aus dem dritten Jahrtausend. Genauso wollte ich es haben.«

Ich stimme ihm zu. Die Fotos sind erstklassig. Dynamisch und klar, wie immer. Ein Bild finde ich besonders gelungen: Erin trägt Leggings und eine offene schwarze Jacke mit Pailletten. Auf ihrem T-Shirt erkennt man jemanden mit schwarzer Sonnenbrille und Haarzopf. Uff! Mission impossible.

PARIS, 12. NOVEMBER 2004

Die von Karl Lagerfeld für H&M entworfene Kollektion ist mit einem Schlag zu *dem* Herbstereignis geworden. Durch Frauenmagazine und die Werbekampagne alarmiert, haben sich die Modeverrückten den Erstverkaufstag dick im Kalender angestrichen. Die Teile dieser bis zuletzt geheim gehaltenen Kollektion sind schon heute Sammlerstücke. Hier steht nie Dagewesenes zum Verkauf.

Ich bin durch einen Ischias lahmgelegt und werde den Tag vor dem Fernseher verbringen, das Telefon griffbereit.

In Paris sieht man ewig lange Schlangen vor den H&M-Filialen in der Rue de Rennes und am Boulevard Haussmann. Die Kundinnen hocken in den Startlöchern. Fernsehteams, die vorgeben, von diesem heftigen Andrang überrascht zu sein, machen sich einen Spaß daraus, die Wartenden zu interviewen. Eine Frau antwortet aufgeregt: »Warum ich hier bin? Na, ganz einfach: Lagerfeld ist schön, aber viel zu teuer für mich. Und auf einmal habe ich die Chance, die gesamte Kollektion kaufen zu können! Unglaublich! Da darf ich auf keinen Fall zu spät kommen, sonst ist meine Größe womöglich ausverkauft!« Ein exzellentes Resümee der Lage.

---

44 Auswahl und Einteilung der verschiedenen Werbeträger für eine Kampagne.

Punkt zehn fahren die Gitter vor den Schaufenstern hoch und der Ansturm beginnt. Die Kundinnen kriechen auf allen vieren unter der Absperrung hindurch, damit sie schneller in den Laden gelangen. Sie rennen schnurstracks zur Lagerfeld-Corner. Die Ersten, die dort ankommen, reißen alle Kleider an sich, ohne auch nur auf die verschiedenen Modelle oder Größen zu achten.

Gleich danach trifft die zweite Welle ein, noch kompakter, noch entschlossener. Kleiderständer werden umgeworfen, Teile fliegen durch die Luft, Verkäuferinnen wird nachgesetzt ...

Ich fasse es nicht. Ich klebe vor der Mattscheibe und sehe Frauen, die sich um eine Jacke streiten und an zwei Enden ziehen, bis sie zerreißt. Ich sehe Verkäufer, die auf Auslagetischen stehen und Oberteile in die Menge werfen, damit sie nicht zerfetzt werden. Ich sehe die endlosen Schlangen an den Kassen und Sicherheitsdienste, die vollkommen überfordert sind mit diesem razziagleichen Szenario ... Mein Telefon klingelt. Es ist Karl. »Hast du das gesehen? Wahnsinn, oder?« Ich bin ganz seiner Meinung. Was sich hier gerade abspielt, ist unvergesslich.

Die Operation Lagerfeld wird ein unvergleichlicher Erfolg für die Schweden – sowohl für ihr Image als auch für ihre Bilanz. H&M verkündet nur für den Monat November eine Steigerung der Verkaufszahlen um vierundzwanzig Prozent im Vergleich zum Vorjahr. Die Werbewirksamkeit ist enorm.

Karl hat sein Ziel erreicht. Seine verschlankte Silhouette hat sich im Großformat auf alle Häuserwände der Welt gedrängt. Das Couturier-Fotograf-Model-Phänomen ist als ein Mann in die Geschichte der Mode eingegangen.

Privat spielt der Modeschöpfer aber den Empörten. »Man hatte mir versprochen, dass es genug Kleider geben wird, um ein solches Gedränge zu vermeiden. Aber nein! Bestimmt haben sie alles extra knapp gehalten, damit sie mehr Aufmerksamkeit erregen. Mich bekommen die nicht noch einmal.«

Im Studio der Lagerfeld Gallery sind wir uns einig. Wir haben die intensive Arbeit an der H&M-Kollektion genossen und finden, dass sie alle Erwartungen vereint, die man heutzutage an Mode stellen darf. Wir haben es genossen, Lösungen zu finden, mit denen die Herstellungskosten gesenkt werden, ohne Karls Stil zu entwerten. Wir haben es genossen, neue Kundinnen zu finden, die unsere Arbeit bewundern und überglücklich sind, unsere Kleider zu tragen.

Ich bin stolz, diese Operation mit Karl geleitet zu haben.

Es war ein bewegender Moment, den auch ein nicht eingehaltenes Versprechen nicht trüben konnte: Meines Wissens wurde niemand für seine Arbeit an der H&M-Kollektion honoriert.

Aber wer denkt schon daran?

EPILOG

PARIS, 26. APRIL 2005

Ich sitze in meinem Barcelona-Ledersessel und wähle die Privatnummer von Karl Lagerfeld. Besetzt. Ich lege auf. Vor mir wirft der Plasmabildschirm das bläuliche Licht einer DVD auf die Wohnzimmerwand. Der Film läuft in Endlosschleife, und ich habe den Ton abgestellt. Die Wohnung liegt im Halbdunkel. Ich zwinge mich, tief durchzuatmen. Obwohl ich die Sache gerne hinter mich bringen möchte, habe ich Angst vor diesem Moment. Gar nicht so einfach, sein Weggehen zu verkünden. Und das nach fünfzehn Jahren Zusammenarbeit. Eine Ewigkeit. Mein ganzes Leben. Mein Blick bleibt an der neuesten Pressemappe der Lagerfeld Gallery hängen. Die Luxus-Prêt-à-porter-Kollektion für den Herbst/Winter 2005/2006 ist ein voller Erfolg. Karl haben unsere Vorschläge aus Jeansstoff, Leder, Pelz und schwerer, schimmernder Seide allesamt wunderbar gefallen. Für mich ist diese Saison ein Abschluss. Auf dem Laufsteg habe ich gesehen, was durch die Vereinigung unserer verschiedenen Talente entstehen kann. Zuerst natürlich durch das Können des Modeschöpfers mit dem unvermeidlichen Cadogan, aber auch durch die Arbeit des Studios, das ich nun seit fast sieben Jahren leite. Alle meine Mitarbeiter waren stets mit viel Enthusiasmus und besonderer Kreativität bei der Sache und sie hatten ein Atelier zur Seite, das genauso meisterhaft und sorgfältig arbeitet wie in einem

Haute-Couture-Haus. Wir sind ein gutes Team. Mehr als das – wir sind ein *»dream team«*.

Jetzt ist der Moment gekommen, an dem ich mich verabschieden muss. Vielleicht, damit ich mich zwinge, erwachsen zu werden, indem ich die Nabelschnur durchtrenne, die mich so eng mit dem Hause Lagerfeld verbindet. Meine Vorstellungen müssen sich Karls Wünschen unterordnen, und seine strenge Haltung steht meiner ungestümen Kreativität immer mehr im Wege. Mit vierunddreißig Jahren fühle ich mich stark genug, meine eigenen Ideen und Wünsche durchzusetzen – genau, wie er es in diesem Alter getan hat. Ich möchte nicht länger den Stil eines anderen kopieren müssen.

21:14 Uhr. Ich greife noch einmal zum Telefon. Am anderen Ende nimmt jemand ab. »Hallo?« Ich stürze mich ins Ungewisse ...

»Mein lieber Arnaud, bist du dir sicher? Willst du wirklich für diese altbackene Marke arbeiten? Und dieser schreckliche Name. Ein hässlicher Vorname, den ein Schriftsteller mit zweifelhafter Vergangenheit verewigt hat ... Hast du nichts Besseres gefunden?« Karls Kurzfassung ist messerscharf, wie gewohnt. Dabei wollen mich die Headhunter schon seit drei Monaten weglocken. Genau wie beim Fußball ist auch in der Modebranche das Frühjahr die Zeit der Transfers. Gerüchte eilen zwischen den Couture-Häusern umher. Nur wenige Modeschöpfer spielen ganz vorn mit, und die Geldgeber der exklusiven Clubs weigern sich, Leute mit Starallüren einzustellen. Ich bin der breiten Öffentlichkeit noch unbekannt und besitze das ideale Profil: viel Erfahrung und ein hoher Anspruch durch die Zusammenarbeit mit dem größten Couturier der Welt, keine bezeugten Ausschweifungen und unerschütterliche Freundlichkeit. Auf dem Papier ganz einfach. In Wahrheit etwas komplizierter.

Karl Lagerfeld kann sich nicht beruhigen. »Wenn ich daran denke, dass ich dich unterstützt habe, damit du die Studioleitung bei Fendi bekommst. Und das lehnst du ab?« Wie hätte ich diese Stelle annehmen können? Nach mehr als zwanzig Jahren treuer Dienste ist Eric Wright aus der Lagerfeld-Galaxie geschleudert worden. Ich weiß noch, wie entsetzt ich war, als ich von seinem erzwungenen Weggang erfuhr. Eric hat lange mit mir gesprochen und erklärt, wie gerne er es sehen würde, wenn ich in seine Fußstapfen trete. Ich erinnere mich an die verschiedenen Treffen mit den Finanzberatern des Unternehmens. Kein Vertrag, stattdessen schwammige Versprechen, die zaghaft über die Lippen kommen und am nächsten Tag dementiert werden, Mutmaßungen auf beiden Seiten. Das Angebot erschien wie ein im letzten Moment gezündetes Gegenfeuer, mit dem meine Verhandlungen mit anderen Couture-Häusern zum Scheitern gebracht werden sollten. Karl regt sich furchtbar auf. »Ich verbiete dir, zu ihnen zu gehen. Das betrachte ich als Verrat. Du weißt, wozu ich fähig bin.« Ich erstarrte. Ja, ich habe es selbst erfahren. Céline Engel, Dauphine de Jerphanion, Eric Wright ... Ich habe den Couturier immer wieder sagen hören, dass ein Studioleiter nur eine Sicherung ist, die im Ernstfall herausfliegt. Heute bin ich an der Reihe. »Soll das eine Drohung sein, Karl?« Schweigen. Ich schlage einen ironischen Ton an. »Welche Ehre für mich. Sie haben immer gemeint, die Schwachen verschwinden ganz von selbst. Wenn Sie mich nun in die Zange nehmen, könnte das ja sogar bedeuten, dass Sie mich für recht fähig halten.« – »Was glaubst du eigentlich? Dich nimmt niemand mehr. Du wirst enden wie diese elenden Designerfuzzis, die einen Stand auf der Prêt-à-porter-Messe an der Porte de Versailles haben.« Ich gebe auf. Ich erkenne die Stimme des Modeschöpfers nicht mehr wieder, sie klingt drohend und dumpf, beinahe mechanisch. »Es ist vorbei. Ruf mich nicht mehr an. Du wirst sehen, was du davon hast.«

Ich lege auf. Ich fühle mich leer. Mein Kindheitstraum ist zerbrochen. Mich hält nichts mehr bei Karl Lagerfeld. Endlich bin ich frei.

Morgen beginnt ein anderes Leben.

DANKSAGUNG

Meinen Eltern. Dank euch gilt: »La Vie est Belle!«

Für Claire Germouty. Bei diesem Buch geht es um mehr als Worte. Es ist eine Begegnung.

Dank an Fosca Bertran, Friederike und Pascale Brichet, Charlotte und Stéphanie Camilla, Cécile und Laurence Castany, David Chabroud, Dominique Chombert und Françoise Sternbach, Jean-Pierre Curiel, Florence Denard, Philippe Jamet, Vincent Simonet, Zoé Smilenko, Mia Hadji Touma, Alexandra Aumont, Charles Schillings, Nora Mahdjoub, Mathieu Diolaiti, Dominique Bénichou, Géraldine Herrgott, Nicolas Sfintestu, Alexandre Vauthier, Macarena Olazabal.